Ernst Gasner

Beiträge zum Entwickelungsgang der neuenglischen Schriftsprache

auf Grund der mittelenglischen Bibelversionen wie sie auf Wycliff und Purvey zurückgehen

sollen

Ernst Gasner

Beiträge zum Entwickelungsgang der neuenglischen Schriftsprache
*auf Grund der mittelenglischen Bibelversionen wie sie auf Wycliff und Purvey zurückgehen
sollen*

ISBN/EAN: 9783743601680

Hergestellt in Europa, USA, Kanada, Australien, Japan

Cover: Foto ©Thomas Meinert / pixelio.de

Manufactured and distributed by brebook publishing software (www.brebook.com)

Ernst Gasner

Beiträge zum Entwickelungsgang der neuenglischen Schriftsprache

BEITRÄGE

ZUM

ENTWICKELUNGSGANG

DER

NEUENGLISCHEN SCHRIFTSPRACHE

AUF GRUND

DER MITTELENGLISCHEN BIBELVERSIONEN,

WIE SIE AUF WYCLIF UND PURVEY ZURÜCKGEHEN
SOLLEN.

INAUGURAL-DISSERTATION

ZUR ERLANGUNG

DER DOCTORWÜRDE BEI DER HOHEN PHILOSOPHISCHEN FACULTÄT
DER GEORGIA AUGUSTA ZU GÖTTINGEN

EINGEREICHT

VON

ERSNT GASNER

AUS HANNOVER.

NÜRNBERG
GEDRUCKT BEI U. E. SEBALD.
1891.

Tag der mündlichen Prüfung: 16. Mai 1890.
Referent der Arbeit: Herr Professor Dr. Alois Brandl.

In der spätaltenglischen Zeit war das Westsächsische den anderen Dialekten gegenüber zu einer gröfseren Bedeutsamkeit in der Litteratur gekommen; und bei ungestörter Entwickelung hätte es zweifellos die Grundlage der künftigen englischen Schriftsprache abgegeben. Indessen die Einwanderung der Normannen machte das Französische zur Sprache der Gebildeten, und die englischen Mundarten traten wieder gleichwertig neben dem Westsächsischen hervor. Im Laufe des hundertjährigen Krieges gegen Frankreich verlor dann aber die über den Kanal gekommene fremde Sprache ihre gebietende Stellung in England. Das erstarkende englische Nationalgefühl hatte der lange verachteten, heimischen Zunge wieder Ansehen verschafft, und etwa seit der Mitte des 15. Jahrhunderts ist eine neue volksmäfsige Schriftsprache zur Geltung gekommen.

Über deren Entstehung hat man sich vielfach geäufsert. Man hat an Chaucer und an Wyclif gedacht, welche durch ihre weithin sich erstreckende litterarische Wirkung einen Dialekt hätten zur Herrschaft bringen können. Von vornherein verständlicher ist die Ansicht Dr. L. Morsbachs[1]), der die neue Umgangssprache aus der Londoner Geschäftssprache sich entwickeln läfst; diese war bereits beim Auftreten Chaucers und Wyclifs die Sprache des Hofes und des Parlamentes und vermittelte als eine im Wesentlichen mittelländische Mundart am leichtesten zwischen Norden und Süden. Wird damit auch die Rolle Chaucers oder Wyclifs als Präger der neuen Schriftsprache hinfällig, so waren die beiden Männer doch durch ihre litterarische und soziale Bedeutsamkeit berufen, das neue Idiom auszubreiten und in Einzelheiten auch auszugestalten und zu bereichern. In dieser Hinsicht hat ten Brink[2]) die sprachliche Gröfse Chaucers kräftig gewürdigt; für den Einflufs Wyclifs und seiner Mitarbeiter spricht hinreichend schon die Fülle der Handschriften, in der die landessprachliche Übersetzung der Bibel Verbreitung fand.

---

1) Über den Ursprung der neuenglischen Schriftsprache. Heilbronn 1888.
2) Chaucers Sprache und Verskunst. Leipzig 1884. S. 4.

1

Die Londoner Geschäftssprache, die Mutter des heutigen Englisch, wie sie sich in Urkunden von etwa 1380—1430 darstellt, hat Morsbach in der oben angezogenen Schrift dargelegt, die Mundart Chaucers behandelte ten Brink im angegebenen Buche. In einer Hallenser Dissertation von 1884 hat Hermann Fischer: »über die Sprache Wyclifs« gehandelt. Dieser Versuch soll nochmals aufgenommen werden, um im Vergleich mit den Urkunden und mit Chaucer, d. h. an der Hand der beiden erwähnten Grammatiken, die Übereinstimmungen und Abweichungen der Bibelsprache festzustellen. Trotzdem wir uns auf das neue Testament und einen kleinen Teil des alten, der auf Wyclif zurückgehen soll, beschränken werden, hoffen wir unter besserer Beobachtung der handschriftlichen Verhältnisse verwendbarere Resultate zu erzielen als unser Vorgänger, welcher der Überfülle der von ihm benutzten Wyclifschen Schriften erlag und bei der Bibel selbst sich nur zu oft auf das ungenügende, kleine Glossar von Forshall und Madden verliefs.

Die Untersuchung der Wyclifsprache wird nun zwar nie zu ähnlich sicheren Ergebnissen führen, wie sie über die Sprache Chaucers und der Urkunden vorliegen; denn das sichere Kriterium des Reimes fehlt hier, und eine Originalhandschrift, welche unzweifelhaft die Sprache Wyclifs überlieferte, ist nicht bekannt, weder von der Bibel, noch von seinen sonstigen englischen Traktaten. Mit den Eigentümlichkeiten der Schreiber ist somit immer zu rechnen, und sie machen sich nur zu sehr bemerklich, wenn sie nicht auf die Hände verschiedener Übersetzer deuten.

Zudem ist nicht einmal der Anteil, welchen Wyclifs Feder an der Bibelübertragung hatte, absolut sicher zu ermitteln. Die Herausgeber der kritischen Ausgabe, Forshall und Madden[3]), schreiben ihm in der Vorrede das neue Testament ganz und das alte von Baruch III 20 bis zum Schlufs zu. Sie stützen sich dabei auf folgende Gründe. Wyclif ist als Bibelübersetzer von den Zeitgenossen bezeugt. Das Manuskript Bodl. 959, welches das alte Testament bis Bar. III 20 überliefert, und wonach dieser Teil in ihrer kritischen Ausgabe gedruckt ist, erachten sie seiner Rasuren und Korrekturen wegen für eine Originalhandschrift. Eine Kopie davon bietet das vor 1390 noch geschriebene Manuskript Oxford

---

3) The Holy Bible containing the old and new testaments with the apocryphal books in the earliest english versions made from the Latin Vulgate by John Wycliffe and his Followers Oxford 1850. Bd. I—IV.

Douce 369, welches aus zwei Teilen besteht. Der erste Teil enthält das alte Testament bis Bar. III 20, der zweite von hier ab den Rest des alten Testamentes und teilweise das neue Testament. Das Manuskript Bodl. 959 und der erste Teil des Manuskripts Oxford Douce 369 hören also Bar. III 20 an derselben Stelle mitten im Satze auf, das Douce-Manuskript sagt an dieser Stelle: »explicit translacom Nicholay de herford«. Infolge dessen nehmen die Herausgeber keinen Anstofs, das alte Testament soweit dem Hereford zuzuschreiben, während sie das Übrige, was dem Stil nach zusammen zu gehören scheint, Wyclif beimessen[4]). Diese Hypothese steht ja immerhin auf etwas thönernen Füfsen; und die Ansicht Forshalls und Maddens, dafs Hereford den bezeichneten Teil des alten Testamentes allein übersetzt habe, ist, wie Hermann Fischer[5]) nachwies, nicht haltbar. Hereford wird wohl einen grofsen Teil eigenhändig übertragen und vielleicht auch die oberste Leitung gehabt haben, als Mehrere die Übersetzung bis Bar. III 20 in Angriff nahmen. Die Ansicht der Oxforder Herausgeber in betreff Wyclifs Anteil an der Übersetzung hat indessen noch keinen Angreifer oder Berichtiger gefunden; und auf diesen Teil, — von Baruch III 20 bis zum Schlufs des neuen Testamentes, — soll sich auch unsere Untersuchung beschränken.

Für die Vollendung der Übersetzung geben die Oxforder Herausgeber keine Zeit an. Fischer[6]) führt auseinandergehende Zeitangaben verschiedener Biographen Wyclifs an, er selbst plädiert für Ende 1383 oder Anfang 1384. Die so fertig gestellte Übertragung enthielt jedoch viele sprachliche Härten und Unebenheiten. Eine Revision war daher geboten. Ob sie von Wyclif angeregt oder gar selbst begonnen wurde, ist nicht mehr zu entscheiden, jedenfalls sah er ihre Vollendung nicht mehr. Forshall und Madden gebührt das Verdienst, diese spätere Version als solche unzweifelhaft festgestellt zu haben, sie machen das Jahr 1388 für ihre Abfassungszeit und John Purvey als Hauptredaktor sehr wahrscheinlich. — Wir werden auch diese wichtige und sehr verbreitete Wyclif-Purveysche Bibelübertragung in den Kreis

---

4) Hierzu sei bemerkt, dafs von John Trevisa, einem Zeitgenossen Wyclifs aus Cornwall, zur Zeit Caxtons eine Tradition bestand, welche ihn als Bibelübersetzer bezeichnete; vergl. Mätzner, Sprachproben I b S. 333. Caxton scheint darüber in der Einleitung zu Trevisas Übersetzung des Polychronicon, 1482, zu handeln.

5) a. a. O. S. 10 f.   6) a. a. O. S. 13 f.

unserer Untersuchung ziehen und die Formen derselben durch cursiven Druck kenntlich machen.

Dem Drucke der ersten und ältesten Version ist in der Oxforder Ausgabe von Bar. III 20 bis Apost. XXVIII 15 der zweite Teil des oben beschriebenen Manuskriptes Douce 369 zu Grunde gelegt. Zwei Hände scheiden sich deutlich darin aus. Eine saubere, runde schreibt den Schluſs des Baruch, die erhaltenen Teile des Ezekiel, welcher von I 26 bis XXXII 23 defekt ist, die Bücher: Daniel, Hosea, Joel, Amos, Obadiah, Jonah, Micah, Nahum, Habakkuk, Zephaniah, Haggai, Zechariah, Malachi, die beiden Maccabees, den Matthew und vom Mark die ersten 4 Kapitel; eine »thick and clumsier« Hand schreibt den Rest der Evangelien, die paulinischen Briefe, den Brief an die Hebräer und die Apostelgeschichte bis XXVIII 15. Die beiden Hände dieser Hs. »K«, — so wird sie in der Oxforder Ausgabe genannt, — zeigen auch lautliche Verschiedenheiten, die zu beachten sind. Die letzte Hand hat die erste korrigiert, sie selbst hat Besserungen durch einen späteren Korrektor erfahren. Bemerkenswert ist dann, daſs die Hs. im Lukas und Johanne. aufhört, den Originaltext zu bieten; darin korrespondiert sie mit zwei Hss., die Forshall und Madden mit U und V bezeichnen, und die groſse Ähnlichkeit mit der jüngeren Version zeigen. Diese Verwandtschaft gründen die Oxforder Herausgeber vor allem auf syntaktische und lexikalische Beobachtungen, wenngleich ihre Beweisführung durchaus keine geschlossene ist, sie findet sich aber auch durch lautliche, weniger durch flexivische Übereinstimmungen bestätigt.

Die Lücke in der Hs. »K« von Ezekiel I 26 bis XXXII 23 ist nach dem Ms. Corp. Chr. Coll. Oxford 4, — »A« in der Oxforder Ausgabe genannt, — ausgefüllt. Die Hs. ist vor 1420 geschrieben.

Wie schon oben gesagt ist, bezweckt diese Untersuchung den Vergleich der Sprache der beiden me. Bibelversionen, wie sie auf Wyclif und Purvey zurückgehen sollen, mit der Sprache Chaucers und der Urkunden. Dadurch ist eine Abhängigkeit von den betreffenden Werken ten Brinks und Morsbachs von vornherein bedingt, aber es soll noch rückhaltlos ausgesprochen werden, daſs diese Arbeit nicht nur beeinflust ist vor allen von ten Brinks Chaucergrammatik, sondern, wie nicht anders zu erwarten ist, ganz auf ihr beruht; selbst da, wo der Schüler dem Meister gegenüber eine mehr zweifelnde Stellung einnimmt.

Das Übrige des neuen Testamentes, — also der Rest der Apostelg. von XXVIII 16 an, der Jakobusbrief, die beiden Petri-, die drei Johannesbriefe, der Judasbrief und die Apocalypse, — ist nach dem Ms. der Old Royal Library I B. VI gedruckt, einer sehr sorgfältig geschriebenen Hs. von etwa 1400; sie wird mit »M« bezeichnet. Die Hss. »A« und »K«, letztere mit Ausnahme des Lukas- und Johannesevangeliums, sollen nach Forshall und Madden dem ursprünglichen Text gleich nah stehen, größtenteils soll auch »M« dies Verhältnifs teilen.

Die jüngere Version bietet naturgemäfs der älteren gegenüber in ihrer handschriftlichen Überlieferung eine weit größere Übereinstimmung. Den Text in der kritischen Ausgabe bildet das gut geschriebene Ms. der Old Royal Library I C. VIII, es stammt aus den Jahren vor 1420 und ist von einer zeitgenössischen Hand korrigiert.

Alles Nähere über die Mss. ist der umfangreichen Vorrede der Oxforder Ausgabe zu entnehmen.

Der Vollständigkeit halber werden wir die Übereinstimmungen der drei Vorlagen verzeichnen, auch dann, wenn die me. Lautentwicklung schlechterdings keine andere Wortgestaltung zuläfst, aber der Anführung von Belegstellen glaubten wir uns füglich entbinden zu können. Auf Vollständigkeit der Belege ist bei feststehenden Fragen meist nicht gesehen, und genauere Lautwertbestimmungen, soweit sie sich nicht aus dem Texte selbst ergeben, sind nicht versucht. Jedoch sind die Beispiele so gewählt, dafs die handschriftlichen Überlieferungen hervortreten. Aus dem Matthäus und Markus, die gewisse Selbständigkeiten zeigen, sind Belege noch besonders gebracht. Die Beispielsreihen aber, welche so aufgeführt sind, sollen ein Beitrag sein zur endgültigen Lösung der noch immer unbeantworteten Frage, welche Teile der Bibel wir Wyclif auf Grund einer geschlossenen philologischen Beweisführung zuschreiben können, eine Frage, die ja freilich kaum durch phonetische oder flexivische Untersuchungen zum Austrag gebracht wird, sondern viel eher durch syntaktische Erörterungen, die da darthun, wie die verschiedenen Köpfe die Vulgata verenglischten.

Die Erkennung des Wortbildes hinsichtlich seiner Quantität ist fast lediglich durch die Doppel- oder die diphthongische (bei ou) Schreibung der Vokale möglich, da Verdoppelung der Konsonanten, um vielleicht Kürze der Silbe anzudeuten, nur gelegentlich vorkommt und die Beobachtungen über unorganisches e in der Bibel keine sicheren Schlüsse gestatten. Wenn sich nun auch Inkonsequenzen hinsichtlich der Doppelschreibungen hier wie in allen me. Handschriften genug finden, wie beispielsweise helthe, heelthe im nämlichen Satz 1 Cor. I 6, Hooly Goost Mark I 10, Holy Gost ebd. III 29, *wijf* Luk. XX 29, *wyf* ebd. 32, *held* Luk. XX 23, *heelden* ebd. 26, so wird man bei Doppelschreibung oder beim Diphthong meist eine lange Silbe annehmen dürfen; hingegen kann Kürze nicht ohne Weiteres aus der Schreibung der Vokale bewiesen werden, mit Ausnahme des me. u-Lautes, der ständig als u, o erscheint, wogegen me. û immer ou, ow geschrieben wird.

Germanische Vokale.
Die Quantität in betonter Wort- und Satzstellung.

In allen drei Vorlagen wie überhaupt im Me. werden die ae. langen Vokale im Silben-, im Wortauslaut und vor einfacher Konsonanz bewahrt.

Chaucer § 6 braucht ae. tēn mit Länge und Kürze, den Urk. fehlt die Kardinalzahl. Die Bibel hat ten, *ten* in den Büchern des alten Testaments nach »K« allein 27 mal, nur Bar. IV 28 steht tenn, also offenbar Kürze, vergl. Ez. XL 11, Am. V 31, VI 9, 2 Macc. XII 19. Als zweiter Teil in Kompositen, somit also unter dem Nebenton, erscheint es als -tene, -*tene* in Fortsetzung des ae. -tēne 5 mal Ez. XL 10, XLIII 17, XLVIII 38, XLV 12, 1 Macc. X 40 und 1 mal Hos. III 2 als fifteen. Chaucer § 247 hat -teene. Die Ordinalzahl des Me. ist eine Analogiebildung zu der Kardinalzahl; die Urk. S. 119 schreiben mit Abfall des berechtigten -e tenth, Chaucer § 249 tenthe, -tenthe. Die Bibel überliefert in dem fraglichen Teile nach »K« 6 mal tenthe, *tenthe* Ez. XLV 11, 14, XXXIII 21, XL 1, Zech. VIII 19, in Komposition -tenthe, -*tenthe* 10, resp. 9 mal Ez. XL 1, XLV 21, 2, XXXII 17, 1 Macc. I 57, VII 43, XIV 27, 2 Macc. XII 1, XI 33, XV 37; 1 mal thrittynth 1 Macc. VII 49, das y kann aus der ae. Ordinale ohne Mühe erklärt werden. Die jüngere Version hat an der nämlichen Stelle eine Zerdehnung eintreten lassen: *thrilleneth*. 2 Macc. XI 33 schreibt sie *fifteenthe*. ten, *ten* Matth. XVIII 24, XXV 28, Mark X 41, fourtene, *fourtene* Matth. I 17. ten, *ten* sehr oft im Lukas vgl. XVII 12, 17, XIX 3; -tene John

XI 18, *-lene* ebd. und Luk. XIII 4, 11, 16, tenthe, *lenthe* John I 39.
ten, *ten* 1 Cor. IV 15, XIV 19, Deeds XXV 6. -tene 3 mal, *-tene* 4 mal,
Gal. II 1, 2 Cor. XII 2, Deeds XXVII 28, 1 mal fifteene Gal. I 18,
fourtenthe Deeds XXVII 33, fourteneth ebd. XXVII 27 und beide
Male *fourtenthe*. ten, *ten* oft im Teile nach »M« Apoc. 11 10,
XVII 3, 7, 12, tenthe, *lenthe* ebd. XI 13, XXI 20. tenthe, *lenthe*
Ez. XX 1, XXIX 1.

Das durchaus ae. kurze wel, auf welches aber später wela
sw. m., Reichtum, eingewirkt haben mag, erscheint in den Urk.
S. 18 als wel, well, seltener als wele; ten Brink gibt für Chaucer
§ 35 wel mit schwebender Betonung und weel an. Die Bibel hat
wele Ez. XLV 25, Dan. IV 32, wel Matth. XVII 5, Mark III 4,
Luk. V 9, Col. III 20, 3 John 6 und stets *wel*, aber ausnahmsweise weel Bar. VI 37.

––––––––––

Lange Silben können unter dem Nebenton gekürzt
werden, ebenso wie bei Chaucer § 56 und in den Urk. SS. 18, 77.
Wir geben einige Beispiele: kyngdam Bar. V 6, Hosea 14. Das
Wort ist 15 mal im alten Testamente nach »K« belegt. Auffällig
ist, dafs die jüngere Version in 13 Fällen mit *rewme* correspondiert;
nur im 1 Macc. 17, II 10 entspricht dem kyngdam (und häufiger
wird das Wort in den Maccabäern nicht gefunden) auch ein zweimaliges *kingdom*. — Im Matthäus begegnet kyngdam, kingdam
39 mal, kyngdame 1 mal als Nom. und 1 mal als Dat. V 19, XIII 47,
kyngdom, kingdom 6 mal VI 10, III 2, IV 17, XVI 28, XVIII 23. Nur
einmal steht in der jüngeren Version diesem *rewme* VIII 12 gegenüber, sonst begegnet *kyngdom, kingdom* 41 mal, *kyngdoom* 4 mal
VI 10, VII 21, XXV 1, 34, *kyngdam* 1 mal X 7. -- kyngdom. kingdom
9 mal Mark IV 26, 30, XII 34, 3 mal begegnet kyngdam Mark I 14, 15,
IV 11, was bis dahin die einzigen Belege im Markus sind. Die
jüngere Version hat bis auf zwei *kyngdoom* I 14, 15 stets *kyngdom*,
kingdom. — Im Lukas und Johannes begegnet ausnahmslos kyngdom, kingdom, *kyngdom, kingdom* (annähernd 30 Belege). vergl.
Luk. IV 43, X 9, 11, XVIII 25, John III 3, 5, XVIII 36. Umgekehrt
wie im alten Testament korrespondiert mit viermaligem *kyngdom*
4 mals rewme Luk. XIII 18, XVIII 16, 24, XIX 15. kyngdom, kingdom
kyngdom, kingdom (nicht ganz 20 Fälle), 1 Cor. VI 9, 10, 2 Tim.
IV 18, -- desgl. im Teile nach »M« (11 Fälle), Deeds XXVIII 23, 31.
Apoc. XVII 12, 18, 17. — Im Ezechiel nach »A« begegnet einmal
XXIX 14 kingdam, *rewme*. Diese Wiedergabe des ae. -dōm in
Kompositen findet sich auch in anderen Zusammensetzungen:

wisdam, wysdam (5 mal) Bar. III 23, Dan. I 17, II 21, 30, V 1, wijsdam (2 mal) Dan. II 20, 23 und stets *wisdom*. Dreimal entspricht im Baruch III 20, 27, 37 *wisdom* der jüngeren Version disciplyne der älteren Version. — wisdam 2 mal, wijsdam 1 mal, *wisdom* 2 mal, *wisdam* 1 mal, Matth. XI 19, XII 42, XIII 54. — wysdom, *wisdom* Mark VI 2, — desgl. im Luk. II 40, 52, VII 35 u. a. — wysdom 29 mal, wisdom 1 mal, stets *wisdom* im Rest nach »K« Rom. XI 33, 1 Cor. I 22, Deeds VII 10, 12. — wisdom, *wisdom* Jam. I 5, III 13, 15, 17, 2 Pet. III 15, Apoc. V 12, VII 12, XIII 18, XVII 9. — wisdam, *wisdom* Ez. XXVIII 4, 5, 7, 12, 17. — freedam 1 Macc. XIV 26, freedom 1 Cor. X 29, *fredom* ebd. u. 2 Cor. III 17, Gal. II 4, IV 31, V 12. Die ältere Version schreibt dort liberte. fredom, *fredom*, Jam. I 25, II 13, 1 Pet. II 16, 2 Pet. II 19.

Das ae. -hâd, -es m. wird bei Chaucer §§ 52, 55 als -hood und -heed, -heede überliefert. Die Urk. SS. 18, 77 schliefsen sich an, sie haben jedoch auch -hoode. In der Bibel mögen diese Nebentonsilben zuweilen auch wohl Kürzung erfahren haben, keineswegs aber nach dem von Morsbach aufgestellten Princip; seltene Doppelschreibungen verbürgen die Länge. Ist diese aber allgemein? Wir geben trotz der Menge alle vorkommenden Belege: brotherhed, *brotherhed* Zech. XI 14, bretherhed, *britherhod* 1 Macc. XII 17, childhode (Dat.) 2 Macc. VI 23, prcesthode, *presthod* (Dat.) 1 Macc. II 55, in to presthode, presthod (4 mal), prestehod, immer *presthod* bis auf ein *preesthod* 1 Macc. VII 9, 21, XI 27, 57, XIV 38, 2 Macc. IV 7, 25, XI 3, XIV 7, Ez. XLIV 13, kniȝthode (Dat.), *kniȝthod* 1 Macc. II 66, knyȝthod (ebenfalls Dat.), *knyȝthod* 1 Macc. IX 61 und 2 Macc. X 11, princehod (6 mal), *princehod* (1 mal), *prinshod* (3 mal), *prynshod* (1 mal), *prinsehod* (1 mal) 1 Macc. VII 21, IX 31, XI 27, 2 Macc. V 7, IV 10, XIII 3. — princehed, *prynshode* (Acc.) Mark X 42, fro childhod, *childhode* Mark IX 21. — presthod, *preesthod* Luk. I 8, 9, knyȝthod, *knyȝthod* ebd. I 13, maydenhed, *maydynhode* (Dat.) ebd. II 36. — apostilhed Rom. 15, 1 Cor. IX 2, 2 Cor. XII 13, Deeds I 25, apostelhed Gal. II 8, *apostlehed* (3 mal), *apostilhed* (1 mal) vgl. dieselben Stellen, godhede (1 mal Dat. und 1 mal Acc.), *godhed* Rom. I 20, Col. II 9, filthhede (Acc.). *filthehed* Rom. I 27, knyȝthod (2 mal), knyȝthood (1 mal), *knyȝthod* (1 mal) 1 Cor. IX 7, 2 Cor. X 4, 1 Tim. I 18, princehede (Acc.). *princehod* 1 Cor. XV 24, fadirheed, *fadirhod* Eph. III 15, brithirhed (1 mal), brotherhed (1 mal), *brithirhod, britherhod* (je 1 mal) 1 Thes. IV 9, Ebr. XIII 1, presthod, *preesthod* (2 mal), *preesthood* (1 mal), Ebr. VII 11, 12, 24, childhod 2 Tim. III 15, manhed, *manhed* Tit. III 4,

vgl. princehodis Col. I 16. — britherhed (2 Dative), brilhirhed (Acc.),
brithirbede (Dat.), *brilhirhod* (Dat.), *brilhirhode* (Dat.), *britherhod*
(3 Dat.) 1 Pet. I 22, II 17, III 8, V 9, 2 Pet. I 7, preesthod, *preesthod*
1 Pet. II 5, 9, princehed, *prinshod* Jud. 6, godhed, *godhed* Apoc.
V 12, filthhed, *filthhed* Apoc. XVI 15. — childhed, *childhed* Ez. IV 14,
maydynhod Ez. XXIII 17. Die Ausdeutung dieser Belege ergibt
sich von selbst. Das Überwiegen des -hod im alten Testamente
nach ›K‹ fällt auf, gegenüber dem ungleich häufigeren -hed im
neuen Testament von dem Römerbrief ab. Über die Quantität
läfst sich nur mutmassen. Sollen die wenigen Doppelschreibungen,
wie sie Länge verbürgen, die Norm bilden für die anderen Fälle?
Die End-e können als graphische Zeichen für die Länge ausgesprochen werden, wie zum Teil als Kasuszeichen, zum Teil als
unorganische Endungen. Stützen lassen sich für jede Ansicht
aus der Bibel finden.

Vergleiche dazu ae. liflåd, -e fem., was als lyuelodis, *lijflodis*
2 Macc. III 10, lyflode, *lyuelode* Mark XII 44, lyfloode, *liflode*
Luk. XXI 4, lijflode, *lyuelode* Jam. II 15 erscheint. Zweifelhaft
bleibt die Quantität des ae. -rêd, -es n. in kynred (1 mal Dativ),
kynrede (Acc.), kynredis, *kynrede* (Dat.) *kynredis* Am. III 1, 2,
1 Macc. V 2, kynredis, *kynredis* Matth. XIX 28, kynrede, *kynrede*
Luk. I 50, *kynrede* Gal. I 14, Deeds VII 14, kynredes, *kynredis*
Apoc. I 7 (vergl. ten Brink § 54 Anm.).

Offenbare Kürzung in Folge geringerer Betonung liegt vor
in: neiȝbore, *-bore* Ezech. XXXIII 26, Zech. VIII 10, 16, 1 Macc.
III 43, Matth. V 43, XXII 39, Mark XII 31, Rom. XIII 8, 9, 10, Luk.
X 27, 29, XIV 12, Joh. IX 8, Jam. II 8, aber neiȝbour Ez. XVIII 6,
11, 15, XXII 11, 12, neben einmaligem neiȝboris Ez. XVI 26 und
einmaligem *neiȝbour* Jam. II 8. ae -lêas erscheint in nethelese Dan.
IV 12 (neuerthelese ebd. II 41), Matth. XI 22, Luk. X 14, XI 4, 20,
nethelees Luk. X 11, XII 31 (ausnahmsweise), Rom. VIII 9, 17, 1 Cor.
VIII 6; netheles 1 Cor. XI 11, Phil. III 8, Eph. V 33, ausnahmsweise; netheles Apoc. I 24, Jam. I 27, Ezech. XIV 21; giltlesse
Dan. XIII 62, ausnahmsweise. Die jüngere Version hat -les, selten
andere Formen *nethelesse* 1 Cor. VII 28.

almesse (2 Acc.), almes (1 Nom.), *almes* Matth. VI 2, 3, 4,
almes *almes* Luk. XI 40, XII 33, Deeds III 2, 3, 10, IX 36, X 2, 4, 31,
XXIV 17.

Wenn in den eigentlichen Kompositionen, die unter dem
Nebenton stehenden Silben oft ihre alten Längen bewahren, so ist
dies um so mehr bei den uneigentlichen Kompositionen der Fall. Es

genügen wenige Beispiele: efte soonys, *eftsoone* Matth. V 33, Mark X 1, wilhouten, *withoulen* Ebr. VII 3, Phil. I 15, mylnstoon, *mylnstoon* Matth. XVIII 6, Mark IX 14, sourdawʒ, *sourdowʒ* Gal. IV 9.

ae -lle erscheint bei Chaucer § 53 und in den Urk. SS. 18 als -ly und -lich. Die Bibel kennt ganz überwiegend -ly -*li*, für das es keiner Belege bedarf; nur vereinzelt erscheint ein seltenes -lich -*lich* 1 Cor. XV 46, 47, IX 16, 9, Gal. II 14, Col. II 9.

Als me. lang geblieben erweisen sich nach ten Brink bei Chaucer (§ 16) ae. Längen vor ld, nd, ng und vielfach vor st trotz der doppelten Konsonanz; und ae. Kürzen werden in der Regel vor ld gedehnt, wie ae. i, u, y vor nd und ae. i, u, — zuweilen auch ae. a, o, — vor mb. Morsbach S. 18 f., indem er an die Dehnung der Vokale in spätae. Zeit erinnert, fafst dieses Gesetz für alle me. Dialekte dahin ab, dafs »ae. lange Vokale«, — also auch ursprünglich kurze, — »vor dehnenden Konsonantengruppen: ld, mb, nd, ng, rd, rl, rn, rþ« im Me. erhalten bleiben. Es werden demnach die bei Orm [7] anzunehmenden Dehnungen vor Konsonanten auch allgemein für das Me. beansprucht, nur wird nicht die gleiche Ausdehnung wie im Ormulum für alle me. Dialekte von Morsbach vorausgesetzt. In den Urk. selbst fehlen indessen beweisende Schreibungen fast ganz, nur in den Parlamentsurkunden ist o vor ld, e vor nd, a, o vor ng gedehnt. Die Londoner Urk. geben nichts an die Hand; nur die bekannte Proklamation vom Jahre 1258, die Morsbach S. 101 f. als sicheres Denkmal der Londoner Mundart anspricht, verzeichnet mehrmal loand und einmal foangen, welche Schreibung im Vergleich mit dem dort vorkommenden hoaten, noan u. s. w. offenbar die Länge des Vokales andeutet. Ohne die Tragweite des me. Dehnungsgesetzes für seine Vorlage weiter ermessen zu können, glaubt Morsbach doch die von ten Brink für Chaucer aufgestellten Regeln auch für die Sprache der Urk. als giltig beanspruchen zu dürfen, da sie ihm die Entwickelung des Ne. zu bestätigen scheint. Weil jedoch Morsbach die ten Brinksche Hypothese der schwebenden Vokale (§ 35) nicht anerkennt, will er die obigen Auslassungen dahin erweitern, dafs »Dehnung aller Vokale vor ld, von ae. i, u, y vor nd, seltener Dehnung vor mb (ae. i u. a [o]), rd (ae. o

---

7) Wie sie bei Brate in Paul u. Braune. Beitr. X S. 1 ff. u. Effer: einfache u. doppelte Konsonanten im Ormulum. Bonn. Diss. 1885. nachweisen.

u. eu) und rn« angenommen wird. »Daneben war Dehnung vor
ng und von a, e, o vor nd nicht unbekannt«, was bei Chaucer
§ 13 Kürze sein soll. — Diese erweiterte Regel ist auch im Grofsen
und Ganzen Norm für die Bibelsprache.

Die Erhaltung der ae. Länge vor dehnender Konsonanz wird verbürgt durch:

freend (2 mal), frend (4 mal), freendis (17 mal), freendus
(2 mal), frendis (8 mal), frendus (1 mal), *freendis* (2 mal), *frende*
(Acc. 1 mal, 1 Macc. X 16), sonst immer *frend* und *frendis*. Die
Beispiele finden sich bis auf Dan. XIV 1 und Zech. III 8 alle in
den Makkabäern. — frend, *freend* Matth. XX 13, XXII 12, XXVI 50.
— frendis (8 mal), frendes (1 mal), frend, stets *freendis*, *freend*
(6 mal), *frend* (1 mal), so im Lukas und Johannes vergl. Luk. VII 6,
34, XIV 10, 12, John III 29, XV 13, 14. — frendis, *freendis*, *frendis* Deeds X 24, XIX 31, XXVII 3. — frend, frendes, freend, *freend*,
frend, frendis Jam. II 23, IV 4, 3 John 15. Die Komposita mit
-scipe (siehe unten) weisen nie die Doppelschreibung auf.

Das ae. feond gilt bereits als feste Übersetzung für diabolus;
sonst wird hostis, inimicus ausnahmslos durch enmy wiedergegeben. deuyls, deuylis, *fendis* Bar. IV 7, 35. — feendis (1 mal),
fendis (2 mal), feend (2 mal), *feendis* (4 mal), *feend* (7 mal) Matth.
XII 24, 28, XIII 39 u. a. m. Man sieht, wie die jüngere Version
das Wort germanischen Ursprung ungleich stärker verwendet,
wo die ältere deuel braucht; im XII. Kapitel begegnet zum ersten
Mal feend in der älteren, in der jüngeren bereits in IV 1, wie ja
auch im alten Testamente. — fendis, fend (zusammen 8 mal),
feendis (6 mal), *fendis* (1 mal), *feend* (2 mal) Mark I 34, 39, III 15,
22, VI 13, IX 37, V 15, VII 29, XVI 17. — fend, fendis (zusammen
18 mal), *feendis*, *feend* (zusammen 11 mal), *fendis* (1 mal) Luk.
IV 33, 35, 41, John VI 71. Den Unterschied in der stärkeren
Verwendung von feend in der älteren Version bedingt vor allen
das achte Kapitel des Lukas, wo fortlaufend *deuelis* und fendis
sich entsprechen. — fendis, *feendis*, *fendis* 1 Cor. X 20, 21. — fend,
feend, fend 1 John. III 10, Apoc. XII 12; vergl. fendli, *feendli*
Jam. III 15. — held, heeld, *held, heeld* Praet. Ez. I 15, XL 6,
XLIII 4, Matth. IX 25, XXVIII 9, Luk. XX 26, XXII 63, Deeds
III 5, VIII 11, 1 John. I 1, Ez. VIII 4, IX 7.

Vor st ist ae. Länge meist bewahrt, wie moost, *moost* neben
most, *most* beweisen 2 Macc. VII 34, Ez. XXXII 24, Matth. XIII 32,
Mark IX 6, Luk. V 7, XXIII 44, Rom. XVI 8, Jam. I 19, Ez. XXVII 31,
XIV 3, 8, wobei nur bemerkt zu werden braucht, dafs die Teile,

welche nach »M« und »A« gedruckt sind, nur oo anführen. Gost, goost, *goost* Matth. I 18, 20, Mark I 8, III 29, Luk. II 26, John VII 39, Rom. IX 1, 2 Cor. VI 6, Eph. IV 30, aber schon die zweite Hand in »K« schreibt in weit überwiegender Weise gost; »M« hat ausschliefsliches goost 1 Pet. I 12, 1 John I 20, die in Frage kommenden Bücher des alten Testamentes haben nur das romanische Lehnwort. prest, preest, *prest, preest* Ez. XL 45, 1 Macc. III 49, Deeds IV 6, nur prest haben Matth. (XXVI 3,), Mark (II 16, XIV 1), Luke (I 5, XXII 1), John (I 19) und die Bücher, welche aus »M« genommen sind (Apoc. I 6, 1 Pet. II 1). Die Hesekielparticen aus »A« haben nur preest vergl. XXII 26, VII 26. Einmal überliefert 1 Macc. VII 14 *preist*. Aufserdem sei angeführt heest, *heest* zu ae. hês mit secundärem t, Ez. XXXVI 27, Luk. XXIV 49, Rom. IV 13, Gal. III 14, Ez. XVIII 21. leste, leest, *leeste, leste* Matth. II 6, V 19, X 42, XIII 32, Luk. XII 26, 1 Cor. IV 3, VI 2 Eph II 8 zu ae. læsest, læst.

Vor st ist ae. Länge gekürzt nur in laste, *laste* 1 Macc. X 27, Mark X 30, Joh. VIII 7, 2 Thes. I 9, 1 John V 11, Ez. XIII 6 zu ae. læstan, exsequi, praestare. Dagegen erscheint auffallender Weise gedehnt mijst *mijst* 2 Pet. II 17, *myist* Joel II 2 zu ae. mist.

Vor sonstiger Doppelkonsonanz ist ursprüngliche Länge gekürzt, wie bei Chaucer § 6 und in den Urk. S. 20 f. Es zeigt sich im Praeteritum und Participium ae. sw. Verba mit dem Vokal æ, der in Folge der Kürzung als a erscheint, während sonst ae. æ zu e, ee wurde. sprad Hosea V 1, radde *radde* 1 Macc. X 7, laft Matth. IV 13, spradde Matth. XXV 26, *lad* Matth. X 8, radde ʒe, *radden* ʒe Mark II 25, rad Luk. VI 3, *lad* Luk. VIII 29, radden John XVIII 20, lad Rom. VIII 14, XV 24, rad 2 Cor. I 13, radd 2 Cor. III 15, 2, laft, *laft* Ez. VI 12, XIV 22. Diese Formen mit a sind übrigens weit in der Minderheit gegen solche mit e, welche an den me. Inf. anknüpfen. Dieser zeigt in folgerichtiger Entwickelung im Me. ee. das neugebildete Participium oder Praeteritum hat darnach auch e, aber wohl gekürztes e, — eben wegen der Doppelkonsonanz, denn die Schreibung ist durchgehends e, e; — nur Matth. XXV 24 hat einmal hast not spreedde. Die aus »M« gedruckten Teile haben nur e; die Formen mit a der jüngeren Version sind geradezu Seltenheiten.

Auch in den Kompositen tritt solche Kürzung in Folge doppelter Konsonanz ein, selbst wenn die Komposition sich erst in me. Zeit vollzog. Daneben beobachtet man aber auch wieder Erhaltung der Länge, das Simplex mit seinem Sonderdasein rettete offenbar die reine Erhaltung des Wortes in den Zusammensetzungen. Beispiele sind: sheperd, sheeperd, *scheepherde, schepherde* Ezech. XXXIV 2.5, 7, 8, XXXVII 2, 4, Zech. XI 15, XIII 7, Matth. IX 36, 1 mal shepperdis Ez. XXXIV 2, 1 mal shepherd Ez. XXXIV 12, sheperde, aber *scheeperde* Matth. XXV 33, XXVI 31, shepherde, *scheepherde* Mark VI 34, XIV 27, Luk. II 8, 20, John X 11, 14, Ebr. XIII 20, Eph. IV 11, schepherdis, *scheephirdis* Luk. II 15, 18, sheperde, *schiphirde* 1 Pet. II 25, shiperdis, *scheepherdis* 1 Pet. V 4. — husbond (4 mal), hosbond (1 mal), husbondis (1 mal), *hosebonde, hosebondis* Ez. XLIV 25, Dan. XIII 63, Hos. II 7, 1 Macc. I 28, IX 39, X 54. — husbond (4 mal), husbonde (3 mal), housbonde (2 mal), husbondis (1 mal), *hosebonde* (8 mal), *housbonde* (1 mal), *housbondis* (1 mal), Matth. I 19, X 25, 36, XIII 27, 52, XX 1, 11, XXI 33, XXIV 43, XXV 5. — hosebonde, *housebonde* Mark X 12. — hosebonde (9 mal), hosebondis (3 mal), *hosebonde, hosebondis* Luk. II 36, XII 53, John III 29, IV 18. — hosebonde (21 mal), housbonde (2 mal), hosebondis (1 mal), housbondis (2 mal), housebondis (3 mal), *hosebonde, hosebondis* Rom. VII 2, 3, 1 Cor. VII 2, 3, Eph. V 22, 24, Col. III 18, Tit. I 6, II 4, 5, 1 Tim. III 2, 12. — husbonde (3 mal), husbondes (1 mal), husbondis (1 mal), *hosebonde, hosebondes, hosebondis* 1 Pet. III 1, 5, Apoc. XVIII 23, XXI 2, XXII 17. — husboond (2 mal), husbondis Gen. Sg. (1 mal), husbondis (1 mal) Plur., *hosebonde* (3 mal), *hosebondis* (1 mal) Ez. XVI 32, 45, XXII 11.

Ständig trat Kürzung ein in womman, *womman* aus ae. wîfman, wie die Verdumpfung beweist (Matth. XV 22 u. a.), sonst ist nach me. Schreibart die Kürze des Vokales nicht sicher zu ermitteln. Selten wird wijsdam Bar. III 28, Dan. I 20, Matth. XI 19 geschrieben gegenüber gewöhnlichem wisdom, *wisdom;* häufiger findet sich woodnesse, *woodnesse* Ez. XXXVI 6, Dan. III 13, Ez. V 15, XII 39; auch das unorganische e in der Schreibung wodenesse Dan. II 12, III 19, XI 20, Mark III 21 scheint die Erhaltung der Länge in der Stammsilbe anzudeuten. Stets findet sich houshold, *houshold* geschrieben Ez. XXXVIII 13, Matth. X 25, Gal. VI 10, Eph. II 19, Ez. XXVII 27, 9. Einem presthod steht bisweilen ein *preesthod* der jüngeren Version gegenüber Ez. LXIV 13. Luk. I 8, 9. Länge verbürgt teils die Doppelschreibung, teils auch wohl das unorganische e in seckenesse, *sikenesse* Hos. V 13, sekenesse, sykenessis, *sekenesse,* aber *siknessis* Matth. IV 23, VIII 17, siknesse (2 mal), sykenes (1 mal), siknessis (1 mal), *sijknesse* (3 mal), *sijknessis* (1 mal) Mark III 15, V 35, IX 35, X I, sykenesse (2 mal), siknesse (1 mal), sykenessis (2 mal), syknessis (2 mal), *sijknesse* (3 mal), *syknesse* (1 mal), *siknessis* (2 mal), *sijknessis* (3mal) Luk. V15, VI18, VII21, VIII2, IX1, XIII11, 12, John V4. Dagegen mag John XI4 sickncsse, wenn kein Schreib-fehler, als sichere Kürze angesehen werden. sykenessis, sikenessis, *sijknessis* Deeds XIX12, XXVIII9. Genannt sei noch greetnesse, *greetnesse* Dan. IV19, decreworth, *deerworth* Matth. IX6, XVII5, 1 Cor. IV14, 17, X14; goodnesse, *goodnesse* 2 Thes. I11, Eph. II7; lijflode, *lynelode* Jam. II15.

Die Bewahrung der Länge in heelthe, *heelthe,* neben welcher die Schreibung helth(e), *hellhe* begegnet, kommt wahrscheinlich durch die Analogie mit ae. hǽlu me. heele vergl. Bar. IV22, 24, 29, 1 Macc. IV25, Matth. XII13, Luk. I47, 69, XIII32, Rom. I16, X1, 10, 2 Cor. VI2, 1 Pet. I5, 9, 2 Pet. III15, Apoc. VII10, Ez. XXX21. Die aus »K« gedruckten Teile des alten Testa-mentes und des Matthew haben nur e. Lukas bietet in diesem Worte einfachen und doppelten Vokal, die übrigen nach »K« gedruckten Teile des neuen Testamentes schreiben meist heelthe, die Partien aus »M« haben einfachen Vokalismus; in den Ezechielpartien aus »A«, wo das Wort nur einmal vorkommt, heifst es helthe. Die Formen mit fehlendem End-e sind auf die Teile des alten Testamentes, die aus »K« genommen, beschränkt. Übrigens sei bemerkt, dafs bei zu erwartender Kürzung die me. Form halth gewesen wäre. Die Formen mit -e sind auch den Urkunden S. 84 eigen.

Eine Kürzung erlitten ae. hálgjan, háligdœg zu me. halewe, *halewe,* haliday, *halidai* in Folge des schweren Suffixes; vergl. Ez. XXXV28, XXXVI23, XLI4, XLIII12, XLIV13, Luk. X12, XXII1, Rom. I4, 1 Cor. I2, Apoc. XVI6, Ez. XX19, 40.

Ein stichhaltiger Unterschied in der Behandlung der ae. Längen gegenüber Chaucer und den Urkunden wird in keinem Falle zu begründen sein.

Dehnung ursprünglicher Kürzen vor ld beim i. Die Beispiele mit sicher beweisender Schreibung sind dafür nicht häufig, wenigstens in gewissen Teilen des Textes, weil eben die Be-zeichnung des î durch ii in der Bibel an und für sich zu den Seltenheiten gehört.

Stets steht chijld im alten Testament nach »K« und häufig Am. I13, Hosea XII1, Mic. V3, IV9, 2 Macc. VII30 (etwa 10 mal), chijlde (1 mal Dat.) Bar. VI28. — chyld, child (9 mal), childe (1 mal Acc. Ob Dehnungs -e? und 1 mal Dativ), chijld (1 mal) Matth II8, 9, 11, 13, 21, 14, 20, XVIII2, 4, XXIV19. — child Mark IX23, X15, childe Acc. u. Dat. ebd. XIII17, IX35. — child Luk. I57, XVIII7, John XVI21 (19 mal). — child 1 Cor. XIII11, 1 Thes. V3, Ebr. V13,

Gal. XI 23. — chijld (4 mal) Apoc. XII 2, 4. Die Hesekielpartie hat child Ez. IX 6. Die jüngere Version hat in strenger Regelmäfsigkeit *child*; was davon abweicht, ist Dat. *childe* Am. I 13, *chijld* Matth. II 20. Ae. wild setzt sich fort als wijld (2 mal) 2 Macc. IV 25, Hosea II 12, Mic. VII 14, Ez XXXI 6, XXXIX 10, Dan. IV 9, 12, 22, 29. wylde Ez. XXXIX 4, Dan. IV 20. wylde Rom. XI 17, 24. wijlde Jud. 13. Die jüngere Version hat immer *wielde*, welche Schreibung offenbar auch nur Dehnung des Vokals besagen soll. Vergl. mylde, *mylde* 2 Tim. III 3.

e vor ld erscheint gedehnt. Beweisend ist die Schreibung des ae. Masc. feld: feeld, feeldis (annähernd 40 mal), of feelde Dan. IV 18, in to feelde 1 Macc. IV 14, feld (1 mal), Ez. XXXIV 8, *feeld, feeldis* immer bis auf *feld* Ez. XXXIII 27, vergl. Ez. XXXIV 5, Hos. XIII 8, Obad. 19, 1 Macc. XIV 8. — feeld, feeldis (15 mal), of feelde (1 mal), feld (1 mal), *feeld, feeldis* (15 mal), *feld* (2 mal), Matth. VI 28, 30, XIII 24, 27, 31, 36, 38, 44, XIX 29, XXVII 7, 8, 10. — feeld (1 mal), feld (1 mal), feeldis (1 mal), *feeld, feeldis* Mark XIII 16, 38, X 29. — feeld, *feeld, feeldis* (1 mal), *feeldi* (Adjektiv mit Dehnung trotz schweren Suffixes) Luk. VI 17, XII 16, 27, 18 u. a., John, IV 25. — feeld, *feeld* Ez. III 22, 23, VII 15, VIII 4, XX 46, XXVI 6.

Hierher zu stellen ist auch: ȝeelde Hos. XII 2, Zech. IX 12, Bar. VI 33, 34, 2 Macc. VII 23, XIV 46, Jon. II 10, Joel III 4, ȝeeld Inf. Ez. XXXIII 15, Bar. VI 34, ȝeelde Imper. Nah. I 15, ȝeeldynge mit Dehnung anzeigender Doppelschreibung trotz des schweren Suffixes 1 Macc. II 68, ȝeeldide 1 Macc. X 9, XI 53, 2 Macc. II 17. In der Minderheit bleiben die Formen mit einfachem e: ȝelde Hosea IV 9, Joel III 4, Ez. XXXII 14, ȝelde Imp. Plur. 1 Macc. II 68, ȝeldide Nah. II 2, ȝeldyng Joel III 7, IX 7. Die jüngere Version, welche sich in den Endungen bis auf den einen Infin. ohne -e mit der alten Version deckt, schreibt ständig ȝelde, ȝeldide, ȝeldynge. Bar. VI 34 steht einmal ȝilde, was sich aus den alten Doppelformen geldan und gildan leicht erklärt. — ȝeelde Matth. VI 6, 18, XVIII 26, ȝeeld Inf. ebd. V 33, ȝelde ebd. VI 4, XVI 27, XVIII 25, ȝelde Sing. Praes. Opt. ebd. V 26, ȝeld Imp. Sing. ebd. XVIII 28. Bis auf den Infin. ohne -e und den Imp. gleichfalls ohne -e der älteren Version, wo in der jüngeren beide Mal ein -e auftritt, decken sich beide Texte in den Endungen; die Purveysche Redaktion schreibt aber stets ein einfaches e vor dem ld hier. — ȝelde ȝe, ȝelde ȝe Mark XII 17. — ȝeldynge, ȝeldyng (subst.) Luk. IV 19, ȝelde, ȝelde Praes. Opt. Sing. ebd. XII 59.

ʒelde (3 mal), ʒelde (2 mal), ʒeelde Luk. VII 42, XIX 9, X 35,
ʒeld, das alte starke Praeteritum, entspricht Purveyschem ʒeldide Luk. IX 42. — ʒelde, ʒelde 2 Tim. IV 8, 14, Phil. 19, Rom.
XII 19, 1 Thes. III 9, 1 Tim. V 4, ʒeldinge, ʒeldynge (verb.), Rom.
XII 17, ʒeldinge (subst.) ʒeldyng Rom. XI 9, Col. III 24, ʒelding
(subst.) 2 Thes. I 16. — ʒelde ʒe, ʒelde ʒe Apoc. XVIII 6, ʒeldide
ʒeldide ebd. XVIII 6. — ʒeelde Inf., ʒelde Ez. XVIII 7, ʒeeldynge,
ʒeldinge (verbal) ebd. XXVII 12.

Aus ae. sceld neben scild erwuchs: sheeld, sheeldis (10 mal),
sheld (2 mal), scheeld, scheeldis (7 mal), scheld, scheldis (5 mal)
Ez. XXXVIII 4, 5, XXXIX 9, 1 Macc. XV 18, 20, IV 57, VI 2, 39,
XIV 24, Nah. II 3, 2 Macc. V 3, XV 11. — scheeld, scheld Eph.
VI 10 — sheeld (1 mal), sheld (2 mal), scheeld Ez. XXIII 24,
XXVI 8, XXVII 10.

Auf ae. byldan (Stratmann, dictionary of the old engl. lang., 3
ed.) zurückgehen soll: beelde, beeldiden und die anderen abgewan-
delten Formen (42 mal), beeldyng (subst. 6 mal), bildide Partic.
Ez. XXXVI 36, bielde ʒe (1 mal) Hag. I 8, bylde, byldid Zech. I 16,
VI 15, bildid, bildiden, bilde 1 Macc. III 50, X 44, XIII 38, 53, XV 39,
2 Macc. I 18. Es ist eigentümlich, dafs die Formen mit y und i vorwiegend im Zechariah und in den Maccabäern begegnen. Im Zechariah
kommen auf die zwei Formen mit y vier mit ee (ebd. V 11, VIII 9,
VI 12, IX 3), im Hesekiel, soweit er nach »K« gedruckt ist, auf eine
mit i vier mit ee (ebd. XL 2, 5, XLI 15, XLII 1), in den Maccabäern auf sechs mit i vierzehn mit ee, wobei bemerkt werde,
dafs mit beeldyng (subst.) 2 Macc. II 30 das letzte Beispiel in
den Maccabäern gegeben ist. Im Zechariah findet sich beide
Male das y, in den Maccabäern immer i. Die jüngere Version
hat ausschliefslich i: bilde, bildide, bildyng u. a. — belden (1 mal)
Matth. XIIIX 29, beldynge (adj.) ebd. XXI 42, bilde, bildide, bildist,
bildyngis u. a. stets i (6 mal) ebd. VII 24, 26, XVI 18, XXI 33,
XXIV 1, XXVI 61, XXVII 40; die jüngere Version stets mit i
bilde, bildide, bildist bildyngis u. a. — bilde, bildide, bildest, bildingis (2 mal), bildynge (adjekt.), bilde, bildide, bildist, bildyngis,
bildyngis Mark XII 1, 10, XIII 1, 2, XIV 58, XV 29. — bylde, byldid, byldeden Luk. XIV 28, XVII 28, John II 20, bilden, bildinge
(verb. u. adjekt.), bildide Luk. VII 5, VI 48, 49, XI 47, 48, XIV 30,
XX 17 und stets mit i bilde, bildid, bildynge, bildide. — bylde,
byldide (6 mal) 1 Cor. III 12, 9, 14, Deeds VII 49, XV 16, Col. II 7,
bilde, bildeth, bildide, bildynge (subst. 2 mal) und byldinge (subst.
1 Cor. III 9), bildyng (subst. 1 mal) Rom. XV 20, 1 Cor. III 10,

Gal. II 18, Deeds VII 47, IV 11, 2 Cor. V 1, Eph. II 20, 21. Die Fälle mit y verhalten sich zu denen mit i also wie 6 : 7. Die jüngere Version hat wie immer *i, bilde, bildith, bildide, bildyng* (3 mal), *bildinge,* aber *bylde* Gal. II 18, *bieldid* Col. II 7. — bildid, *bildid* 1 Pet. II 5, byldinge (verb.), *bilde ȝe* Jud. 20, 1 Pet. II 7, bildyng (subst.), *bildyng* Apoc. XXI 18. — bilde, bildid, bildyng (subst.), *bilde, bildid, bilding, bildidist* Ez. IV 2, XI 3, XIII 10, XVI 24, XVII 17, XXI 22, XXVI 14, XXVIII 26, XXVII 4.

ea vor ld gab Dehnung, vergl. die Schreibungen colde, *coold,* Substantive, Dan. III 67, Zech. XIV 6. coold (1 mal), cold (1 mal), Adjektive, *coold, coolde* Matth. X 42, XXIV 12. coold, *coold* John XVIII 18. cold, *coold,* Subst., 2 Cor. XI 27, Deeds XXVIII 2. coold, *cold* (1 mal), *could* (2 mal) Apoc. III 15, 16. Zu vergleichen ist ferner fold, seltener foold, neben häufigerem *foold* und seltenerem *fold* Matth. XIII 8, XIX 29, Mark II 20, Luk. VIII 8, John X 1, 16, 1 Petr. IV 10, Ez. XVI 13, XXV 4; bold *boold* 2 Petr. II 10, Mark XV 43. In anderen Fällen haben sich bei der Entwickelung des ae. ea vor ld Doppelformen ergeben: tolde, toolde neben telde, teelde und in der jüngeren Version meist *telde,* seltener *tolde* Dan. IV 4, 1 Macc. III 26, IV 26, V 25, 38, VI 5, Matth. VIII 33, XIV 12, XVIII 31, Mark V 14, 16, XIII 9, Luk. VIII 34, 36, IX 10, XI 16, XIV 21, XXIV 35, Joh. IV 51, Rom. VIII 26, IX 17, XV 21, 1 Cor. I 11, 2 Cor. IX 15, 1 Petr. I 12, 8, Ez. III 20. Begegnete schon das seltene *tolde* nur im Lukas vornehmlich und je einmal im Matthäus und Markus, so beschränkt sich ein *toolde* auf Luk. VII 18, ein *teelde* auf Luk. VIII 20. Das ae. eald findet sich als old, olde, *eld, elde* Dan. XIII 8, 16, Matth. V 21, 27, 33. oold (1 mal), old (1 mal), *elde* Mark II 21, 22. old, olde (6 mal), oolde (1 mal), *olde* (6 mal), *oold* (2 mal), *elde, eld* (4 mal), *eeld* (1 mal) Luk. I 18, II 42, V 36, 39, IX 9, John III 4. oolde, oold (4 mal), olde, old (8 mal), *eld, elde* (7 mal), *eeld* (1 mal), *old, olde* (4 mal) Rom. VI 6, 1 Cor. V 7, 8, 2 Cor. III 14, V 17, Eph. IV 22, Ebr. VIII 13 u. s. w. olde (3 mal). *elde* (3 mal) 1 John II 7, Apoc. XII 9, XX 2. oolde (2 mal), old (1 mal), *elde, eld* Ez. VIII 1, IX 6, XXV 15. Ae. scalde stellt sich dar als: solde (10 mal), seeld (1 mal), soulde (2 mal), *seld* (7 mal), *seelde* (6 mal) Bar. IV 6, Joel III 3, 6, 7, Zech. XI 5, 1 Macc. I 16, X 21, 2 Macc. V 24 u. s. w. solde, *selde* (2 mal), *seeld* (1 mal), *solde* (1 mal) Matth. X 29, XIII 46, XVIII 25, XXI 12. sold, *seld* Mark XIV 5. seeld, *seelden* (2 mal), *seld* (1 mal) Luk. XII 6, XVII 28, John XII 5. sold (7 mal), seelde (1 mal), selden (1 mal), *seld* (4 mal), *seelden* (6 mal) Rom. VII 14, Ebr. XII 16, Deeds II 45, IV 34, 37,

V 1, 4, 8, VII 9.   soulde (2 mal), *seelde* Ez. VII 13.   Lediglich e
zeigt wieder ae. wealdan in weelde, welde, *welde* Bar. VI 58, Ez.
XXXIII 24, 25, Dan. XI 7, 21, VII 22, Matth. I 9, V 3, XIX 29, Luk.
XII 18, XIV 33, 1 Cor. VI 9, 10, XV 50, 1 Petr. III 9, Apoc. XXI 7, Ez.
VII 24, XXII 16 und nur einmal Luk. XVIII 18 *weilde*. Im Wesentlichen auch nur eine Form zeigt ae. healdan, me. holde, *holde*
Bar. IV 1, VI 71, Matth. VI 26, 28, Mark II 21, XII 12, Luk. IV 38,
John XX 25, Phil. 13, 1 Thes. V 21, Ez. X 22, XVIII 16, 27. hoolde
findet sich 1 Cor. XV 2, 1 Thes. II 17, also gewöhnlich in der
zweiten Hand von »K«, mit Ausnahme der Teile von Mark, Luke
und John, und einmal Ez. XVI 27.   Formen mit e, welche eine
Verwechselung mit dem Praeteritum nahe legen, scheinen im Allgemeinen vermieden zu sein, sichere Fälle sind indessen: heel-
dynge Luk. X 34, heelde Inf. Ez. VII 8, helde Inf. Ez. XXX 15.

Von ae. ie vor ld vermögen wir nur eelde, elde, *eelde, elde*,
das Alter, anzuführen Dan. I 10, XIII 50, 2 Macc. VI 23, Luk. I 36,
Gal. I 14.

Vor nd erscheint ae. u stets als ou, *ou,* was also Dehnung bezeugt, vergl. Dan. XIII 63, Matth. XIV 30, Mark XV 6,
Luk. XV 6, Deeds XIX 16, Apoc. XIV 5, Ez. XIX 8.   Der Plural
des Praeteritums *fonden* Luk. XIX 32 wird eine Übertragung der
Singularform sein.

ae. a, o vor nd zeigt sich in: lond Bar. III 22, Ez. XXXIII 6,
Dan. XI 41, Matth. II 20, IX 30, Mark IV 20, Deeds VII 6, XXVII 44,
Apoc. X 8. In diesen Fällen steht in der jüngeren Version auch
lond, wogegen *loond* Matth. II 21, IV 15, Mark IV 1, 7, VI 53,
Deeds VII 3, 4 u. a. m. zu belegen sind. Die Hesekielpartieen aus
»A« bieten loond, *lond* vergl. V 5, 6, VII 2, XXV 3. Ähnlich steht
es mit ae. hond, was als hond, hondis (35 mal), hoondis (1 mal),
hond, hondis und einmal als *hoond* erscheint Dan. II 34, 45, Zech.
II 1, 1 Macc. VII 35 etc.   hond, honde, hondis (24 mal), hoondis
(1 mal), *hond, hondis* (13 mal), *hoond, hoondis* (12 mal) Matth.
III 12, IV 6, XXVI 50 etc.   hond, honde, hondis, *hoond, hoondis*
(17 mal), *hondis* (4 mal) Mark I 31, III 3, 5, VII 5, 32 etc.   hond,
hondis (33 mal). hoondis (1 mal), *hond, hondis* (12 mal), *hoond,
hoondis* (22 mal) Luk. I 71, III 17, IV 40, XIII 13, John VII 30,
X 28, 29. hond, honde, hondis (78 mal), hand (1 mal Eph. II 11), *hond,
hondis* (33 mal), *hoond, hoondis* (45 mal) Rom. X 21, 1 Cor. XII 15,
XVI 21 etc. hond, hondis, hondes, *hond, hondis* (11 mal), *hoond,
hoondis* (11 mal) Jam. IV 8, Apoc. I 17, XX 4 etc.   hondis (1 mal),
hoond, hoondis (41 mal), *hond, hondis* Ez. II 9, VII 17, XXII 13 etc.

Wahrscheinlich in Folge des schweren Nebenwortes unterblieb die Dehnung und zugleich auch die Verschiebung von a zu o in handmayden, *handmayden* Luk. I 38, 48, II 45, XXII 56, John XVIII 17, Gal. IV 22, 23, 30, aber hond mayden 1 Macc. II 17, Matth. XXVI 69, 71, ebenso handful, *handful* Ez. XIII 19.

Dehnung zeigt wieder an: boondis, *boondis* Nah. I 13, Dan. IV 12. boondis, *boondis* Matth. XI 2. bond, *boond* Mark VII 35. bond, boondis, *boond*, *boondis* Luk. VIII 29, XIII 16. bond, bondis (11 mal), boondis (6 mal), *boond*, *boondis* Eph. IV 3, Phil. I 13, 14, Phil. 10, 13 u. s. w. boondis, aber *bondis* Jud. 6, 2 Pet. II 4. boondis, *boondis* Ez. XX 37. Die Hesekielpartie aus »A« schreibt einige Male Inf. und Imp. stoonde II 1, XXVII 29, XXXI 14, welches sonst überall mit o, o erscheint. Ae. brond erscheint als brond, broondis (1 mal), *brond* (1 mal), *broond* (2 mal), *brondis* (1 mal) Am. IV 11, Zech. III 2, XII 6, 2 Macc. IV 22, brondis, *brondis* John XVIII 3. Das unorganische -e im Nom. Sg. bronde neben *brond* in Apoc. VIII 10 mag auch nur die Dehnung andeuten sollen. Ez. XV 4 heifst es broond, *broond*.

Vor nd tritt altes e mit offenbarer Dehnung auf in leende, leendis, *leende, leendis* Ez. I 27, XLIV 18, Matth. III 4, Mark I 6, Luk. XII 35, Eph. VI 14, Ebr. VII 5, 10, Deeds II 30, 1 Pet. I 13, Ez. VIII 2, IX 3; *lendis* Ez. I 27 ist vereinzelt. eende mit zweifach geschriebenem e Subst. und Verb. erscheint in den Büchern des alten Testamentes nach »K«, im Matthäus bis zum 24. Kapitel und ausnahmsweise Mark III 29, vgl. Bar. III 25, IV 20, 1 Macc. III 42, IV 51, Matth. X 23, VII 28. In allen übrigen Teilen kommt nur ende vor, Matth. XXIV 3, 6, Mark XIII 7, 13, Luk. XXI 9, XXII 37, Rom. VI 22, X 4, Jam. I 4, V 11. Im Ezechiel nach »A« begegnet neben häufigem ende VII 2, 3, 6 einmaliges eendynge ebd. XI 13. Die jüngere Version hat gewöhnlich *ende* und *eende* nur ganz vereinzelt Matth. XII 42, XXI 19, Ez. XXVII 36. Verglichen werden mag noch teende Bar. VI 18, Ez. XXII 20, in der jüngeren Version *leende* Bar. VI 18, Matth. V 15, Luk. XV 8, wogegen tendyn Matth. V 15, Luk. XI 33.

i vor nd wird nur in wijnd orthographisch als Dehnung zu belegen sein Jam. I 6, III 4, Jud. 12, Apoc. VI 13, VII 1.

Einen orthographischen Beleg für die Dehnung von altem i vor mb, wie sie bei Chaucer und auch wol in der Bibel statt hat, können wir nicht geben. Dagegen ist altes u vor mb unzweifelhaft lang, wie die Schreibung doumb, *doumb* Bar. VI 40, Matth. XII 22, Mark I 25. IV 39, VII 32, Luk. IV 35, 1 Cor. XII 2, 2 Pet. II 16, Ez. XXVII 32 darthut; ten Brink läfst es bei Chaucer

2*

§ 35 für »schwebend« gelten, dazu stände denn wohl das einzige
dumbe Hab. II 18.

Für die me. Länge des ae. a, o vor mb sind die Belege noch
spärlicher. Im isoliert stehenden Lukas heißt es coomb und
combe XXIV 42, wo das unorganische -e im Accusativ Sg. des
Mascul. in der jüngeren Version vielleicht die Länge des Stammvokals anzeigt. Lomb und wombe dagegen werden nie mit oo
geschrieben, ersteres aber öfter mit nicht zu erwartendem -e,
welches vielleicht auch auf Dehnung des Vokals deuten mag.

Reichlicher ist die Dehnung des ae. o vor rd zu belegen:
toord zu ae. tord m., fimus Luk. XIII 8, Phil. III 8, Ez. IV 12,
toord Ez. IV 12. Vergl. auch torde mit unorganischem -e im Acc.,
lord 1 Macc. II 62. Bord, *boord* Dan. I 8, Ez. XXXIX 20, LX 39 ff.,
Luk. XXII 21, 30, John II 15, Deeds VI 2, Ez. XXIII 41, bord, *bord*
Matth. XV 27, XXI 12, Mark VII 28, boord, *bord* Mark XI 15,
Luk. XIX 23, boord, *boord* Luk. XVI 21, Rom. XI 9, Ebr. IX 2,
1 Cor. X 21. Woordis steht Dan. III 97, Ez. XXXIII 31.

ae. ea vor rd in geard (gerd, gird), Gerte, erscheint als ʒeerd
Matth. X 10, Ez. XIV 13, XIX 11, sonst ʒerd, ʒerd Ez. XL 5, Mark
VI 8, Ez. XIX 12, 14. Der Garten kehrt in der Bibel als ʒerd, ʒerd
wieder Bar. VI 7, Luk. XIII 19, John XVIII 1, XIX 41, außer in den
Kompositen, sonst als gardyns (1 mal), *gardyns, gardyn* Am. IX 14,
Bar. VI 7. Zu nennen wäre noch beerd, *berd* Ez. V 1 zu ae. beard,
barba, sonst berd Bar. VI 30; waardid Ez. XXXVI 35 zu ae. weardian.

Vor rn erscheint ursprünglich Kürze gedehnt in beerne
Luk. XII 24, das sonst nur mit e, *e* geschrieben wird, vergl.
Matth. VI 26, XIII 30, Luk. III 17. Ae. cweorn, Fem., heißt Matth.
XXIV 42 querne, *queerne*. Ungleich häufiger kehrt ae. murnan,
meornan wieder; im alten Testamente erscheint es gedehnt, wie
mourne, *mourne, mourene* zeigt Bar. IV 23, 1 Macc. II 39, IX 20,
III 51, Ez. III 15, VII 27, XXIV 16, und wenn man *morene* Bar. IV 9, 11,
1 Macc. 1 28 u. a. wegen des ersten unorganischen e für Länge
ansehen will. mourne steht auch Matth. V 5, XI 17, und moorne
Luk. XXIII 27, Apoc. XVIII 8, 11, 15, 19, XX 14; aber die jüngere
Version schreibt *morne,* dem sich morne Mark X 22, Luk. VI 25
anschließt, ebenso John XVI 20, wo die jüngere Version hingegen
mourne schreibt. eernes vergl. 2 Cor. I 22, V 5, Eph. I 13.

»Vor ng sollte die Dehnung von a, e, o nicht ganz unbekannt
sein«, bei Chaucer gelten diese Vokale in solcher Stellung als Kürzen.
Kürze muß auch für die Bibel wohl angenommen werden, die Fälle
mit doppeltem Vokal sind wenigstens selten: loonge Ez. XII 22; soong

Ez. XXVII 32, 11 9; stroong Ez. XXVI 17; wroong Ez. XVIII 17, XXII 7. Es ist dies also lediglich eine Eigentümlichkeit der Hs. »A«. Dagegen erscheint die Dehnung in weengis, alae, im ganzen alten Testament Ez. I 23, 24, Dan. VII 4, Ez. III 13, X 5, 16, 19, 21, während es im Übrigen wyngis heifst und in der jüngeren Version ebenfalls *wyngis*. wengis Matth. XXIII 37, *wengis* Matth. XXIII 37, Apoc. IX 9, XII 14 müssen als Ausnahmen gelten. An reng Ez. XVI 13, XXIII 42 für sonstiges ryng, *ryng* erscheint dagegen doppeltes e nie; wie auch u nie als ou vergl. dung, *dung* Ez. IV 15.

Einmal ist vor rþ Dehnung zu belegen im Matth. V 4, wo eerthe überliefert ist, vielleicht auch noch in *earth* Deeds IX 9. Chaucer und die Urkunden kennen diesen Fall nicht.

Gehindert wird die Dehnung vor diesen Konsonantengruppen durch ein schliefsendes r oder n der folgenden Silbe. Es deckt sich die Sprache der Bibel hierin mit derjenigen Chaucers (§§ 18, 35) und sicherlich auch mit derjenigen der Urkunden. Es genügen wenige Beispiele: wondre, *wondre* Mark VI 2, VII 27, lambren, *lambren* Luk. X 3, Ez. XLVI 4, wondirful Dan. III 60, wandre, *wandre* Mark XII 38, Luk. X 24, thondryng, *thundryng* Apoc. X 4, XIX 6, wandridist Ez. XXIII 31.

Über die Dehnung in Nebensilben ist nichts besonderes zu sagen. Sie trat ein im oben belegten husboond, unterblieb in weiward, *weiward* Matth. XVII 16.

Hinsichtlich des wolde, *wolde,* shulde, *schulde* der Bibel läfst sich nichts ermitteln. Chaucer § 35 kennt die Pronomina mit Kürze und mit »schwebendem Vokal«, die Urk. S. 20 schreiben sholde, shoolde. — Orm hatte nur shollde, wollde.

Die Dehnung von ae. Kürzen im Silbenauslaut mit Ausnahme des i und u ist für die Bibel anzunehmen, wie sie für Chaucer §§ 16, 35 sicher und für die Urk. im Wesentlichen darnach erschlossen ist. Beispiele, welche beweisend sind, finden sich, aber durchaus nicht zahlreich: cleepid Ez. XLV 10, 1 Macc. III 1, to breeke Dan. VI 12, meetynge 1 Macc. III 17, Matth. XXV 1, hoope Subst. Ez. XXXVII 11, haat Inf. Matth. VI 24, taak John V 8, 11, haatith 1 John III 13, 15, IV 20, Apoc. XVII 16, XVIII 2, Ez. XXIII 28, to eet Matth. XII 4, Ez. XII 19, taame Jam. III 7, saame Jam. III 11, taules 2 Pet. I 16, to sleepe Ez. IV 6, XXXII 19, to-teere Inf. Ez. XXIII 34, of the зaut Ez. VII 5, IX 2, vielleicht auch sheede Inf. (zu fries. schedda, Stradtmann) Ez. XX 9 21. Noch seltener sind Belege dafür aus der jüngeren Version: *meete* zu ae. mete, cibus Mark VI 36, VIII 19, *meete Inf.* Luk. XXII 10, VI 38, Ez. XXI 21.

Inf. seette Matth. XXV 33 knüpft nicht an ae. settan, sondern an das Subst. ae. sǽte an. — Ae. pǽð, semita mußte im Me. path ergeben, der ae. Plural paðas läßt me. paathis erwarten, was auch Bar. III 23, IV 13 zu belegen ist. Da indessen im Me. durchgehends Ausgleichung stattfand, so daß der kurze Singularvokal des Nom. und Acc. auch für die Pluralformen und den Gen. und Dat. des Sg. mitgilt, so ist das gewöhnliche pathis Bar. III 20, Matth. III 3, Luk. III 4 mit kurzem Vokal anzusetzen. Die Kürze des Vokals deutet die Verdoppelung des Konsonanten in seltenem *paththis* Bar. III 23, Mark I 3 neben gewöhnlichem *pathis* an.

Das Unterbleiben der Dehnung des ae. i und u in offener Silbe wird wenigstens beim u graphisch bewiesen durch die Schreibungen o, *o*, u, *u*, nie ou, *ou*, wofür es keiner Belege bedarf. Die Bücher des alten Testamentes aus »K«, zum Teil auch der Matthäus zeigen durch Verdoppelung der Konsonanten in cumme zu ae. cuman Bar. IV 1,9, Ez. XXXIII 3, 6, 31, 33, Dan. IX 26, Matth. III 7, II 8, sonne zu ae. sunu Bar. V 6, 1 Macc. I 20, II 38, 70, Dan. XIII 30, Mark II 19 ebenfalls die Kürze des Vokales an; die Urk. S. 22 haben gleicherweise diese Beispiele. Daran schließt sich woddis zu ae. wudu Bar. V 8, VI 62.

Die Dehnung, welche durch das Vorkommmen eines l, r, n und eines y = ae. -ig in der Folgesilbe gehindert wird, kann aus der Schreibung in der Bibel nicht ersehen werden. (Urk. S. 22, Chaucer § 25.)

Quantität der Vokale in unbetonter Wortstellung.

Der Quantität der Vokale in unbetonter Wortstellung, soweit sie ursprünglich lange Silben unter dem Nebenton betraf, wurde schon oben S. 12 f. gedacht. Da wir des Reimes und des Rhythmus entbehren, kann über das Verhalten des schwachen e in Mittel- und Endsilben wenig Sicheres gesagt werden. Ten Brink stellt für Chaucers Verskunst § 256 ff. gewisse Regeln auf, die Morsbach S. 23 ff. auf die ältesten Londoner Urkunden anwendet; in den späteren geht es der weniger phonetischen Schreibung wegen nicht mehr. Indessen auch in den älteren Urkunden sind die widerstreitenden

Schreibungen recht beträchtlich, noch mehr in der Bibel. Zwar läfst es sich wohl nicht bestreiten, dafs solche musikalische Prinzipien auch in der Prosa nicht ganz ohne Geltung geblieben sind, und es ist zu erwarten, dafs sie in einer so phonetischen Schreibung, wie es die me. gewesen zu sein scheint, auch Ausdruck fanden. Immerhin dünkt es uns nicht angezeigt, die Fälle der Bibel allein nach diesen Gesichtspunkten zu gruppieren. Wir ziehen es vielmehr vor, anzugeben, wie sich die Bibelsprache zu den theoretisch zu erwartenden, flexivisch grammatikalischen Formen stellt.

Im Allgemeinen gilt bekanntlich, dafs ae. schwach oder unbetonter Vokal im Me. unter Abschwächung als e erscheint. Ein unberechtigtes Fehlen wird in der Flexion hin und wieder beobachtet, wie andererseits ein unberechtigter Antritt. Eine Erklärung, wenn sie gewollt, ist meist ebenso leicht gegeben, wie es schwer ist, sie als die allein richtige nachzuweisen. Ob auch in der Bibel unberechtigtes e hin und wieder als »Schnörkel« aufzufassen ist, vermögen wir nicht zu entscheiden.

Der Infinitiv verliert, abgesehen von dem -n am Schlusse, zuweilen das End-e. Den Büchern des alten Testamentes nach »K« und »A«, dem Matthäus und Markus ist dieses oft eigen, weniger den anderen Büchern nach »K« und nach »M«; ebenso ist es in der jüngeren Version selten. Die Urk. S. 135 ff. stimmen damit überein; Chaucer § 110 teilt die Eigentümlichkeit nicht, doch sagt ten Brink § 261, dafs einige Verse die Apokope des -e beim Infinitiv verlangen; vergl. cum, *come* Dan. XI 13, 21, 29, XII 1, flзt, *flзle* Dan. XI 40, to help, *to help* 1 Macc. V 39, putte, *put* ebd. VIII 30, say, *seie* Matth. III 1, VII 22, to greet, *to grete* Mark XV 17, east, *caste* ebd. XVI 17, to eat, *to ete* Luk. XV 24, to blisse, *to blis* Rom. VII 30, put, *putte* Apoc. XXII 18, to neiз, *neiзe* Ez. XXII 4, cast, *caste* ebd. XXXII 12.

Der Sing. des Imperativs hat im Ae. bei den st. Verben, soweit sie nicht mit -jo gebildet sind, keinen Flexionsvokal, in allen anderen Fällen -e. Chaucer § 189 braucht demgemäfs bei st. Verben den endungslosen Imperativ, bei sw. Verben Formen mit -e, doch erweist sich auch diese theoretische Regel im Metrum als nicht als so fest, denn in der Versbetonung verstummt häufig dieses -e (§ 261). Die Urk. bieten keinen entscheidenden Beleg, vergl. S. 26. Im Allgemeinen bevorzugt die Bibel Formen mit -e sowohl bei st., wie bei sw. Verben. Zweifelsohne drang der Conj. Praes. mit seiner nahestehenden Bedeutung hier ein, und vielleicht wird er als solcher auch noch gefühlt, denn es tritt nicht selten das Personalpronomen thou hinzu. Vergl. cum, *come* Bar. IV 14, Ez. XXXVII 19, Matth. XIX 21, ris, *rise* Matth. XVII 7, ʒif, *ʒyue* Matth. V 42, VI 11, help, *helpe* Matth. XV 25, Mark IX 23, wexe, *wex* Mark I 25, holde, *hold* Mark III 5, Luk. VI 10, taak, *take* John V 8, 11, 12, Luk. XVI 6, 7, wryt, *write* Luk. XVI 6, 7, tuk, *take* 1 Tim. IV 16, 13, spek, *speke* Deeds XVIII 9, stond, *stoond* Deeds XXVI 16. In den Teilen aus »M« begegnet kein unflektierter Imperativ, häufig dagegen in den Hesekielpartien aus »A«. eet, *ete* Ez. II 8, speek, *speke* Ez. III 1, tak thou, *take thou* Ez. III 10, X 6, reis, *reise* Ez. VIII 5. Indessen, wenn man auch das Eindringen des Conj. Praes. hier annimmt, Verwirrung hat der Imperativ dennoch erlitten, wie unberechtigtes Fehlen des -e im st. Verb. andeutet bei: sitt, *sille* Deeds II 35, neben zu erwartendem sitte Luk. XVI 6, und beim sw. Verb.: feed thou, *fede thou* Mic. VII 14, cast, *kille* Matth. V 29, kitt, *kille* Mark IX 42, 44, dwel, *dwelle* Luk. XXIV 29, leed, *leede* Luk. XI 4, thenk thou, *thenke thou* 1. Tim. IV 5, bisech, *biseche* 1 Tim. V 1. Aus »M« fehlen Beispiele, die in den Teilen aus »A« wieder häufiger sind: put, *selle* Ez. VI 2, scheed, *schede* Ez. X 2, goul, *ʒelle* Ez. XXI 12. Die jüngere Version ist hier also korrekter. Die Beispiele können vermehrt werden, doch die gewöhnliche Imperativform endet bei st. wie sw. Verben auf -c, -e, wofür nur wenige Belege angeführt werden mögen: trede, *trede* Nah. III 14, shewe thou, *schewe thou* Jon. I 11; forʒeue, *forʒyue* Matth. VI 12, leeue, *leeue* ebd. V 23; come thou, *come thou* Mark V 23, selle thou, *sille* Mark X 21; ryse, *rise* Luk. V 23, leene, *leene* Luk. XI 8, come, *come* John IV 16, clepe, *clepe* ebd. IV 16; ete, *eete* Deeds XI 7, make thou, *make thou* ebd. VII 40; wrijte thou, *write thou* Apoc. XXI 5, worschipe thou, *worschipe thou* ebd. XXII 9; smyte, *smyte* Ez. VI 11, here, *here* Ez. III 10.

Die st. Verben mit offener Wurzel haben endungslosen Imperativ. go, *go* Jon. I 2, III 1, 1 Macc. II 18, do, *do* 1 Macc. II 18, Am. V 23, aber see, *se* Bar. IV 36, flee, *fle* Amos VII 12, go, *go* Matth. VIII 9, 4, Mark II 11, VII 29, Luk. V 14, Deeds IX 15, X 20, Apoc. X 8, Ez. III 4, do, *do* Matth. VIII 9, Luk. VII 8, Deeds XII 8, Apoc. II 16, flee, *fle* Matth. II 13, se, *se* Mark I 44, Rom. XI 22, 2 Tim. II 23, Deeds XI 7, Ez. VIII 9. Die Doppelschreibungen bei Verben mit auslautenden Wurzeln auf -e haben keine Beweiskraft. An Imperativen Sg. sw. Verben mit offener Wurzel vergl. saye, *seie* Ez. XXXIII 12, suy thou, *seie thou* Matth. VIII 4, 8, IV 3, seie, *seie* Matth. XX 21, Mark I 44, Luk. IV 3, Deeds V 8, sey, *seie* Ez. XII 11, 23, XXVIII 2, XXXI 2.

Der Plur. des Imper., soweit er ae. auf -an ausgeht, verliert in der Bibel das n, *n,* und selten dann auch noch das zu -e{ geschwächte a. Vergl. drced ʒe, *drede ʒe* Bar. VI 28, heer, *here* Ez. XXXIV 9, XXXVII 4, buriown, *bringe* Ez. XXXVI 8, cum ʒe, *come ʒe* Ez. XXXIX 17, cast ʒe, *caste ʒe* Matth. X 8, send ʒe Matth. XXV 30, bryng, *brynge* Mark XI 2, lift, *lifte* John IV 35, gedere ʒe, *gadir ʒe* John VI 12. Aus den übrigen Teilen, also aus dem Reste von »K«, sofern man nicht hier ein fle, *fle ʒe* 1 Cor. X 14 anziehen will, den Partieen nach» M« und »A« mangeln Belege dafür; und während in den Teilen des alten Testamentes aus »K« Formen ohne -e verhältnifsmäfsig häufig sind, werden sie im Matth. schon weit seltener, und im Mark. Luke u. John beschränken sie sich auf die angeführten. — Die Imperativ Pluralformen von do und go erscheinen dagegen immer ohne -e, -*e,* vergl. go ʒe, *go ʒe* Amos VI 2, Matth. XX 7, Mark XI 2, do ʒe, *do ʒe* Luk. VI 27, John VIII 39, Rom. XIII 14, 1 Cor. V 13, Jud. 2, 3, goo ʒe, *go ʒe* Ez. IX 7. Die um das -e gekürzten Pluralformen haben auch bei Chaucer § 189 und in den Urk. SS. 135 u. 136 statt; bei do und go scheint jener (§ 197) indessen nur Formen auf -th zu kennen.

Die 1. Person des Praesens Indicativi Sg. entbehrt in den Londoner Urk. S. 133 einige Male der Schreibung des historisch berechtigten -e, Chaucer teilt diese Unregelmäfsigkeit nach § 184 nicht, aber auch hier bemerkt ten Brink § 261, es verlange die Versbetonung häufig das Verstummen des -e. Die Bibel stimmt hierin zu den Urk. und ja auch zu Chaucer, der also wenigstens in seiner Metrik diesen Abfall des unbetonten -e zuläfst. Vergl. I say, *Y seie* Matth. V 26, 32, VI 5, XI 22, I sei, *Y seie* Luk. III 8, XIII 5, I com, *Y come* John V 7, I seie, *Y sei* 1 Cor. IX 8, brynge, *bryng* 1 Cor. IX 27, I bisech, *Y biseche* Phil. IV 2. Es bedarf kaum der Bemerkung, dafs diese Formen selten sind. Wie aus den Beispielen ersichtlich ist, fehlen Belege aus dem alten Testament nach »K« und »A« und dem neuen nach »M«. Do und go erscheinen dagegen wie bei Chaucer § 197, — die Urk. geben keinen Anhalt, — stets ohne -e, -*e.* Vergl. Matth. XX 13, Mark XI 33, Luk. VII 33, 1 Cor. I 14.

Die 2. u. 3. Person Sg. Praes. Ind. bietet bei Verben mit offener Silbe zuweilen Ausfall des Endungsvokales, wie es auch in den Urk. SS. 133—137 und bei Chaucer §§ 184 u. 259 sich findet. Die Verben do und go haben in den Urk. S. 150 ff. und bei Chaucer § 197 nur die synkopierte Form, wenngleich hier historisch berechtigt. Vergl. saith, *seith* Mic. II 3, III 5, Nah. III 5, seith, *seith* Matth. XXII 21, thou seyst, *seist* Mark XV 2, Luk. XXIII 3, seith, *seith* John XX 29, 1 Cor. III 4, Apoc. II 1, Ez. XXVI 15, immer bei seic. — sleath, *sleeth* Bar. VI 13, *liest* Dan. XIII 55, 58, lyeth, *lijth* Matth. VIII 6, deieth, *dieth* Mark IX 43, puttith, *leyith* Luk. XV 5, styeth, *stieth* John III 13, deyeth John VI 50, *dieth* John XXI 23, deieth, *dieth* Rom. VI 9, XIV 7, lith 1 Cor. IX 16, stieth, *stieth* Ez. XXVI 3. — goth, *goith* Bar. III 34, Ez. XL 40, dost, *doist* 1 Macc. VI 22, goth, *goith* Matth. XII 43, 45, XV 17, XXIV 27, Mark IV 3, VII 19, doth, *doith* Matth. V 19, 32, Mark III 35, ausnahmsweise doist, *doist* Mark X 28, goth, *goith* Luk. VII 8, IX 39, John III 2, 8, XI 8, aber häufiger goist, doist Luk. XI 45, XII 58, XVI 16, John I 29, II 18, V 19, 20, VII 3, 4, doist neben doth, *doist, doith* 1 Cor. VII 38, XIV 17, VI 18, XIII 4, Col. III 25, Rom. III 1, 3, 22, XIII 4, goith, *goith* Jam. II 13, 2 Pet. III 9, 1 Pet. V 8, 1 John III 11, 17, 2, 2 John 9, 3 John 10, 11, seltener doth, *doith*, 3 John 2, goth, *goith* Ez. IV 13, XII 4, XXVI 18, XII 10, XVI 30, III 20, VIII 6. In den Belegstellen sind, weil es unnötig schien, Formen von do und go und die 2. u. 3. Person nicht immer auseinander gehalten.

Wohl nur Schreibfehler sind shuldiste Dan. IX 22, seeste Mark XIII 2, haste Mark I 24.

Der Plural des Praes. bietet bei Chaucer §§ 186, 259 bisweilen Synkope des e; den Urk. S. 184 ff. scheint dies zu fehlen. Aus der Bibel vergl. sayn, *seien* Ez. XXXIII 24, 30, XXXVI 13, Maleachi I 7, III 15; sayen Ez. XXXVII 11 steht vereinzelt da. seyn und seien, *seien* Matth. IX 28, XXI 21, Mark XII 14, 16, 35, 18, seyn, *seien* Luk. IX 18, XII 54, John VIII 48, 54, seyen und seyn, *seien* Rom. II 3, IV 9, 1 Cor. XV 12, 2 Cor. X 9, seien, *seien* Apoc. III 9, seyn, *seien* Ez. XVIII 19, VIII 12. Die Fälle in der jüngeren Version mit Syncope sind recht selten, *sein* Matth. XXI 21, Mark XIV 12. — Erwähnt sei noch *seiyn* Ez. VIII 12, deyen, *dien* Rom. XIV 8, 1 Cor. XV 22, dien, *dien* Apoc. XV 13. shuln, *schulen* Bar. IV 28, VI 37, 1 Macc. II 22, 34, schulen wie 1 Macc. II 22 ist Ausnahme. shuln und shulen, *schulen* Matth. V 4, 5, 6, 7, VI 14, 5, X 17, 19, shulen, *schulen* Mark III 28, VI 36, VIII 3, schulen, *schulen* Luk. XI 32, XIII 5, schulen seltener shulen, *schulen* Rom. VI 1, 2, 1 Cor. VI 2, 3, shulen, *schulen* Jam. II 16, IV 13, 1 John 18, Ez. II 5, III 3, VI 4. Der Plural von do, go wird von ten Brink bei Chaucer § 197 als doon, goon angesetzt und wahrscheinlich einsilbig gedacht, — die Urk. S. 151 überliefern unter den Staats-

urk. einmal doon. Die Formen der Bibel sind: gon, *goon*
Ez. XXXII 24, don, *doon* Ez. XXXIII 31, gon, *goon* Matth. XIII 28,
XV 9, 18, don, *doen* Mark XI 5, don, *doon* Luk. VI 2, gon, *goen*
Luk. VII 22, don, *doen, don, doon* Rom. II 3, VIII 4, 1 Cor. VI 8,
Col. I 3, III 23, 1 Thes. I 2, II 13, IV 10, V 11, Gal. V 21, 2 Cor.
V 6, don, *don* Jam. II 8, 1 John I 6, III 22, V 2, Apoc. XI 17, gon,
gon Apoc. XVI 14, don, *doen* Apoc. II 22, doon, don, *doon, doen*
Ez. VIII 9, 12, 13. In den Staatsurk. fehlt bei der Unterdrückung
des -n häufig auch das -e, in Parlamentsurk. selten, in den Lon-
doner Urk. — von Anomalen abgesehen — nie. Die Bibel stellt
dazu thei shul Bar. VI 56.

Im Praesens Optativi findet sich in den Urk. S. 133 ff.
gelegentliche Apocope des -e sowohl im Sing., wie im Plur. nach
Wegfall des -n. Für Chaucer scheint ten Brink §§ 188, 260 es
als allgemein nicht gelten zu lassen, obwohl er es in »wile, wite
und einigen anderen Formen« vermutet, wie er auch zugibt
(§ 261), dafs es in der Versbetonung, wenn auch selten, verstummen kann. Die Bibel stellt sich zu den Urkunden: that
it wirship Ez. XLVI 9, that he....slea, *that he....sle* Dan.
XIII 59, XIV 25, that we flee,....*fle* 1 Macc. IX 10, God thenk Jon. I 6,
that thei ... se, *that thei ... se* Mark IV 12, that men ... se,
that men.... seen Luk. VIII 16, 10, that I deem, *that Y deme*
John XII 47. Die Formen von sle, se etc. haben indessen kaum
volle Beweiskraft. — Von do und go werden für Chaucer bei
ten Brink § 197 die Formen do, doon, go, gooth verzeichnet. Ob
der Plural zweisilbig ist? Die Urk. S. 150 ff. verzeichnen Sg. do,
je einmal in den Londoner- und Parlamentsurk., Plur. doo einmal
Staatsurk., do je einmal in den Staats- und Parlamentsurk. und in
den Londonerurk. einmal Plur. go. Vergl. we gon, *we go* Matth. X 11,
we go, *we goon* Matth. XIII 28, we go, *we go* Mark XIV 12, do, *do*
Sg. Mark X 28, go, *go* Plur. Luk. IX 13, ouergo, *ouergo* Sg.
1 Thes. IV 6, do, *do* Rom. III 8, goo, *go* Sg. Ez. VIII 6.

Das Participium Praeteriti erscheint bei Chaucer § 191
als -inge und -ing, in den Urk. S. 135 ff. auf -yng, -ing, seltener auf
-ynge, -inge. Die Bibel stellt sich folgendermafsen: in rein verbaler Rection vorwiegend -ynge, *-ynge* Ez. XLVII 12, 15, Amos
V 10, 12, 16, VI 7; -yng Dan. II 10 ist sehr selten. In adject.
Funktion hat das Particip meist -ynge, *-ynge* Joel II 16, III 17,
Haggai II 18, selten -yng, *-yng* Am. IV 9, Jon. IV 8. Als Subst.
gedacht erscheint es meist als -yng, *-yng* Am. V 1, IX 6, Obad. 1,
Jon. II 10, selten -ynge, *-ynge* Jon. IV 7, Am. V 9. — Verbal meist

-ynge, *-ynge* Matth. XVI 1, 28, XVII 20, selten -yng Matth. IX 1,
XVII 26; adj. -ynge, *-ynge* ebd. XVIII 8, XXII 22, selten *-yng*
ebd. II 13; subst. meist -ynge, *-yng* ebd. XVI 13, 26, VIII 12,
XXIV 3, seltener -yng ebd. VII 27, 29, XXII 13, 20, ausnahmsweise
-ynge ebd. XXII 33. — Verbal -ynge, *-ynge* Mark I 16, 26, III 1,
XIV 62; subst. -ynge, *-yng* ebd. V 42, VI 2, VIII 36, weniger häuflg
-yng ebd. IV 9, 23, VIII 37, selten *-ynge* ebd. I 44; adject. -ynge,
-ynge ebd. I 4, II 18, V 6. — Verbal -ynge, *-ynge* Luk. VI 35, 48,
John VII 28; subst. -ynge, *-yng* Luk. VII 32, IX 25, John V 29 und
-yng Luk. VI 48, XXI 28, John V 4, auch *-ynge* Luk. XX 10, John V 4,
VI 65, VII 12; adject. -ynge und -yng, *-ynge* Luk. XXI 37, XXIV 32,
John VII 17, III 16, 36, IV 14, 36, V 24, VI 27, 55. — Verbal -ynge,
-ynge Eph. V 10, 17, Col. I 9, 10, weniger -yng, *-yng* Eph. VI 18,
2 Tim. III 7, 14; subst. -ynge, *-yng* Eph. IV 16, Col. III 10 und
-yng Philip. I 26, 1 Thes. I 3, 4; attrib. -ynge und yng, *-ynge*
1 Tim. I 16, VI 12, 19, Tit. I 2, III 7. — Verbal -ynge, *-ynge* Apoc.
II 14, 15, III 2, ausnahmsweise -ing Apoc. VII 2, XIII 11; subst.
-yng, *yng* Apoc. II 14, 15, IV 5, V 13, seltener -ynge ebd. XIII 8,
V 1, 7 (?), noch seltener *-ynge* ebd. VII 2, 12; adject. -ynge, *-ynge*
ebd. I 15, IV 5, neben -yng ebd. XIV 6. — Verbal -ynge, *-ynge*
Ez. XIII 11, III 13, 21, ausnahmsweise *-yng* Ez. XXVIII 11; subst.
-ynge, *-yng* Ez. III 11, 13, XIII 6, 7, 8, selten *-ynge* ebd. XVI 5;
attrib. -ynge, *-ynge* Ez. XXVI 20, XVI 32, ausnahmsweise *-yng*
Ez. XXXI 12. Diese etwas umständliche Beispielsreihe zeigt das
Dasein oder Fehlen des -e, -e auf nicht ganz übereinstimmende
Weise bei den inbetracht kommenden Handschriften und Schreibern
an die grammatische Stellung des Particips gebunden; und man
wird diese Reihe als im Ganzen richtig erkennen, selbst wenn
sich zu den als ausnahmslos hingestellten Formen noch einige
Abweichungen finden. Bei manchen Stellen wird es zudem kaum
sicher zu sagen sein, ob der Übersetzer das Particip in verbaler
oder attributiver oder substantivischer Fügung dachte. Dafs in
allen diesen Fällen y, *y* durch i, *i* ersetzt werden kann, braucht
wohl kaum angemerkt zu werden. Die Wyclif-Purveysche Version,
obwohl die Beispiele daraus getrennt angeführt sind, mufs als
eins betrachtet werden.

Der Sing. des Praeteritum Indic. der st. Verben hat
in den Urk. S. 141 f., wo nur die 1. und 3. Person belegt ist, die
historische endungslose Form, nur einmal ist in den Londonerurkunden I wrote geschrieben, welches End-e in den Staatsurk.
häuflger wiederkehrt. Chaucer scheidet nach ten Brink §§ 193,

260 nur bei den st. Verben mit gedeckter Liquida und Nasalis die 2. Person von der 1. und 3. durch ein -e aus, obwohl auch hier endungslose Formen in allen 3 Personen vorkommen. Auslautendes gesprochenes -e in der 1. und 3. Person scheint bei ihm nicht vorzukommen. Die Bibel schreibt folgendermafsen die 1. und 3. Person, die gleich sind: in weit überwiegender Mehrheit mit -e in den Büchern des alten Testaments nach »K« foonde, *foond* Bar. III 30, vergl. 37,29, IV 32, Ez. XXXIII 22, he knew3, *he knewe* Bar. III 32, 1 Macc. VII 43,44. Die jüngere Version kennt dies -e in den wenigsten Fällen. Matthew hat es recht häufig I came, *cam* Matth. IX 13, 23, vergl. XVIII 27, XXVI 26, und auch häufiger in der jüngeren Version crew, *crewe* ebd. XXVI 74, 78, XXV 26, XXIV 3, XXI 33. Weniger taucht dies e im Mark auf he badde, *bad* I 44, biganne, *bigan* I 45, vergl. II 26, IV 7, 8, it sprong, *spronge* ebd. IV 5, vergl. I 14, V 40, 30, X 52. Im Luke und John fehlt es in der älteren Version nach »K«, in der jüngeren kehrt es mehrfach wieder *knewe* Luk. V 22, vergl. XVI 19, John XIX 35, XX 22. Das Nämliche gilt von dem Reste des neuen Testamentes nach »K«: *knewe* Gal. II 12. Die Teile nach »M« weisen wieder recht häufig dies -e auf si3e Apoc. 12, 12, vergl. 1 Pet. II 23, James V 6, bonde, *boonde* Apoc. XXI 9. Wie »M« stellen sich die Teile aus »A« 3afe, 3af Ez. XX 12, 15, vergl. XX 5, XXVIII 2, felle, *felle* Ez. XIII 12.

Im Optativ des Praeteritum Sg. der starken Verben mag das historisch zu fordernde -e wohl bisweilen fortgelassen sein, wie in *he fond* Deeds IX 2, was wohl ein Optativ ist, da es auch einem he founde der älteren Version entspricht. In den Londoner Urkunden S. 142, wo der Optativ allein belegt ist, und bei Chaucer § 195 kommt dies nicht vor.

Der Sing. des Praeteritum Ind. der schwachen Verben verlangt nach historischer Entwickelung me. -e in der 1. und 3. Person. Ten Brink stellt § 194 für Chaucer die Regel auf, dafs das End -e in den nicht synkopierten Formen verstummt, wie axed, longed u. s. w. darthut; nur in kurzsilbigen Stämmen würde es gelegentlich beibehalten, wie werede u. a. beweist. In der Versbetonung könne dies -e jedoch auch gelegentlich in synkopierten Formen verstummen (§ 261). Die Urk. S. 147 lassen das -e meist aus, aber Formen wie lust, sent, said zeigen, dafs die hs. Schreibung die ten Brinksche Regel nicht ganz bestätigt. Ebenso stellt sich die Bibel, welche solche gelegentlichen Auslassungen des -e, -e auch kennt, aber meist die alten Formen auf

-e, -e bewahrt. brouȝt, *brouȝte* Bar. III 30, clepid, *clepide* ebd. III 33, brent, *brente* Dan. III 48, *killid* Dan. III 48, strauȝte, *strauȝt* 1 Macc. IX 47; worshipid, *worschipide* Matth. IX 8, kest, *castide* ebd. XXI 12; dried, *driede* Mark IV 6, it had, *it had* ebd. IV 5; sayd, *seide* Luk. XII 54, XIII 20; greuyd, *greuyde* 2 Cor. XII 16, clepide, *clepid* Gal. I 6. Dies Fehlen ist in den Teilen des neuen Testamentes von Mark V an, soweit »K« die Vorlage bildet, recht selten, in den Teilen nach »M« haben wir es gar nicht beobachtet. Selten ist es auch in den Hesekielpartieen aus »A«: wrouȝt, *wrowȝte* Ez. XVIII 22, *Y wold* ebd. XX 9.

Hinsichtlich des Mittelvokals in der praeteritalen Endung -ede stellt ten Brink für Chaucer §§ 162 u. 164 die Regel auf, dafs die Verben der -jo Klasse mit langem Thema in der Regel synkopierte Formen zeigen, nur nach m werde tonloses e eingeschoben. Für die kurzsilbigen Verben hätte Chaucer dagegen die volle praeteritale Form, wenn man von den kurzsilbigen Verben absieht, die schon in alter Zeit das i ausgestofsen haben, wie tolde, straughte, seide u. s. w., ferner von den Verben mit »umgelautetem Vokal« im Praet., wie leyde, sowie von denen auf -d und -t. Dazu kämen als weitere Ausnahme noch hadde, dwelte, das mit dwelede wechselt; wogegen liuede zu ae. lifde, später lifede, liofode, weyede zum st. Verb. weȝan steht. Die ursprünglichen st. Verben mit langsilbiger Wurzel (§ 167) neigen ebenfalls beim Übergang zur sw. Flexion zur Synkopierung der Praeterita. Bei der Klasse auf -ô findet sich nach Chaucers Sprachgebrauch im Praet. -ed(e). Die dritte Klasse kann als solche nicht mehr in Frage kommen. Ten Brink führt § 173 noch einige Synkopen in Folge von Analogiewirkung an, und nach § 176 zeigen die Praeterita der Lehnworte aus germanischen Dialekten bald volle Form, bald Synkope. Die Urk. S. 143 haben sehr wenig Belege; das Wenige, was etwa erschlossen werden darf, ist die Synkope des -e bei langsilbigem Thema. Die Regeln für Chaucer waren schon von vielen Ausnahmen begleitet, für die Bibel sind es deren noch mehr. Kurzsilbige Verben der -ja Klasse ohne Synkope sind überaus selten, weil solche Verben der Bibel fast ganz mangeln: herieden, *herieden* Dan. III 51, IV 31, Rom. I 25, Deeds II 47. Kurzsilbige Verben, welche schon im Ae. Synkope erfuhren, haben diese ebenfalls ausnahmslos in der Bibel. Über die Verben tellan, sellan vergl. S. 17 f., ebenso bouȝte, *bouȝte* Matth. XXVII 7, Mark XVI 1, Ebr. VII 19. Dagegen ae. streahte, was bei Chaucer als strauȝte erscheint, ist in der Bibel: strechide, *strechide* 1 Macc.

VII 47, streiʒt, *streiʒte* Mark I 41, Luk. XXII 53, Rom. X 21, vergl.
Matth. XXVI 51, stretchide, *stretchide* Ez. XVI 7, XIX 8, XVII 7.
Ausnahmslos steht seide, saide, *seide*. Belege bedarf es dafür
nicht. — Kurzsilbige Verben mit »umgelautetem Vokal« bevorzugen
ebenfalls die Synkope, wenigstens in der älteren Version. Regel-
mäfsig tritt solche ein bei ac. lecgean leide, *leide* Mark VI 19,
John IX 6, Deeds IV 3, Ez. II 9. — dwelte, *dwelle* 2 Macc. IV 50,
V 27, VIII 2, *dwellide* Bar. III 20, Ez. XXXVIII 8, Dan. VI 27,
X 13, 16, dwelte, *dwelle* Matth. XXI 17, II 23, dwellide John II 22,
XI 6, dwelte John I 39, II 12, XI 54, VII 5,9, *dwellide* ebd.
II 22, 12, XI 6, 54, I 39, *dwelle* ebd. I 39, VII 5,9, dwelte, *dwelle*
Deeds VII 4, dwelten, *dwelliden* Deeds I 18, II 46, dwelte Ez. IX 8.
— sette, *settide* Dan. VI 14, VIII 18, IX 3, X 12, 1 Macc. IX 52, 64,
setten Mark VI 53, *settiden* ebd. VI 53, *setten* ebd. VI 56, 48, settide
Luk. IV 9, XIX 22, *sette* ebd. IV 9, XIX 35, John XIX 2, *settide*
Luk. XIX 22, sette, *settide* 1 Cor. III 10, *sette* 1 Cor. XII 28, sette
Ez. II 2, *settide* ebd. II 2, VII 10, XIII 5, XXVI 16, XXXVIII 14,
settide Ez. XXVI 19, XXVII 19. Die jüngere Version zieht die
Verwendung von putte vor. Aufserdem vergl. lettide, *lettide*
Gal. V 7, 1 Thes. II 19.

Der alten dritten schwachen Konjugation gehörten die Verben
habban, libban, secgan an. Des me. Praeteritums seide ward
schon gedacht. Das Praet. hadde braucht auch für die Bibel
nicht belegt zu werden, von dem anderen wird das Praet. wie
bei Chaucer ohne Synkope gebildet: lyuede, *lyuede* 2 Macc. XIV 25.
Ez. XXXVII 10, Apoc. XVIII 9.

Die Verben der -ju Klasse mit langsilbigem Thema: ledden,
ledden 2 Macc. VI 29, kepten, *kepten* 2 Macc. X 30, wenten, *wenten*
Zech. VI 7, demyden, *demyden* 2 Macc. IV 15, aber lastiden, *lastiden* 2 Macc. VIII 26; fedden, *fedden* Matth. XXV 37, hidde, *hidde*
ebd. XXV 25, aber bilcuede, *bileuede* ebd. XXI 32, kisside, *kisside*
ebd. XXVI 49; wente, *wente* Mark I 5, lefte, *lefte* ebd. I 20, herde,
herde ebd. VI 14, aber bileuyde, *bileuede* ebd. XVI 13, helide,
helide ebd. IV 2, V 5, felide, *felide* ebd. V 29, kisside, *kisside*
ebd. XIV 45; ladde, *ladde* Luk. IV 9, 5, lefte, *lefte* ebd. IV 36, kiste
kiste ebd. VII 38, neben kiste, *kisside* ebd. XV 20, aber delide,
delide ebd. VIII 50, schedde, *schedde* John II 15, hidde, *hidde*
XII 36, girte, *girte* ebd. XXI 7, aber girdedist, *girdedist* ebd.
XXI 18, lastiden ebd. VIII 7, bileueden, *bileueden* ebd. XII 11; sente,
sente Deeds III 26, leften, *leften* Deeds IV 21, ledde, *ledde* Eph.
IV 8, aber bileuyden, *bileueden* Deeds IV 4, kisseden, *kissiden*

Deeds XX 37; herde, *herde* Apoc. XIX 7, demede, *demede* ebd. XIX 2, wente, *wente* ebd. XIX 5; lafte, *lefte* Ez. XXIV 21, ledde, *ledde* ebd. XXXI 16, fedde, *fedde* ebd. III 2, aber lastiden ebd. XIII 6.

Ursprünglich starke Verben mit langem Thema haben in den Beispielen, welche ten Brink für Chaucer als synkopierte Formen anführt, ebenfalls Ausstofsung des Mittel -e; sonst aber findet kaum Synkope statt: wepte, *wepte* Hosea XII 4, aber flowiden, *flowiden* 2 Macc. III 19, weeldide, *weldide* 2 Macc. IV 10, fleetiden, *fletiden* 2 Macc. IX 9, slepte, *slepte* Matth. VIII 24, cheesiden ebd. XIII 48, washide, *waischide* ebd. XXVII 24; lepte zu ae. hleapan Mark VI 22, walkide, *walkide* ebd. XI 27; slepte, *slepte* Luk. VIII 32, rowiden, *rowiden* ebd. VIII 26, loste, *loste* John XVIII 9, waischide, *waischide* ebd. IX 7; dredde, *dredde* Deeds XXIII 24, stiȝede, *stiede* 1 Cor. II 9, cheesiden, *chesiden* Deeds VI 5, wexide, *wexide* ebd. VI 7, loste, *loste* Jud. 5; — ȝelden, wahrscheinlich wohl Praesens, obwohl d und t in der Bibel zuweilen zu d assimiliert ist; es steht nämlich *ȝeldiden* gegenüber 3 John 6 und übersetzt reddiderunt. ȝeldide, *ȝeldide* Apoc. XVIII 6, repide ebd. XIV 6; stiede, *stiede* Ez. XIII 5, walkiden ebd. XX 13, heweden, *hewiden* ebd. XXVII 6.

Die Verben mit »nicht umgelautetem Wurzelvokal« weichen nicht von Chaucers Weise ab: souȝten, *souȝten* 2 Macc. III 20, thouȝten, *thouȝten* Hos. VII 15, tauȝte, *tauȝte* Matth. V 2, souȝten, *souȝten* Mark XIV 1, brouȝte, *brouȝte* Luk. VII 37, tauȝte, *tauȝte* Deeds XX 27, brouȝte, *brouȝte* Ez. XII 7, wrouȝte, *wrouȝte* Ez. XVIII 22.

Die zweite schwache Klasse hat wie bei Chaucer bis auf wenige Fälle die volle Form: axide, *axide* Dan. II 15, blesside, *blesside* 2 Macc. III 30, hijriden, *hiriden* Hosea VIII 10, folewiden, *folewiden* 2 Macc. IV 16, sorewide, *sorewide* 2 Macc. VI 30, aber answerde *answeride* Zech. III 4, IV 4, 5, 6, 2 Macc. VI 23, ausnahmsweise answeride Dan. XIV 16; strewiden, *strewiden* Matth. XXI 7, blisside, *blesside* ebd. XXVI 26, fillide, *fillide* ebd. XXVII 48, folowide, *folewide* ebd. IX 10, hungeryde, *hungride* ebd. XXV 42, 35, bihouede, *bihouede* ebd. XVIII 33, answeride, *answeride* ebd. XIV 17, XV 23, aber behofte, bihofte ebd. XXIII 23, XVI 21; louyde, *louede* Mark X 21, wondreden, *wondriden* ebd. I 22, 12, walewide, *walewide* Mark XV 46, sorwide, *sorewide* ebd. VII 34, answeride, *answeride,* seltener *answerde* ebd. IX 37, VIII 28, 4, XI 33, thankiden, *thankiden* Luk. I 58, lickide, *lickide* ebd. XVI 21, folwide,

folewide John I37, folowide, *folewide* Luk. IX11, aber bihofte,
bihofte Luk. XI42, XXIV26, John XX9, answeriden, *answeriden*,
selten *answerden* Luk. XX7, XXIII9, XVII2, — axden Luk. III10
ist wohl nur Schreibfehler; lerneden, *lerneden* Col. I7, witnesside,
witnesside Deeds II40, fulfilliden, *filliden* 1 Cor. XVI18, answeride,
answeride, answerde Deeds III12, V8, IX13, XXI30, aber bihofte,
bihofte Deeds XIII45; sparide, *sparide* 2 Petr. II4, louede, *louede*
1 John IV10, wondride, *wondride* Apoc. XVII6, answeride, *an-*
swerde Apoc. VII13; lernede, *lernede* Ez. XIX6,7, welewide, *wele-*
wide ebd. XIX12, answerde, *answeride* ebd. IX11.

Eine Reihe Lehnworte aus germanischen Dialekten, einige
Worte dunkeler und keltischer Herkunft, und einige kurzsilbige, ur-
sprünglich starke Verben zeigen sich mit und ohne Synkope: metid
Ez. LX11,31, matte ebd. LX35,47, XLI2,3,4, letzteres wohl aus
mǣt + de, das ǣ erklärte sich aus dem Plural des ae. Praeteritums,
wie auch badde Dan. III20. castiden, *castiden* 2 Macc. III15, V10,
X30, Joel I7, aber keste Dan. X18, hurlide, *hurtlide* 1 Macc.
XII6, puttiden, *puttiden* 1 Macc. I10, III47, Dan. X12, XIII34,
aber putte 1 Macc. IX53, Dan. IX3, tristide, *tristide* 2 Macc.
XV7, Hosea X13, weilide, *weilede* Dan. X2, Joel I10; auch beel-
dide, bildide Hosea VIII14 zu ae. byldan (?) sei genannt. hurliden, *hurliden* Matth. VII27, kitte, *kitte* ebd. XXVI51, aber
kittide, *kittide* ebd. XXI8, castide, *castide* ebd. VIII16, XV30,
aber kest ebd. XXI12,39, *keste* ebd. XXVII35, XIII48, thristide,
thristide ebd. XXV35,42,47, rayside, *reyside* ebd. VIII25, fledden,
fledden ebd. VIII33, rusheden, *russchiden* ebd. VII28, *putte* ebd.
XVIII30, puttiden ebd. XXI7, bildide, *bildide* ebd. XXI33. deiede,
diede Mark XV37,39, castide, *castide* ebd. I34, VI13, aber *keste*
ebd. XII42,43,44, XV23, IV37, putte, *putte* ebd. I43, puttiden,
ebd. VI29,56, XI7, kitte und kittiden, *kittide* ebd. XI8, XIV47,
tretiden, *tretiden* ebd. IX32, fledden, *fledden* ebd. V14, bildide, *bil-*
dide ebd. XII1, lifte, *lifte* ebd. X26. reisiden, *reisiden* Luk. VIII24,
biwayleden, *biweileden* Luk. VIII52, tristide, *tristide* ebd. XVIII9,
killide, *killide* ebd. XX15, kittide, *kittide* ebd. XXII50, kittide,
kitte John XVIII26, kitte, *kittide* John XVIII10, puttede Luk.
VI48, XIX35, XXIII26,53, John XIX2,42, *putte* John IX34,
XIX42, castiden Luk. XX12, John IX34, *castide* Luk. XX12,
keste Luk. XXI3, hurtlide, *hurtlide* Luk. IX42, wypide, *wipide*
Luk. VII38,44, wipte, *wipte* John XI2, XII3. reyside, *reiside*
Deeds II14, deiede, *diede* Col. II21, 2 Cor. V15, ausnahmsweise
deyde 2 Cor. V15,14, mekede, *mekide* Phil. II8, gesside, *gesside*

3

ebd. II 28, liſte Deeds III 7, puttide, *pullide* Deeds IV 37, V 2, VII 27, 39, 2 Cor. III 13, V 19, Rom. XVI 4, aber putte ebd. XI 2, castide, *caslide* 2 Cor. IX 7. dyede, *diede* 1 Pet. III 18, tretiden 1 John I 1, liftide, *lifte* Apoc. X 5, puttide, *pullide* 1 John III 16, *caslen* Deeds XVIII 19, *keste* ebd. XVIII 21. ſledde, *ſledden* Ez. VI 8, bildiden, *bildiden* Ez. XXVII 4, kitte, *kille* Ez. V 2, liſte Ez. VIII 3, liſtide Ez. XI 22, pultede ebd. VII 20, XIII 5, XXVII 16, aber putte ebd. XXVIII 14', castide ebd. XXXI 11, keste ebd. XXVIII 16, 17, *caslide* ebd.

Beim starken Participium Perfecti beobachtet ten Brink bei Chaucer § 259 nicht selten Synkope und, wenn das -n abfiel, zuweilen (§ 260) auch Verstummen des -e. In den Urk. S. 137 ff. ist das Verstummen des -e grofse Seltenheit, Synkope des e findet nicht statt, wenn man nicht die Formen der Staatsurk. borne, sworne, forseyn anführen will. Die Bibel kennt verhältnismäfsig nicht oft die Apokope des -n, der dann eintretende Fortfall des -e mufs als Ausnahme gelten, wie bei held Mark II 22, found 1 Cor. XV 15, wo noch nahe liegt, dafs das Wort als schwaches Verb gefühlt wurde. Auch die Synkope des e ist nicht zu häufig, wenn man die vokalisch auslautenden Stämme nicht mit betrachtet Die verschiedenen Vorlagen haben hier jedoch ihre besonderen Gepflogenheiten. born, *borun* 2 Macc. III 13, VI 23, Bar. VI 25, 3, Dan. XIII 43, 1 Macc. II 7, Amos V 26, born, *borun* Matth. II 1, borun ebd. I 25, II 2, XXVI 24, born und überaus seltenes *born* ebd. XIX 12, borun, *borun* Mark XIV 21, II 3, borun, *borun* Luk. II 11, born, *borun* John III 3—6, VIII 41, IX 19, born, *borun* Ebr. VI 1, Deeds VII 20, 1 Cor. XV 8, Rom. IX 11, seltener borun Deeds XXII 29, II 2, Ebr. XIII 11, born, *borun* 1 John V 1, 4, Jud. 12, ebenso Ez. XII 6, XVI 4. In anderen Beispielen ist diese Synkope so gut wie nicht zu belegen, vergl. noch forsworn, *forswaren* 1 Tim. I 10. Ein unberechtigtes -e, welches am Ende antrat, zeigen die drei Formen der Staatsurk., sonst tritt es nicht auf. Die Bibel kennt es ausnahmsweise und ohne Synkope in done 1 Macc. V 56, chosene Mark XIII 22, 27.

Im Participium Perfecti der schwachen Verben erscheint in den Urk. S. 143 ff. oft ein unorganisches End-e; ten Brink läfst es bei Chaucer nicht gelten. Die Bibel kennt dies -e gleichfalls und recht oft: tretide, *tretid* 2 Macc. X 28, hurtlid, *hurtlide* 2 Macc. XII 29, streizte, *strezt* 2 Macc. XV 15, shewide, *schewid* Dan. II 15, herde, *herd* Matth. IV 12, blessid, *blesside* ebd. XIII 16, pulte, *put* ebd. XIX 15, cast, *caste* ebd. XVII 20, herdde,

herd Mark III 21, bilid, *hilide* ebd. XVI 5, rad, *redde* Luk. VI 3,
herde, *herde* John VII 40, 51, slepte 1 Cor. XV 6, seide, *seid*
Phil. III 8, dwelt, *dwelle* 1 John II 19, sette, *set* Ez. XIV 3, caste,
cast ebd. V 6, *selte* ebd. V 5. Über das Vorkommen dieses -e sei
noch bemerkt, dafs die Formen in den Büchern des alten Testamentes nach »K« und »A« am häufigsten auftreten, in den Evangelien schon weniger, in dem Reste der Bücher des neuen Testamentes nach »K« vom Römerbrief ab sparsam werden, um im
Stücke, das nach »M« gedruckt ist, zu fehlen. Die jüngere
Version zeigt dies -e in allen Teilen nicht selten.

Hinsichtlich des Mittelvokals der Participal-Endung herrscht
im Grofsen und Ganzen Übereinstimmung mit dem Praeteritum. Vgl.
tauȝt, *tauȝt* Hosea X 11, meynt, *meynt* 2 Macc. VIII 9, demyd, *demed*
2 Macc. IV 47, sette, *set* ebd. V 24, tretide, *tretid* ebd. IX 28, cast,
cast Dan. VIII 12, 2 Macc. XII 22, lift, *lift* 1 Macc. I 47, fulfillid,
fillid 2 Macc. III 30, spendid, *spendid* Dan. XIV 2, aber lernd, *lerned*
Dan. I 4. — stirid, *stirid* Matth. XXI 10, qwenchid, *quenchid* ebd.
XXV 8, meingid, *meynd* ebd. XXVII 34, drenchid, *drenchid* ebd.
XVIII 6 (Chaucer § 168 hat dreynt, queint), putte, *put* ebd. XIX 15,
cast, *cast* ebd. VI 33. — kitt, *rent* Mark XV 38, loued, *loued* ebd.
I 11, *dreynt* ebd. V 13, fulfild, *fulfillid* ebd. XV 28, VII 27, VIII 8
(nach der ô-Classe), aber fillid ebd. VI 42. — stirid Luk. X 33,
spendid, *spendid* Luk. VIII 43, drenchid, *drenchid* ebd. X 15, V 1,
kept, *kept* ebd. XII 19, dwelt, *dwellid* ebd. XXII 28, dwellid, *dwellid*
John I 14, answerid, *answerid* Luk. X 28, put, *set* ebd. II 21, John
II 6, lift, *lift* John VI 5, fulfild, fulfillid, *fulfillid* Luk. II 6, 22. —
stirid, *stirid* Rom. IX 7, left, *left* ebd. IX 29, putt, *put* ebd. XI 1,
meynd, *meynd* 1 Cor. V 11, byldid, *bieldid* Col. II 7, groundid,
groundid Eph. II 18, fulfillid, *fillid* Deeds I 16, II 1, 4, lernd, *lerned*
ebd. VII 22. — dwelt, *dwelle* 1 John II 19, spreynd, *spreynt* Apoc.
XIX 13, lettid, *lettid* 1 Pet. III 7, put, *put* 1 John XI 9, mengid,
meynd Apoc. VIII 7, XV 2, fulfillid, *fillid* ebd. XV 8. — strauȝt,
stretchid Ez. IV 7, cast, *cast* Ez. V 6, kit, *kit* ebd. XVI 4, quenchid, *quenchid* ebd. XX 47, XXXII 7, lift, *reisid* ebd. XXXI 10,
meynd ebd. XVI 37, spreyned, *spreynt* ebd. XXVII 30.

Es ist unmöglich, auch nur annähernd alle vorkommenden
Formen anzuführen; unbelegt ist aber ein Participium puttid,
settid, castid, kittid, obwohl die Worte oft vorkommen, sondern
es steht im Participium, abweichend vom Praeteritum, nur die
contrahierte Form. Will man ein Gesamturteil über die Prae-
terital- und Participial-Formen schwacher Verben in der Bibel, so

kann man sagen, dafs der Drang nach Formenausgleichung gegenüber der Formenvielheit ae. Zeit auf Grund der Analogie unverkennbar ist. Chaucers Sprache, wie sie ten Brink gibt, wahrt
viel besser das historisch Berechtigte als die Bibel und, wie es
auch scheint, als die Urkunden.

Bei Chaucer § 199 soll der historische ae. Zustand des Aus-
lauts im Nom. und Acc. Sg. rein gewahrt sein, nur bei den
vokalischen Stämmen der Masculina fand die me. Abschwächung statt. Durch Auflösung des ae. Konsonanten endigen
vokalisch: day, wey, und alle lungsilbigen wo-Stämme wie snow,
und schon ae. shoo, denen sich noch peny ae. penning, morwe
ae. morgen anschliefst. Unorganisches tonloses -e hat bei Chaucer
wegge, ne. wedge, neben wey steht häufigeres weie, statt botm
gilt botme und scheinbar stalle, tere statt stal, teer. Doch wird
für alle Substantive das Gesetz aufgestellt, dafs sie in der Versbetonung das End-e verlieren können (§ 261). Die Urk. SS. 110 f. 24
geben zu Schlüssen kaum genügend Fälle an die Hand; sie
schreiben way, day, morwe neben morun, morn, eue neben euen,
peny und Dat. Sg. lordship. Die Bibel hält selbstverständlich im
Allgemeinen am historisch Berechtigten fest, doch kommen man-
cherlei Abweichungen vor, so dafs eine Regelmäfsigkeit, wie sie
bei Chaucer statt hat, zumal wenn die Ausnahmefälle in Folge
des Metrums nicht mit eingerechnet werden, durch die Schreibung der Bibel wenigstens nicht verbürgt wird.

Reine o-Stämme: dome, *doom, dom* Bar. VI 63, Ez. XXXIII 14,
16, 18, 19, XXXIX 21, wo das -e als Zeichen für Silbenlänge
erklärt werden kann. songe, *song* Ez. XXXIII 32, preste, *preest*
Ez. I 3, brethe, *breeth* Dan. X 17, whelpe, *whelpe* Mic. V 8,
whelp Nah. II 11, hepe, *heep* Hab. I 10. Wie o-Stämme sind schon
im Ac. die i-Stämme behandelt: worme, *worm* 1 Macc. II 62,
Jon. IV 7, drynke, *drynk* Dan. I 10, 16, thorne, *thorn* Mic. VII 4. —
beme, *beem* Matth. V 38, kyngdame, *kyngdom* Matth. XIII 44, fishe,
fisch ebd. XVII 24, hoke, *hook* ebd. XVII 26. — floc, *flocke* Mark V 13
(ae. flocc, -es), worm, *worme* ebd. IX 47, wynd, *wynde* ebd.
IV 39. — stoone, *stoon* Luk. XXIV 2, myst, *myste* Deeds XIII 11,
obwohl ae. mist entsprechend, von dem wir schon oben S. 12
sagten, dafs es me. mit Länge des Vokals anzusehen sei; das
-e kann also auch hier Dehnungszeichen sein. — theef, *theefe*
Apoc. XVI 14. — dunge, *dung* Ez. IV 15.

Nach Auflösung eines ue. Konsonanten: waye, *weie* 1 Macc.
V 24, 46, Bar. III 37, 23, 27, Ez. XXXIII 17, sellener wei Bar. III 20,

Ez. XXXIII 20. — weie, *weie* Matth. IV 15, Mark I 2, aber zweimal
wei Matth. XI 10, Mark XII 14. — weie, wey, *weie* John XIV 4, 6. —
wey, *weie* Ebr. IX 8, X 20, Rom. III 17, Deeds XVI 16, XVIII 25, 26,
nur einmal weye 1 Cor. XII 31. — Stets weie, *weie* 2 Pet. II 2, 15, 16,
Jud. 11, Apoc. XVI 12. — weie, *weie* Ez. XXI 19, XVIII 29. Aber
im Nom. und Acc. heifst es immer dai, *dai* Joel II 1, 2, Matth.
XXVII 64, Luk. XIII 33, Deeds XX 15, Rom. XIII 12, Apoc. IV 8,
Ez. XXX 3, ausnahmsweise *daie* Mark XI 12, Deeds I 2 und in to
that daye Mark XIV 25. Langsilbiger wo-Stamm wird überliefert als: snow, *snowe* Matth. XXVIII 3, XVII 2, snow, *snow*
Mark IX 3, Apoc. I 14, aber snowe, *snow* in den Büchern des
alten Testaments nach »K« Dan. VII 9, 1 Macc. XIII 22. Im Hesekiel
fehlt das Wort.

Von langsilbigen jo-Stämmen ist ausnahmsweise eend Nah. 19,
Ez. XLVIII 28, Mark III 29 zu erwähnen, wo sonst eende, ende,
ende, eende (vergl. oben S. 19) das regelmäfsige ist. Ae. hierde
vermögen wir nur als Kompositum zu belegen. Die Bücher des
alten Testamentes nach »K« haben ausnahmslos sheperd mit fehlendem End-e, im Matthew setzt dies -e ein und wird in allen
Büchern, wo das Wort vorkommt, gefunden. Die jüngere Version
hat bis auf ein einziges *scheepherd* Zech. X 2 immer dies -e.
Belege vergl. oben S. 13. Die zahlreichen Nomina agentis auf
ae. -ere haben me.: -er, -ere Ez. XXXIII 2, 6, XXXIV 7, XXXVI 34,
XXXVII 28, XXXVIII 12, Dan. VI 10, X 20, XIII 42; Matth. XI 19,
XIII 52, XXII 35, fullere, ausnahmsweise *fuller* Mark IX 2. — Im
Lukas und Johannes -ere, wenige Male -er, -ere, einige Mal -er Luk.
VII 41, XII 58, XVI 20, XVIII 30, XXII 26, John VII 29, VIII 44, 55,
IX 8, 31, XVIII 17, 30; ebenso Rom. II 19, 20, III 25, XV 9, 21,
2 Cor. IX 7, Phil. II 25, Deeds XVI 27, 36, XVII 18. — -er, -ere,
selten -er Jam. I 23, 25, IV 11, 13, V 19, 1 Pet. IV 15, 18, 19, 2 Pet.
II 5, 1 John I 10, II 4, 22, V 10, III 15. — -er, -ere Ez. III 17, IX 2, 3.

Der kurzsilbige i-Stamm ae. mete kehrt auffälliger Weise
im Hesekiel nach »A« als meet wieder in den beiden einzigen
Belegstellen IV 10, XXI 32, in allen übrigen Teilen der Bibel ausnahmslos als mete, *mete*. Ae. scipe tritt auf in frenship, frendship, frensbipe (Acc. 1 mal), *frenschip, frendschip* 1 Macc. VIII 17, 12,
X 54, 23, 26, XII 8, 10, XIV 22, 18, XV 17, *frendschipe* Dan. XI 23,
frenschipe Dan. XI 6. shenship, seltener shenschipe, *schenschipe,*
seltener *schenschip* Dan. III 33, IX 16, XII 2, XI 18, Ez. XXXVI 15, 30,
Zeph. II 8, III 18, Hos. XII 14, Mic. VI 16, 1 Macc. IV 58, 45.
felawship, *felouschip* 1 Macc. VIII 17, 20, XII 8, XIV 18, XV 17.

lordship, *lordschipe* Dan. II 37, XI 5, 6. — schenschip Luk. I 25, schenschip, *schenschip* Luk. VI 22. felowschipe, *felowschipe* Luk. II 44. — schenschip 1 Tim. III 7. felowschip, *felouschipe* 1 Cor. I 9, 2 Cor. VI 14, Phil. II 1, III 10, aber *felowschip* Gal. II 9. lordschip, lordschipe, *lordschipe, lordschip* Rom. VI 9, 14, VII 1, Ebr. II 14. — frendship, *frenschip* Jam. IV 4. felauship, einmal felaushippe, *felawschip, felowschip,* einmal *felowschipe* 1 John I 3, 6, 7. lord-ship, lordshipe, *lordschip* 1 Pet. IV 11, V 3, 11. — shenship, *schen-schipe* Ez. V 15, 14, XXI 28, XXIII 10, 18. lordship, *lordschipe* ebd. XXX 6, XIX 11. Die Belege für die Komposita mit -scipe dürften wohl ziemlich vollständig sein. Wenn das Auftreten und Fehlen des -e bei den verschiedenen Händen zuweilen auch durch die Art des ersten Kompositionsgliedes, welches hier immer einsilbig ist, bedingt scheint, so ist das hier wohl nur Zufall.

Von den u-Stämmen mit kurzem Thema vermögen wir mit unberechtigt fehlendem -e als seltene Ausnahmen nur zu belegen: *son* 2 Macc. II 21, son Matth. XV 22 zu ae. sunu, wod Zech. XI 3 zu ae. wudu gegenüber sonstigem -e, -*e.*

Ae. morgen tritt bei Chaucer als morwe auf. Die Bibel schreibt nicht immer gleichmäßig: morewe Ez. XLVI 15, a morew cloude Hos. VII 6, *morewe* vergl. Zeph. III 3, 1 Macc. XII 19, morwe, morew, *morew* Matth. VI 34, XVI 3, XXVII 1, morwe Mark XV 1, morwe, *morewe* John XXI 4, Deeds IV 3.

Zu den Beispielen der o- und i-Stämme sei bemerkt, daß die Belege mit nicht zu erwartendem -e vor allem den Büchern des alten Testamentes nach »K« angehören und daraus unschwer vermehrt werden können, während die übrigen Bücher, — der Matthäus hält sich in der Mitte, — Belege nur ausnahmsweise bieten, wie aus den obigen Beispielssammlungen auch hervorgeht. Die Beispiele über die langsilbigen jo- und die kurzsilbigen i-Stämme umfassen den ganzen Singular, nicht nur den Nom. und Acc., weil eine solche Scheidung nicht thunlich war.

Vom Genitiv braucht hier nichts gesagt zu werden.

Im Dat. Sg. bewahren manche Wörter bei Chaucer § 201 das alte -e, wennschon im Allgemeinen die endungslose Nominativ- und Accusativform hier eindrang und meist herrschend ist; dasselbe gilt von den Urk. S. 111 f. Die Bibel schließt sich an, doch bleibt zu beachten, daß auch im Nom. und Acc. solches -e sich fand, wenn gleich es hier unorganisch war. Vergl. borde, *boord* 1 Macc. IV 51, pitt, *pille* (ae. pytt, puteus) 1 Macc. VII 19, flshe, *fisch* Jon. II 11, dome, *doom* Dan. III 28, 32. dische, *dische, disch* Matth. XIV 8, 11,

Mark VI 25, 27, 28, wynd, *wynde* Mark IV 39. hom, *home* John XI 20, 1 Cor. XIV 35. drynke, *drink* Col. II 16. wijnd, *wynde* Jam. I 6, cosse, *cos* (ae. coss -es,) 1 Pet. V 14.

Was von ae. dæg und weg in ihrer me. Fortbildung in der Bibel für den Nom. und Acc. gesagt ist, gilt auch für den Dativ. Vergl. waye, *weie* Jon. III 10, Mal. II 8; ausnahmsweise wei 1 Macc. XI 4. weye, nur 2 mal wey, *weie* Matth. V 25, XIII 4, 19, XV 32, XXI 32, 8. weye, 1 mal wey, *weie* Mark IV 4, VI 8, VIII 8, 27, X 17. Im Dat. ist im Luke und John nur weye, *weie* belegt, vergl. Luke IX 3, 57, XII 58, XIX 36. In den übrig bleibenden Teilen nach »K« steht 2 mal weye, 2 mal wei und stets *weie* Deeds IX 17, XIX 23, XXIV 22, XXVI 13. weie, *weie* Jam. II 25, V 20, Ez. III 19, XXI 19, XXVII 31. Ae. dæg erscheint auch im Dat. durchweg als day, *dai* Ez. XL 1, Dan. VI 10, Matth. VI 34, XVI 2, Mark IV 27, 35, Luk. IX 27, John I 39, 1 Cor. V 5, X 8, 1 Pet. II 12, Ez. XII 3, 4, 7, nur bi daye Apoc. XXI 25; — freilich taucht in dem Teile nach »M« nur 2 mal ein Dativ auf.

Die vorkommenden Formen zu ae. morgen seien hier noch angeführt: morewe 3 mal, morew 1 mal, morrew 1 mal, *morewe* 3 mal, *morew* 1 mal, vergl. noch dazu den oben S. 38 nicht angeführten Acc. morew Ez. XLIII 13, Jon. IV 7, 1 Macc. II 63, V 27, IX 13, X 81. morwe 2 mal, morw 1 mal, *morewe* 2 mal, *morowe* 1 mal Matth. VI 30, XV 1, XXI 18. morwe, *morewe* 2 mal, *morew* 1 mal Luk. XIII 32, 33, XII 28. morwe, *morewe* 3 mal, *morew* 1 mal 1 Cor. XV 52, Deeds IV 5, XXIII 20, XXV 22.

Als oberstes Gesetz bei der Behandlung des Dativs gilt in der Bibel das Streben nach einem Ausgleich mittelst der Nominativ- und Accusativformen, also eine Uniformierungssucht, wie wir sie oben schon anmerkten, und wie sie schließlich im Ne. auch gültig wurde.

Der Plural mit zu erwartendem -es wird bei Chaucer § 202 in shoos und pens zu s kontrahiert, außerdem findet Synkope statt, wenn dies -es einer Silbe mit schwachem e folgt (§ 256, vergl. auch § 259). Die Urk. SS. 112 f., 23 f. schließen sich dem an und ordnen ja auch nach diesem musikalischen Prinzip. Auf Grund der eigenen Schreibung ließe sich von ihnen sagen, daß sie bei silbenbildenden r und n synkopieren. Die Bibel, wie nicht anders zu erwarten ist, bietet nicht die Regelmäßigkeit, welche die wenigen Beispiele der Urkunden in Aussicht stellen, und doch kann kaum behauptet werden, daß hier ein stichhaltiger Unterschied gegen die Sprache Chaucers oder der

Urkunden sich ergebe. Die Pluralendung -es ist also der Bibel gewöhnlich eigen, die Synkopen lassen sich nach den von teu Brink aufgestellten Gesichtspunkten anordnen, andrerseits erscheinen sie fast nur bei silbenbildenden Liquiden, und endlich macht sich auch hier in der Bibel ein unverkennbares akademisches Streben geltend, Singular und Plural in den Formen auszugleichen. Vergl. stets fyngris, *fyngris* Dan. V 5, Mark VII 33, John XX 25. 5 mal stoons, 4 mal stoones, *stoonys* Ez. XL 42, Mic. I 6, 1 Macc. IV 47, 46, 2 Macc. I 16, 31, IV 41, Zech. V 4, Bar. VI 38. 1 mal stonys, 1 mal stoons, *stoones* Matth. III 9, IV 3. stoones, *stoonus* Mark V 5. stoones, *stoonys* Luk. III 8, VIII 59, XIX 40, John X 31. stoones, *stonys* 2 Cor. III 7, 1 Petr. II 5. stoonus, *stoonys, stoonus* Ez. XXVI 12, XXVIII 14, 16. Stets foulis, *foulis* Dan. III 80, 2 Macc. IX 15, Matth. IX 15 Jam. III 7, nur fowelis Luk. XIII 19. 3 mal wetheris, 1 mal wethers, *wetheris* Ez. XLV 23, XXXIX 18, Dan. III 40, Mic. VI 7, wetheres, *wetheris* Ez. XXVII 21, XXVI 9. Nur pens, *pens, pans* Mark VI 37, John VI 7, Deeds XIX 19; pens begegnet in den Urkunden und bei Chaucer. Wiederum stets teeris, *teeris* 2 Macc. XI 6, Mark IX 24, Luk. VII 38, 2 Tim. I 4, Ez. XXIV 16. Gleichfalls ohne Kontraktion stets weies, *weies* Bar. III 31, IV 26, Dan. V 23, Mal. II 9, Matth. III 13, Luk. I 76, III 5, Ebr. III 10, Deeds XIII 10, Jam. 18. Apoc. XV 3, Ez. XVI 11, XXI 19, 21. Komplizierter ist die Überlieferung des ae. dæg in der Bibel: days, *daies* Bar. IV 35, Ez. XLIII 25, 26, 27, XLIV 26. — Im Matthäus days, von Kapitel XVII dayes, nur XXIV 38 kehrt noch einmal days wieder, *daies*, vergl. ebd. IV 2, XI 2, XII 40, XVII 1, XXIV 22, XXVI 2. — Im Markus steht dayes und days je einmal I 13, II 1; nachdem die zweite Hand begonnen hat, erscheint auch im Markus nur noch dayes, welches nun Regel wird für den ganzen Rest nach »K«. Die jüngere Version hat stets wie vorher *daies*. Vergl. Mark VIII 31, XV 29, Luk. XIII 14, XVII 22, John IV 40, 43, Gal. I 18, IV 10, 2 Tim. III 1. — dayes, *daies* Jam. V 3, 2 Pet. III 3. — 8 mal days, 1 mal daies, *daies*, Ez. III 15, 16, IV 4, 5, 6, 8, 9, V 2, XXII 4. — -scipe erscheint im Plural ohne Synkope, vergl. shenshipis, shendshipis, *schenschipis* Bar. VI 72, Ez. XXXIV 29, XXXV 12, frendshipis, *frendschipis* 1 Macc. VIII 1, frenshipis, *frenschipis* 1 Macc. X 20, aber schenschips, *schenschipis* Ebr. X 33. Dem Singular entsprechend werden die nomina agentis auf ae. -ere im Plural behandelt: -ers, -eris Ez. XXXII 8, 15, 20, XXXIX 11, 1 Macc. IV 2, VI 7, VII 24, I 36, 40, II 67, III 6, 36. — keepers Matth. XI 5, repers, *reperis* ebd. XIII 9, flsheris, *fischeris* ebd. IV 18, lederis, *leederis, lederis* ebd. XV 14, XXIII 15. — fishers, *fischeris* Mark I 16. — -eris, *-eris* Luk. V 2, XXII 25, John IV 23. -eris, *-eris* 1 Cor. XI 1, Eph. V 1, 1 Tim. I 9, 10. -ers, *-eris* Jam. I 22, III 44, Jud. 15. -ers, ausnahmsweise 2 mal -eris, *-eris* Ez. II 8, 9, XI 15, XVI 8, XVII 21, XXI 14, XXIII 6, 22, 23.

ae. scôs zu scô, caliga, bildet in der Bibel nicht den Plural nach der vokalischen Deklination, sondern schliefst sich, wie ten Brink überzeugend erklärt, den Wörtern der konsonantischen Deklination an: foon, toon. Der Vorgang wurde dadurch erleichtert, dafs schon das Ae. einen Gen. Plur. sceônu kannte. Chaucer hat noch shoos neben shoon, die Bibel hat allein das letztere. shoon, *schoon*, vergl. Dan. III 21, Am. VIII 6, Matth. III 11, X 10, Luk. III 16, X 4, XV 22, Deeds VII 33, XIII 25, Ez. XXIV 17, 23; und mit auffälligem -e, *-e*: for shoone Am. II 6, *schoone* Accus. Mark I 7, *withouten . . . . schone* Luk. XXII 35.

Ae. nêahbûr wird in der Bibel fast so behandelt, als ob es ein n-Stamm wäre. Oder deutet das End-e etwa auf Erhaltung der Dehnung in der Nebentonsilbe? (Vergl. oben S. 9.) Beispiele sind: neiʒbore, *neiʒbore* 2 mal, *neiʒebore* 1 mal Matth. V 43, XIX 19, XXII 39. neiʒebore, *neiʒbore* Mark XII 31, 33. neiʒebore, *neiʒbore* Luk. X 27, 29, 36. neiʒeboris 5 mal, neiʒebors 1 mal, *neiʒboris* Luk. I 58, 65, XIV 12, XV 6, 9, John IX 8. neiʒbore 7 mal, neiʒebore 1 mal, *neiʒbore* 7 mal, *neiʒebore* 1 mal Gal. V 14, Ebr. VIII 11, Rom. XIII 8, 9, 10, XV 2, Eph. IV 25, Deeds VII 26. neiʒebore, *neiʒbour* Jam. II 8. neiʒbour, *neiʒbore* Ez. XVIII 6, 11, neiʒboris und neiʒbours je 1 mal, *neiʒboris* Ez. XVI 26, XXII 12.

Auf zwei getrennte ae. Worte gehen me. heuen und heuene zurück, nämlich auf ae. heofon, -es m. und heofone, -an fem. coelum. Bei Chaucer kommen beide Formen vor, die Bibel scheidet sich hier wieder nach den Überlieferungen. In den Büchern des alten Testamentes nach »K« steht durchaus heuen in einer überaus grofsen Anzahl von Belegen, ein einziges of heuene Dan. III 63 nimmt sich eher wie ein Druckfehler aus, denn als eine Nebenform des so konsequenten Schreibers; es könnte freilich auch die flektierte Dativform sein. Der Plural lautet immer heuens, die jüngere Version hat immer *heuene, heuenes* Bar. III 29, V 3, VI 66, Ez. I 1, XXXVIII 20, Dan. II 18, 19, 37, 38, III 59, 60, Hos. II 21, 1 Macc. III 19, 50. — Matth. XVI 3 begegnet zuletzt heuen, bis dahin kommt im Matthew beuen 7 mal, heuene 4 mal vor, dagegen lautet der Plural bis zum 5. Kapitel, wo 11 Belege sind, 4 mal heuens und 7 mal beuenes. Vom VI. Kapitel an findet sich dann nur der Plural heuenes und vom Kapitel XVI 3 an stets auch der Singular heuene in zahlreichen Belegen. Heuene, heuenes, wie ständiges *heuene, heuenes* geht auch im Mark ausnahmslos durch. Vergl. Matth. III 16, 17, V 16, 12, 45, 18, 34 VI 10, 20, 1, 9, XVIII 2, 18, Mark I 10, 11, IV 4, 32, XIII 25, XVI 19. — heuene, *heuene*, beuenes, *heuenes* Luk. II 15, X 15, 18, 21, 20, XII 33, 56, John VI 31, 32, desgl. im übrig bleibenden Teile nach »K« 2 Cor. V 2, 1, XII 2, Gal. I 8, Deeds II 2, 5, 19, VII 55. Ein of heuen Ebr. XI 12 möchten wir bei der Überfülle der anders lautenden Formen auch hier am liebsten als einen Schreib- oder Druckfehler ansprechen. — In dem Teile nach »M« begegnet von Apocalypse Kap. VI 13 bis zu deren Schlufs 44 mal heuen, 1 mal heuene, letzteres Apoc. XX 1, dagegen lautet der freilich nur einmal belegte Plural heuens ebd. XII 12. In dem übrigen Teil nach »M« begegnet heuene 6 mal, heuen 6 mal, aber immer heuenes (6 mal); vergl. 1 Pet. I 5, 12, 18, III 22, Jam. V 12, 18, 2 Pet. III 5, 7, Apoc. III 12, IV 2, VI 14, V 13, XIII 6, XX 9. Man kann auch überlegen, ob hier in »M« nicht etwa nur das ae. Masculinum beofon als Etymon vorliegt, denn im Nom. und Acc. begegnet kein heuene. Das Schwanken zwischen Formen mit und ohne End-e käme dann also auf den flektierten und flexionslosen Dativ hinaus. Für den flektierten Dativ an anderen Worten findet sich nun zwar in »M« gerade keine allzu starke Anzahl Belege. Vielleicht wird ja aber auch diese ganze Betrachtungsweise als zu gesucht verworfen. Die jüngere Version hat stets *heuene, heuenes*. In den Ezechielpartieen nach »A« steht 3 mal heuene (Dative), 2 mal heuen (ein Dativ und wahrscheinlich ein Accus.), heuens 1 mal, *heuene, heuenes* ebd. VIII 3, XXIX 5, XXXI 13, 6, XXXII 4, 7.

Ae. æfen, -es m. gibt im Me., in den Urk. wie bei Chaucer (§ 203) euc und euen; ten Brink behandelt es seltsamer Weise als Neutrum. In der Bibel ist im Allgemeinen das Simplex nicht beliebt; es wird dort lieber die Fort- und Umbildung des ae. æfnung, nämlich euenyng, und das Kompositum euentide gebraucht. æfen erscheint als euyn 6 mal, euen 2 mal Ez. XXXIII 22, XLVI 2, Zeph. II 7, Hab. I 8, Zech. XIV 7, Dan. IX 21. 1 Macc. IX 13, X 80. Die jüngere Version hat im alten Testamente für das Simplex keinen Beleg. Im Matthew findet sich kein einfaches euen, wohl aber 1 mal *euen* ebd. VIII 16. — Mark XIV 17 hat euen, *euen* ebd. VI 47 und *eue* ebd. XI 11; ein *eue* begegnet noch einmal John XX 19 und ein euen Deeds IV 3.

Für die Neutra vokalischer Stämme im Nom. und Acc. Sing. gibt ten Brink (§ 203) für Chaucer folgenden Sprachgebrauch an. Konsonantischer Ausgang findet statt bei den langsilbigen o- und i-Stämmen, bei den durch Assimilation lang gewordenen jo-Stämmen, bei einem Teil der kurzsilbigen o-Stämme und bei dem gröfseren Teile der mehrsilbigen o-Stämme. Vokalisch enden einige Neutra, denen schon in ae. Zeit der Endkonsonant aufgelöst wurde oder schwand; in straw erfolgte dies erst in me. Zeit. Auf tonloses -e endigen die langsilbigen jo-, die kurzsilbigen -i und die kurzsilbigen -wo Stämme. Dies besagt alles weiter nichts, als dafs sich in den angeführten Fällen bei Chaucer die historisch berechtigten und regelmäfsig weitergebildeten Formen finden. Durch Analogie und zwar durch »die Form des ae. Plurals auf -u« bekamen jedoch die meisten kurzsilbigen und einige langsilbige o-Stämme »tonloses -e«; auch bei den wo-Stämmen scheint dieses -e anzutreten, wenn sich das -w erst in me., nicht bereits in ae. Zeit auflöste. Schliefslich mufs noch die Doppelform mayden und mayde erwähnt werden und beständiges game mit abgeworfenem -n.

Die Urk. S. 110 f. bieten keine Belege, sollen jedoch »im Ganzen« mit Chaucer übereinstimmen; sie schreiben nur mayden. Die Bibel deckt sich mit Chaucer nicht immer.

Langsilbige o-Stämme: breede 4 mal, breed 2 mal (ein Acc. und ein Dat.), brede 1 mal, *breed* Ez. XLIV 3, Dan. XI 26, Hos. IX 4, Am. VII 12, VIII 11, Mal. I 7, Hag. II 13. — Stets breed, *breed* Matth. IV 4, 11, VII 9, XV 2, 26. — breed 4 mal, bred 3 mal, *breed* Mark. VI 8, VII 2, 27, VIII 14, 16, 17, XIV 22. — breed, ausnahmsweise bred 2 mal, *breed* Luk. IV 3, 4, VII 33, XIV 1, 15, XXIV 30, 35, John VI 23, 31 f. — breed, *breed* 1 Cor. X 16, 17, XI 23, 26, Deeds XX 7, 11, Ez. IV 13, 15, 16, 17, XVIII 7, 16.

Ae. flǽsc erscheint als fleshe 10 mal (darunter 3 mal als Dativ), flesh 3 mal (1 mal Dativ), *fleisch* Ez. XXXVI 26, XLIV 7, Dan. IV 9, X 3, Mic. III 23, Hag. II 13, Zech. II 13, XI 9, XIV 12, Joel II 28, 2 Macc. VI 18, VII 1. — flesh, *fleisch* Matth. XVI 17, XIX 5, 6, XXVI 41. — fleisch, 2 mal *flesch* (1 mal Dat.), *fleische* 1 mal Mark X 7, 8, XIV 38. — fleisch, *fleisch*, auch im Dativ, nur einmal Dat. *fleische* Luk. IV 6, XXIV 39, John I 3, 14, III 6, VI 52—57, 64, VIII 15, XVII 2. — fleisch ungefähr 85 mal (Dative sind mitgezählt), flesh 4 mal, *fleisch* ebenso oft wie fleisch, *fleische* 2 mal (Dative), 5 mal *flesch*, 1 mal *flesh* Rom. I 3, II 28, IV 1,

VIII 1, 3, 8, 7, 9, 12, 13 , 2 Cor. V 16, VII 1, Gal. IV 23, Phil. 16, Deeds XXII 7, 31. — flesh, *fleisch* (auch im Dativ) 1 Pet. I 24, III 18, IV 1, 2, 6, 2 Pet. II 10, Apoc. XVII 16. — Ez. IV 14, XI 17. XX 48, XXI 4, 5.

Ae. fȳr wird geschrieben: fijr etwa 50 mal (darunter etwas über 20 Dative), fijre 20 mal (darunter 12 Dative), 1 mal Acc. fyre, bis auf ein *of fire* (Nah. II 3) stets *fier*, vgl. Bar. IV 35, VI 62, Ez. I 4, 13, XXXVI 5, XXXVIII 19, 22, Joel I 20, Am. V 6, 1 Macc. I 20. — fijr 7 mal (3 Dative darunter), 1 mal fyr, 1 mal Acc. fire, *fier* Matth. III 10, 11, 12, V 22, VII 19, XIII 40, XVIII 8, 9. — fier, *fier* Mark IX 21, 42, 43, 44, 45, 47. — fier 5 mal, fyer 2 mal, *fier* (Dative sind dabei), Luk. III 9, 16, 17, IX 54, XII 49, XXII 55, John XV 6. — fyer 12 mal, fier 1 mal, *fier* Rom. III 13, 15, 2 Thes. I 8, Ebr. X 27, XI 34, XII 18, 29, Deeds II 19, 3, XXVIII 2, 3, 5. — stets fijr, *fier* 1 Pet. I 7, 2 Pet. III 7, 12, Jam. III 5, 6, V 3, Apoc. IX 17, XI 5, XX 9 u. a. — fier ca. 30 mal, 1 mal Acc. fijr, *fier* Ez. V 4, VIII 2, XX 26, 47, XXX 16.

Aber immer heifst es boon, *boon* Ez. XXXIX 15, John XIX 36, und ebenso steht es mit ae. wif, wijf, wyf (5 : 2), *wijf* Ez. XXXII 26, Hos. II 2, XII 12, Am. VII 17, Mal. II 14, 15, 2 Macc. XIV 25. — wijf, wif, wyf (5 : 5 : 4), *wijf* Matth. V 31, 32, XVIII 25, XIX 3, 5, 9, 10, 29 u. a., einmal aber wife Acc. ebd. XIX 9. — wyf 9 mal, wif 1 mal, *wijf* Mark X 7, 2, 12, VI 17, 18. — wyf, *wijf* Luk. I 5, 13, 18, 24, XX 23. — Eph. V 28, 31, 33, Deeds XVIII 2, nur einmal Nom, wife Deeds V 1. — wijf, *wijf* Apoc. XIX 17, XXI 9. — Ez. XVIII 6, 11, XXII 11, XXIV 18. — Stets lautet es word, *word* Ez. XXXIII 1, Zech. XII 1, — desgl. Matthew IV 4, XIII 21, 22, — auch im Mark II 2, XIV 14 bis auf ein werd XIV 72. — word, *word* Luk. II 17, 50, John V 24, 38. — word, *word* Rom. IX 6, Ebr. IV 2 in einer überaus grofsen Anzahl Fälle, einmal aber Nom. worde 1 Tim. I 15. — Stets word, *word* Jam. I 18, 1 Pet. I 25, — Ez. III 6, 16, 17, XX 2, 47. Ähnlich verhält es sich mit ae. sweord, welches in der Bibel im ganzen Sing. als swerd, *swerd* erscheint Ez. XXXII 23, 24, 26, XXXIII 3, 1 Macc. I 12, — Matth. X 34, XXVI 51, 52, — Mark XIV 47, — Luk. II 35, XXII 49, John XVIII 10, 11, — Rom. VIII 34, Deeds XII 2, XVI 27, — Apoc. I 16, XIII 10, 14, XIX 15, — Ez. V 1, 2, XXIII 25. Ein -e, das im alten Testamente in »K« und »A« im Ganzen viermal erscheint und zwar am Dativ, ist also wohl wirklich alter Flexionsvokal Amos VII 9, IX 10, 1 Macc. III 3 Ez. VII 15.

Häufiger erscheint das -e an werk, work zu ae. weorc, welches in den Büchern des alten Testamentes nach »K« 2 mal als werke (Acc.), 1 mal als **werk** und 1 mal als **werc**, immer als *werk* wiedergegeben wird, vgl. Ez. XLVI 1, Mic. VI 16, Hab. IV 2, Hag. II 15. — work, *werk* Matth. XXVI 16. — work, 1 mal *werk,* 1 mal *work* Mark XIII 34, XIV 6. — work, werk, *werk* John IV 34, XVII 4, — 1 Cor. III 13, 14. — werk Jam. III 13. Eine Dativflexion liegt wohl vor im *cp werke* 1 Pet. I 17. (Über das Verhältnis von werk zu work siehe unten unter eo.)

Das schon im Ae. vorhandene Lehnwort w**ī**n tritt recht schwankend in der Bibel auf, da es von vyne beeinflufst scheint. Wir geben hier der Übersichtlichkeit halber alle Formen der Überlieferung: wijne 3 mal, darunter 1 Dativ, vijne 1 mal, wyne 9 mal, darunter 3 Dative, wijn 6 mal, darunter 1 Dativ, vyne Dat. 1 mal. In Zusammensetzungen kehrt vyne ʒerd 14 mal wieder, vyne tiliers 1 mal, vyneʒerd in einem Wort, 2 mal, vijne tyliers 1 mal, vijn ʒerdis 1 mal, *wyn* 12 mal, darunter 4 Dative, *ryne* 3 mal, mit 1 Dativ, *rynʒerd* 3 mal, *vyneʒerd* 5 mal, *vineʒerd* 1 mal, *ryne ʒerd* 1 mal, *ryn tilieris* 2 mal, *vyn tre* 1 mal. Vergl. Ez. XLIV 21, Dan. I 5, 8, X 3, Hos. I 12, II 15, X 1, XIV 8, Joel I 5, 11, 7, 12, II 22, III 3, Am. II 8, 12, IV 9, V 11, VI 6, IX 14, Mic. I 6, IV 4, VI 15, Hab. II 5, III 17, Zeph. I 13, Hag. II 13, 20, Zech. III 10, VIII 12, IX 15, X 7, Mal. III 11, 1 Macc. III 56, XIV 12, 2 Macc. XV 40. Eine absolut sichere Beurteilung für die Behandlung des Wortes läfst sich hieraus nicht gewinnen. Die Formen mit anlautendem w gehen auf ae. w**ī**n zurück, die mit v auf afz. vine zu lat. vinea. Beide Worte sind ihrer Bedeutung gemäfs (vinum, potus, und vinea, vitis) durch den Anlaut scharf getrennt. Hinsichtlich des Auslautes scheint jedoch Vermischung und Beeinflussung eingetreten zu sein; und das lag nah, da eine Bedeutungsdifferenzierung in ae. Zeit noch unbekannt war. w**ī**n konnte im Ae. in den Kompositen sowohl den Trank, wie die Pflanze bedeuten. — Vergl. weiter wyn, *wīne* Dat. Matth. XI 19, vyne, *ryne* Dat., vitis, ebd. XXVI 29, vyne ʒerd 6 mal, vyneʒerd 4 mal, vynʒerd 1 mal, *ryneʒerd* 7 mal, *rynʒerd* 3 mal ebd. XX 1, 2, 4, 7, 8, XXI 28, 33, 39, 40, 41, XXII 5. — wyn, *wyn* Mark II 22, XV 23, wyn vesselis 1 mal, wyne vesselis 2 mal ebd. II 22, vyne, *ryne* Dat. ebd. XIV 25, vyne ʒerd, *rynʒerd* ebd. XII 1, 2, 8, 9. — wyn 8 mal mit einem Dativ, *wyn* 1 mal, *wyne* 2 mal, *wynne* Dat., entschieden ein Schreibfehler, *wijn* 3 mal, *wijn* 1 mal Luk. I 15, VII 33, 34, X 34, John II 3, 9, 10, IV 46, vyne Nom. 2 mal, vyne Dat. 3 mal, gleichfalls *ryne* Luk. XXII 18, John XV 1, 4, 5, *vynʒerd* 4 mal, *vyneʒerd* 4 mal Luk. XIII 6, 7, XX 9, 10, 13, 16. Auffallend und für die Haudschriftenkunde vielleicht nicht ganz unwichtig ist es, daſs der Lukas an den angeführten Stellen den »Weinberg« mit vyner übersetzt, welches Wort sonst nur in der jüngeren Version und zwar nur im alten Testamente nach »K« und »A« vorkommt. Vergl. Hosea I 12, Joel I 7, 12, II 22, Am. IV 9, Ez. XVII 6, 7, 8, XIX 10. — wyn Acc. und Dat., *wyn* Rom. XIV 21, Eph. V 18, 1 Tim. III 3, 8, V 23, Tit. I 7, II 3, vyneȝerd, *vynȝerd* 1 Cor. IX 7. — wijn, *wyn* Acc. und Dat. Apoc. VI 6, XIV 8, 10, XVI 19, XVII 2, XVIII 13, XIX 15, vijne fyges, *vyne figus* Jam. III 12, vijneȝerd, *vynȝerd* Apoc. XIV 18, 19. — wiyn, *wyn* Dat. Ez. XXVII 18, viyn, *ryne* Dat. 2 mal, Ez. XV 2, 6, viyn ȝerd 2 mal, viynȝerd 3 mal, vynȝerd 1 mal Ez. XVII 6, 7, 8, XIX 10, XXVIII 26.

Ae. lêaf lautet im Nom. lefe, *leefe* Ez. XLVII 12. Ae. blôd wird überliefert weit überwiegend im Nom., Acc. und Dativ als blood Ez. XXXIII 4, 5, 28, XXXV 6, Joel II 30, 31, III 19, 21, 2 mal als blode, wo also das -e möglicherweise nur Dehnungszeichen ist, Hos. I 4, Jon. I 14, aber auch 7 mal bloode, darunter 2 Dative Ez. XXXV 6, XLIII 18, 20, XLIV 7, 20, XLV 19, Hos. IV 2, und stets *blood*. — Matthäus hat im ganzen Sing. blood, *blood* bis auf einen Nom. blode (XXIII 35), vergl. IX 20, XVI 17, XXIII 30, 35, 28. — Mark hat im Nom. und Dat. blood, *blood* V 25, 29, XIV 24. — Luke und John schlieſsen sich an, Luk. VIII 43, 44, XI 51, John VI 54, 55, 56; Acc. bloot ist wohl nur Schreibfehler John XIX 34. — blood, *blood* im ganzen Sing. Rom. III 15, 25, Ebr. IX 7, 12; — 1 Pet. I 2, 19, 1 John I 7, V 9; — Ez. XVI 6, 22, 38, XXI 32, XXII 4.

Das ae. Neutr. mynd der i-Deklination wird als solches kaum eine Fortsetzung in der Bibel erfahren haben, denn es steht nur ein einziger Dativ mynd 1 Macc. XIII 29 ständigem mynde, *mynde* gegenüber, und das geht wohl auf das ae. Fem. zurück. Vergl. Mal. III 16, 1 Macc. VIII 22, XIV 33, Matth. XXVI 3, Mark XIV 9, Luk. I 54, 1 Cor. XI 24, 25, 1 Tim. I 3, 2 Pet. I 15, Apoc. XVIII 5, Ez. XXI 24.

Stets mit -e erscheint bei Chaucer ae. bern (contrahiert aus berarn), horreum; und ebenso heiſst es in der Bibel berne, *berne* Mal. III 10, Matth. III 12, XIII 30, Luk. III 17; Luk. XII 24 auch beerne. Ebenso wird welkne von ten Brink hierher gestellt, aber ae. wolcen findet in der Bibel keine Fortsetzung, es wird lediglich cloude, *cloude* verwandt (über die Herkunft vergl. Stratmann und Skeat).

Ae. hûs erscheint im Baruch 4 mal als house (3 Dative darunter, IV 54, 58), sonst in den Büchern des alten Testamentes nach »K« stets als hous, was bei ca. 170 Belegstellen allein aus dem Sing. nicht unauffällig ist. Im Matthew begegnen 16 hous als Nominative resp. Accusative, 7 hous als Dative, house 2 mal (Nom. und Acc. ebd. X 12, 13), house 3 Dative (ebd. IX 10, X 6, XXVI 6). Der Markus hat für den ganzen Sing. hous (etwa 17 mal), 1 mal hows XII 24. Ein Dativ house Luk. I 27 steht ca. 20 Dativen hous im Lukas gegenüber, die regelrechte Singularform im Lukas und Johannes ist überhaupt hous, nur einmal Luk. I 40 hows. In dem Reste nach »K« begegnet 42 mal hous (mit 21 Dativen), 1 mal Dativ house Ebr. VIII 8, hows 7 mal (4 Dative darunter), vergl. 2 Tim. II 2, IV 19, Ebr. III 5, XI 7, Deeds VII 47, XVI 33, XVIII 8. hous ein Dativ und ein Acc. 1 Pet. IV 12, 2 John 10. hous, hows (38 : 34) im ganzen Singular im Ezechiel nach »A«. Die jüngere Version hat in diesen zahlreichen Belegstellen immer *hous*, bis auf *hows* 2 mal Luk. XV 8, John VIII 34, *house* Acc. 1 Tim. III 5. Das End-e in Kompositen, deren erster Teil hous ist, tritt unregelmäfsig auf. Vergl. darüber die oben angeführten Beispiele S. 13.

Ae. héafod stellt sich da als hed (im ganzen Sing. etwa 25 mal) Bar. VI 21, Zech. I 21, VI 11, 1 Macc. III 47, heued (2 mal), Zech. III 5, Bar. V 2, heed (1 mal) Zech. III 5, on her hede 1 Macc. IV 39. — heed Matth. XIV 11, hed ebd. IV 8, hede (Acc.) ebd. VI 17, heued aber 6 mal ebd. V 36, VIII 20, X 30, XVI 7, XVII 29, 30. — heed 7 mal Mark XII 4, VI 24, 25, 27, 28, XIV 3, XV 19. — heed 9 mal im Luke und John, Luk. VII 38, 46, John XIII 9, XX 7, 12. — heed 17 mal Rom. XII 20, Eph. I 22, IV 15, Deeds XVIII 6, 18, of heede (1 mal) Deeds XXVII 34. — heed (5 mal) Apoc. I 14, X 1, XII 1, XIV 15, XIX 12. — heed (11 mal) Ez. V 1, VIII 3, X 1 und stets *heed*. Dagegen in nebentoniger Silbe steht forhed 2 mal Apoc. XIV 9, XVII 5. forhed 1 mal Ez. III 7 neben 2 maligem forheed Ez. III 8.

Ae. tácen ist sowohl starkes Neutrum, wie starkes Femin. Die in der Bibel vorkommenden Formen kann man darnach verschieden erklären. tokne Nomin., — ist es das alte Femin. mit Ausfall des Mittelvokals bei silbenbildenden Nasal, oder altes Neutrum mit Metathesis des n? Die jüngere Version hat *tokene*, wohl Fem., 2 Macc. VIII 23. Es ist das einzige Singularbeispiel aus dem alten Testament nach »K«, sonst werden französische Synonyme verwandt. tokne (Nom., Acc. 6 mal) Matth. XII 38, 39,

XVI 4, XXVI 48, tokene (Acc. 3 mal, Nom. 1 mal) ebd. XVI 1, 4,
XXIV 30, XXIV 3, stets *tokene* bis auf einmaliges *token* ebd. XXIV 3.
— tokene (4 mal), *tokene* (3 mal), *tokne* (1 mal) Mark VIII 11, 12,
XIII 4, XIV 44. — tokene (10 mal), *tokene* (7 mal), *token* (2 mal), *tokne*
(1 mal) Luk. II 12, 34, XI 16, 29, 30, XXI 7, XXIII 8, John II 18,
IV 54, VI 30, 34. — tokene, *tokene* 1 Cor. XIV 22. — token (1 mal),
Apoc. XII 1, tokne (2 mal) Apoc. XII 3, XV 1. Die jüngere Ver-
sion hat hier *signe*. — tokne Nom., *signe* (2 mal) Ez. IV 3, XX 20.

Ae. mœgden erscheint bei Chaucer mit und ohne -n am
Schlusse, in den Urk. wird das -n nicht apokopiert. Die Bibel
hat nur wenige Beispiele und zumeist in uneigentlichen Kompositen. Wir führen sämtliche Beispiele an, indem wir auch die
Plurale mitgeben, welche in Folge des Nasals das e der Endung
-es oft ausstofsen: meydenys, *maydens* 1 Macc. I 27, mayden
Joel I 8, meyden Am. V 2, maydeyns, *maidens* Am. VIII 13, hond
maydens, *handmaydis* Joel II 29, Nah. II 7, hond mayden, *handmaidun* 1 Macc. II 11, meydchijld Joel III 3. hond mayden Matth.
XXVI 69, 71. hand maydens Mark XVI 66, hand mayde ebd. XVI 69.
mayden, *maidyn* Luk. I 27, maydenhed, *maydynhode* ebd. II 36,
hand mayden, *handmaydyn* ebd. I 38, hand mayde, *handmaidun*
ebd. I 48, handmaydens, *handmaydenes* ebd. XII 45, handmayde
ebd. XXII 56, John XVIII 17. mayden, *maidun* 1 Cor. VII 28, 34,
hand meyden Gal. IV 22, 23, 30, 31, handmaydens, *handmaidens*
Deeds II 18. meyden Ez. IX 6, meydens Ez. XLIV 2. Die fehlen-
den korrespondierenden Belege der jüngeren Version sind aus
dem romanischen Wortschatz genommen, ohne dafs diese Worte
darum der älteren Version abgingen.

Die übrigen Plurale der Langsilbigen und Mehrsilbigen
bieten Chaucer und den Urkunden gegenüber keine Abweichungen,
sofern es die Behandlung des antretenden -es betrifft. Die Ausstofsung des e erfolgt nach denselben Gesichtspunkten, wie wir
sie oben beim Masculinum S. 39 f. darlegten. Wir führen hier an:
berns, *bernes* Joel I 17, bernys, *bernes* Matth. VI 26, bernis, *bernes*
Luk. XII 18. — lefs, *leuys* Ez. XLVII 12, leeuys, *leeues* Matth.
XXI 19, XXIV 32, Mark XI 13, XIII 28, leefes, *leeues* Apoc. XXII 2. —
bloodis, *bloodis* Ez. VII 23, XXII 2. — fleshis, *fleischis* (9 mal)
Ez. XXXVII 6, 8, Dan. VII 5, Zech. XI 16, 1 Macc. VII 17 u. s. w.
flesches (7 mal), *fleischis*, *fleisch* (ob letzteres Plural?) Jam. V 3,
Apoc. XVII 16, XIX 18, 21. flesshis, *fleischis* Ez. XVI 26, XI 3,
vergl. ebd. XI 7. — boones (6 mal), boons (2 mal), bonys (5 mal),
boonys (3 mal), *boonys* (15 mal), *bonys* (1 mal) Ez. XXXII 27,

XXXVII 1, 3, 4, 5, 7, 11, Dan. VI 24. Mic. III 2, 3, Am. II 1, VI 10, Hab. III 16. boonys, *boonys* Luk. XXIV 39. boones, *boonys* Eph. V 30, Ebr. XI 22. boonus, *boonys* (2 mal) Ez. XXIV 10. — wordis (17 mal), woordis (1 mal Ez. XXXIII 31), *wordis* Dan. IX 12, X 11, Zech. I 6, 13 u. a. wordis, *wordis* im Matthäus 5 mal, im Markus 3 mal, im Lukas und Johannes 13 mal resp. 14 mal, denn einmal steht John XII 47 *words*. wordis (12 mal) Rom. III 4, XVI 18, 1 Cor. II 4, 13, XIV 19, Deeds IX 14, VII 38 u. a. wordes (1 mal) 1 Cor. XII 4, wordus (1 mal) Deeds XXVI 25, stets *wordis* bis auf ein *words* Deeds VII 38. — wordis (8 mal) 2 Pet. II 3, III 2, Apoc. XVII 17, XIX 9 u. a., wordes (4 mal) 1 Pet. IV 11. Apoc. I 3, XXI 5, XXII 18, die jüngere Version hat wieder *wordis* bis auf ein *words* 3 John 10. wordis, *wordis* (7 mal) Ez. II 6, 7, XI 25 u. a. — swerdis, *swerdis* (5 mal) Ez. XXXII 27, Joel III 10, Mic. IV 3, 1 Macc. IV 6, V 3; Matth. XXVI 47, 55; Mark XIV 43, 48; Luk. XXII 38, 52; Ez. XVI 40, XXVIII 7, XXX 11. — werkis, *werkis* (10 mal) Dan. III 27, 57, IX 14, Hos. XIV 4 u. a. werkis, workis, *werkis* (5 mal) Matth. V 16, XI 2 u. a. werkis, workis (22 mal), *werkis* (21 mal), *werkes* (1 mal) Luk. XI 4, John III 19, 20, 21 u. a. werkis, workis (etwa 45 mal), *werkys* 1 mal Rom. IX 32, sonst *werkis* und 1 mal workes Eph. V 11; vergl. sonst Rom. II 6, III 20, Deeds XXVI 20 u. a. werkis (15 mal), werkes (22 mal), stets *werkis* Jam. II 14, 18, 17, 21, Apoc. II 2, 5, 19, 22, 23, 26 u. a. werkis, *werkis* Ez. XVI 30. — Die letzteren Beispielsreihen gewähren an dieser Stelle kaum ein Interesse, sie sind hier nur im Zusammenhang genannt, um zu zeigen, wie sich das unbetonte e in seiner Qualität färbt. Wir werden darauf später zurückkommen.

Dem Singular entsprechend wird *hēafodus (statt hēafodu) hinsichtlich der Contraction in der Bibel behandelt: hedis, *heedis* (6 mal) Ez. XXXII 27, XLIV 18, Bar. VI 20, Dan. VII 6, Am. II 7, vergl. Ez. XLIV 20. — heuedis, *heedis* Matth. XXVII 39. — heedis, *heedis* Mark XV 29, Luk. XXI 28, Deeds XXI 24. — heedis (4 mal), heedes (5 mal), *heedis* (9 mal) Apoc. IV 4, IX 7, 17, 19, XII 3, XVII 7, 9, XVIII 19. — heedis, *heedis* (5 mal) Ez. VII 18, XXIV 23 u. a. Vergl. dazu forhedis (7 mal), *forhedis* (3 mal), *forheedis* (4 mal) Apoc. VII 3, IX 4, XIII 6, XIV 4, XVII 5, XX 4, XXII 4. forhedis Ez. IX 4, *forhedis* (1 mal), *forheedis* (1 mal) Ez. IX 4, III 8. Es erübrigen noch die Plurale zu ae. tácen, welche überliefert werden als: tokenis Bar. VI 66, tokenys, *lokenes* Matth. XVI 4, tokenes. *lokenes* ebd. XXIV 24, Mark XIII 22, XVI 17, Luk. XXI 11, 25, John IV 48, VI 2, VII 31, Rom. XV 19.

Um noch einige weitere Beispiele anzuführen, sei auf die Plurale von ae. geár hingewiesen: ȝeeris 10 mal Ez. XXXIX 9, Dan. XI 6, 13, Am. V 25, 1 Macc. I 30 u. a. m., ȝeris 3 mal Bar. VI 2, Am. I 1, Joel II 25, aber nur einmal ȝeers Dan. I 5, und daneben an unflektierten Pluralen, ae. Plur. geár entsprechend, ȝeer 5 mal ... m. II 10, 1 Macc. 18, IX 57, 2 Macc. IV 23, X 3, ȝeere 2 mal 2 Macc. VII 28, XIV 1; letztere Formen stehen nach den Präpositionen by und of, müssen also wohl als Analogieformen zu den kurzsilbigen flektierten Pluralen des Neutrums in ae. Zeit erklärt werden. Die jüngere Version hat *ȝeeris* 10 mal, *ȝeris* 1 mal, *ȝeer* 9 mal. — ȝeer, ȝere Matth. IX 20, ȝeer 1 mal, ȝere 1 mal, *ȝeer* 2 mal Mark V 25, 42. — ȝeeris 7 mal, *ȝeeris* 4 mal Luk. II 41, 42, XIII 7, 11, 16, XV 29, John II 20, V 5, ȝeer 6 mal, *ȝeer* 9 mal Luk. II 36, 37, John VIII 57 u. s. w. — ȝeeris 20 mal, ȝeris 1 mal Deeds IX 33, ȝeer 6 mal 2. Cor. XII 2, Gal. II 1, 1 Tim. VI 9, Deeds VII 23, 30, IX 33, *ȝeeris* 13 mal Ebr. I 12, III 9, 17, Deeds VII 36, XIII 18 u. s. w., ȝeris 4 mal, *ȝeer* 10 mal. — ȝeeres 3 mal Jam. V 17, Apoc. XX 5, 7, ȝeeris 3 mal Apoc. XX 2, 3, 6, ȝeer 2 mal Deeds XXVIII 30, Apoc. XX 4, *ȝeeris* 7 mal, *ȝeer* 1 mal. — ȝeeris 4 mal, ȝeris 1 mal, *ȝeeris* 2 mal, *ȝeer* 3 mal Ez. IV 5, XXII 4, XXIX 11, 12, 13. Auffällig ist in diesem Beispiel das einmalige ȝeers.

Es zeigt sich also, daß bei einsilbigen Worten die Plural-synkope nicht beliebt war; so lautet auch ae. hǽr: heeris (1 mal), heris (2 mal), *heeris* (3 mal) Hos. III 7, Dan. IV 30, VII 9. — heeris, *heeris* Matth. X 30, Luk. VII 38, 44, XII 7, John XI 12, XII 3. — heeres, *heeris* Apoc. I 14, IX 8. Zu vergleichen ist: hornys (5 mal), hornes (4 mal), hornis (1 mal), horns (6 mal), *hornes* (19 mal) Ez. XXXIV 21, XLIII 15, 20, Dan. VII 7, 8, 20, 24, VIII 3, 4, 7, 8, 20, Am. III 14, VI 14, Zech. I 18, 19, 21. — hornes, *hornes* Apoc. V 6, XII 3, XIII 1, 11, XVII 7, 12.

Umgekehrt zeigen die zweisilbigen Worte die Synkope viel häufiger: watris (7 mal), waters (19 mal), *watris* (24 mal), *watirs* (1 mal Mic. I 4), vgl. Ez. I 24, XLIII 2, XLVII 1, 2, 5, Joel I 20, III 18, Hos. II 5, Hab. II 14 u. s. w. — watris (2 mal), wateris (1 mal), *watris* (3 mal) Matth. VIII 32, XIV 28, 29. — watris (3 mal), watirs (4 mal), *watris* (8 mal) Apoc. I 15, VIII 11, XI 6, XIV 2, XVII 1, 15, XIX 6. — watris (14 mal), waters (2 mal), watres (1 mal). *watris* (17 mal) Ez. VII 17, XVII 5, 8, XIX 10, XXVII 26, 34, XXXI 5, 7, 14, 15, 16 u. a. m. — fetheris und fethers (je 1 mal), *fetheris* (2 mal) Ez. XVII 3, 7.

Der kurzsilbigen Neutra der o-Deklination sind nicht allzu viele zu belegen: ship, *schip* Jon. I 3, 4, 5; Matth. IV 21, VIII 23, 24;

schip (7 mal), schipp (16 mal), *schip* 2 Cor. XI 25, Deeds XX 13. 38, XXI 6, XXVII 33, 37 etc. Hierbei sind auch die Wortkompositionen, deren erster Teil ship ist, mitgezählt. shipmen, *schipmen* Ez. XXVII 9. Der Plural dieses Wortes ist natürlich ohne Synkope: shippis (5 mal), shippus (4 mal), *schippis* Dan. XI 30, 1 Macc. I 18, VIII 26, 28, XI 1 etc.; shippes (2 mal), shippis (1 mal), *schippis* Jam. III 4, Apoc. VIII 9, XVIII 19; shippis, *schippis* Ez. XXVII 9, 25, 28, 29, XXX 9. Hierher zu stellen ist auch: colis, *coolis* John XVIII 18, XXI 9; colis, *colis* Rom. XII 20; coolis, *coolis* Ez. I 13, X 2, XXIV 11, welches in Folge des Überwiegens der offenen Silben in den obliquen Casus gedehnt ist, und auch wohl im Sing. mit End-e erschiene, wie es bei Chaucer (§ 203) erscheint, und wie es in der Bibel bei hole, *hoole* Jam. III 11, hoole, *hoole* Ez. VIII 7 zu ae. hol, n., caverna, der Fall ist.

Von den Neutra auf -jo ist häufiger zu belegen ae. net als nett (6 mal), netle (2 mal Ez. XXXII 3, Hos. V 1), *net* Hos. VII 12, Hab. I 13, 16, 17. nette Matth. XIII 47, nett ebd. IV 8 gegenüber *nette, nettis.* nett, *net* Luk. V 5, 6, aber nett, *nett* (5 mal) John XXI 6, 8, 11. nette (4 mal), net (1 mal Ez. XIX 8), *net* Ez. XII 13, XVII 10, 20. Der Plural lautet stets nettis, *nettis* Matth. IV 20, 21, Mark I 16, 18, 19, Ez. XXVI 5, XLVII 10. — ae. wed erscheint als wed 2 Cor. I 22, Eph. I 14, weed 2 Cor. V 5, wed, *wed* Ez. XVIII 7, 12. 16, XXXIII 15. — Auch ae. bed nimmt durchweg kein End-e an, vgl. bed, *bed* Dan. II 29, IV 2, 7, 10, Am. III 12; Matth. IX 2; bed (3 mal), bedd (2 mal), *bed* Mark II 4, 9, 11, 12, VII 30; bed, *bed* (10 mal) Luk. V 19, 24, John V 8, 9 etc.; bedd, *bed* Deeds IX 33; bed, *bed* Apoc. II 2; Ez. XXIII 41. Der Plural heifst beddis, *beddis* Am. VI 4, Mark VI 56, Deeds V 15. — ae. cynn erscheint als: kynn (1 mal), kyn (2 mal), *kyn* 2 Macc. VII 16, XIV 8, 9. kyn, *kyn* Gal. I 34, Phil. III 5. Über die Wortkomposita vergl. S. 9. Das End-e, welches ten Brink gerade bei diesen Beispielen anführt und dem er flexivische Geltung beimifst, fehlt in der Bibel, welche ja sonst nicht selten dieses -e hat.

Die wo-Stämme bieten nichts, was dem historisch zu erwartendem widerspräche. ae. meolu wird in der Bibel als meele Matth. XIII 33, mele Hos. VIII 7, Luk. XIII 21 und stets als *mele* wiedergegeben. Ae. trêo erscheint als tree, aber als *tree* 17 mal und *tre* 14 mal, vgl. Bar. V 8, Dan. IV 7, 11, Joel I 12, II 22, Matth. III 10, VII 17, Luk. VI 43, 44, Apoc. VII 1, IX 4, Ez. XX 28, 47 u. s. w. Übrigens wird das Wort wohl nur einsilbig im Sg. sein, wie es im Plural, — wo es stets als trees, *trees* Zech. V 6, Matth. XXI 8, Mark XI 8, Luk. XXI 9, Jud. 12, Ez. XXXI 4 u. s. w., bis auf einmaliges treese Hag. I 9, überliefert wird, — zweisilbig sein wird, wie in den Reimen Chaucers (§ 206 Anm.). Als Seitenstück dazu sei angeführt ae. knêo, welches als knee, kne, *kne* Rom. XIV 11, Phil. II 10 erscheint. Der häufige Plural heifst: knees, *knees* Ez. XLVII 4, Dan. VI 10, Luk. V 8, Eph. III 14 u. s. w., nur einmal kneȝes Ez. XXI 7.

Der einzige kurzsilbige neutrale i-Stamm spere zeigt nochmal das Schwanken in der Bibelsprache bei der Behandlung des End-e: spere, *spere* Hab. III 11, Nah. III 3, aber sper, *spere* John IX 34. Der Plural wird in speris, *speris*, *speeris* Hab. III 11, Mic. IV 3 belegt. Über den langsilbigen i-Stamm mynd vergl. oben S. 46.

Im Auslaut der vokalischen Feminina hatte das Me. einen Ausgleich eintreten lassen und, wie ten Brink § 207 von dem Sprachgebrauch Chaucers urteilt, »in der Regel« auch das tonlose End-e in den Nominativ übernommen. Als Ausnahmen führt er von den â-Stämmen nur fight an, welches durch das ue. Neutrum beeinflufst wurde, von den ja-Stämmen hen, beeth und von den n-Stämmen hond. Die Urk. S. 110 zeigen kleine Abweichungen; so führt Morsbach einmaliges trew, neben häufigem trewe, dann might, world und hand an. Auch die Bibelsprache kann nicht als so regelmäfsig bezeichnet werden wie die Chaucersprache.

Von kurzsilbigen â-Stämmen, die nur wenig zu belegen sind, seien angeführt: answere, *answere* Luk. II 26, XIV 6, John I 22, XIX 9, Rom. XI 4. — shame, *schame* Dan. III 40, Luk. XIV 9, 2 Cor. IV 2, Ez. XVI 63. — loue, *loue* 2 Macc. VI 20, John V 42, XVII 26, Rom. XII 9, Eph. V 2, Ebr. VI 10, Jud. 21 u. a. m., und einmal *lore* 2 Pet. 1 7. Kurzsilbige â-Stämme, welche dieses End-e entbehren, sind nicht zu belegen, wenn nicht die Composita shameful, *schameful* Nah. III 4, schamfastnesse, *schamefastnesse* 1 Tim. II 9 angezogen werden.

Eine weit gröfsere Reihe Beispiele bieten die Langsilbigen. Ae. sorȝ erscheint mit der Zerdehnung in Folge der Liquida als sorewe, sorew, *sorewe* 2 Macc. III 16, 17, VII 36, sorewis, *sorewis* 2 Macc. IX 9. sorowe Matth. XVIII 31. sorwe, *sorewe* Mark. V 5. sorwe 2 mal, *sorew* 1 mal John XVI 21, 22. sorwe, *sorewe* 2 Cor. II 1, 3, VII 10, 11, Ebr. XII 11. sorewe, *sorewe* Jam. IV 9. sorew

1 mal, *soreice* 1 mal Ez. VII 27, XXX 16. Dagegen entbehren die Composita von sorh fast durchgängig des End-e. Vergl. sorewful Bar. IV 8, 33, Dan. VI 14, 1 Macc. X 22 und an letzter Stelle *soreuful.* sorewfulnesse, *soreufulnesse* 2 Macc. III 17. sorwful, *soreuful* Matth. XIX 22. sorwful 2 mal, *soreweful* 1 mal Mark X 22, XIV 34. sorwful 4 mal, *soreful* 1 mal, *soreuful* 1 mal, *soreuful* 1 mal Luk. XVIII 23, 24, XXIV 17, John XVI 20. sorwful 5 mal, *soreweful* 1 mal, *soreuful* 4 mal 2 Cor. II 2, 5, VII 9, 11, 1 Thes. IV 12. sorewful Ez. XIII 22. — ae. help -e, f. dagegen entbehrt fast durchgängig des End-e: help 14 mal, *help* Dan. X 3, XI 34, Nah. III 9, Ebr. IV 16, nur einmal helpe 1 Macc. XI 43 und einmal *helpe* Deeds XXVI 22. Ein Unterschied zwischen dem Nom. und den obliquen Casus ist indessen hier nicht zu machen.

In ein und der nämlichen Form erscheint stets ae. sàwol, nämlich als soule, *soule* Am. VI 8, Mic. VI 7, Matth. X 28, XII 18, Mark VIII 36, 37, Luk. XII 19, John X 24, 2 Cor. I 23, Ebr. VI 19, Jam. V 20, 3 John 2, Ez. III 19, IV 14 u. s. w. — Das ae. drǽd, welches vielleicht der femininen ä-Deklination angehört, wird überliefert als dreed 11 mal, drede 1 mal (Acc. Bar. VI 4), *drede* 12 mal Mic. I 13, Zech. XII 4, Mal. II 5, 1 Macc. III 25, VII 25, XIII 2 u. s. w., dreedful, *dredeful* 1 Macc. III 56. drede, *drede* Matth. XXVIII 4, 28. drede, *drede* 9 mal Luk. I 12, 65, 74, John VII 13, XIX 38 u. s. w. drede. *drede* 18 mal Rom. III 18, XIII 7, Eph. VI 5, Phil. I 4 etc. drede 9 mal, dreede 1 mal (Jud. 12), *drede* 9 mal, *dreed* 1 mal (Apoc. XI 11), vgl. 1 Pet. I 17, II 18, III 2, 16, Jud 23, Apoc. XVIII 15 etc. dreed, *drede* Ez. XVII 18, XXXII 24, 32, XXXIV 28, dreedful Ez. XVII 16. — ae. geoguð, welches sonst der i-Deklination angehörte, aber bereits im Ae. der ä-Deklination folgt, setzt sich fort als: ʒouthe Hos. II 15, 1 Macc. I 17, ʒouth 1 Macc. II 66 und mit Anlehnung an geong als ʒongthe Zech. XIII 5, Mal. II 15 und stets ʒongthe. ʒouthe, *ʒouthe* Matth. XIX 20. ʒouthe, *ʒongthe* Mark X 20; Luk. XVIII 21. ʒongthe 2 mal, ʒouthe 1 mal, *ʒongthe* 1 Tim. IV 12, 2 Tim. II 22, Deeds XXVI 4, ʒongth 6 mal, · *ʒongthe* 4 mal Ez. XVI 22, 60, XXIII 3, 19, 21. — Ae. cǽg erscheint als: keye, *keye* Luk. XI 52, keye, *keie* 2 mal, *keye* 1 mal Apoc. III 7, IX 1, XX 1. — ae. wund ist zu belegen als: wound, *wounde* 1 Macc. V 3, wounde, *wounde* 1 Pet. II 44, Apoc. XIII 3, 12, 14, XVI 2.

Schliefslich seien noch die Formen zu ae. lengð und strengðu angeführt, welche stets das End-e zeigen: strengthe, *strenghthe* Dan. II 20, 23, 37, Mic. III 8 u. s. w., 9 mal im alten Testament, die Hesekielpartieen nach »A« ausgenommen, wo auf viermaliges strength ein einmaliges strengthe kommt, vgl. Ez. XVIII 7, 18, XXVIII 4, 5; lengthe *lengthe* Zech. II 2, V 2, Eph. III 18, Apoc. XXI 16 u. s. w.

Ae. feoht, welches, wie oben bemerkt, Chaucer nur als fight kennt, ist in der Bibel selten; die einzigen Belege sind: fizt 2 mal, fizte 1 mal, *fizt* 2 mal, *fizte* 1 mal 1 Macc. VII 31, 2 Macc. X 29, XII 11. Über die Verbalabstrakta auf -yng vergl. S. 27 f. Gleichwie bei Chaucer ist die Überlieferung des jä-Stammes hell in der Bibel als helle, *helle* 30 mal Dan. III 88, Matth. V 29, Mark IX 42, Luk. XVI 23, Deeds II 27, Jam. III 6, Ez. XXXI 16 u. s. w. ae. -ness zeigt sich in der Chaucersprache als -nesse, wie auch in den Urk. S. 110. Die Bibel hat -nesse, *-nesse* in einer Unzahl von Belegen 1 Macc. III 2, Matth. X 1, Mark V 29, John XVI 22, Rom. VII 6, 1 John V 17, wogegen -ness, -nes Ez. XLIV 10, Mark V 29, Jam. I 17 seltene Ausnahmen sind. In der Hesekiel-partie dagegen begegnet durchweg -nes, selten -ness und -nesse; in Zahlen mag sich das Verhältnis etwa wie 20 : 1 : 3 verhalten vgl. Ez. XII 7, XVI 39, 55, XVIII 8, XXVII 31 u. s. w. Hierher gehört auch ae. condel, welches in der Bibel stets ohne Synkope und nur in Wortkomposition als candil-, *candil-* 6 mal im alten Testament Dan. V 5, Zech. IV 2, 1 mal Matth. V 15, 1 mal Mark IV 20, als candel-, *candil-* Luk. XI 33 und als candel- 5 mal, candil- 1 mal Apoc. I 12, 13, 20, II 1, 5 vorkommt. Ae. henn, welches bei Chaucer als hen auftritt, erscheint Matth. XXIII 37 als henne, *henne*. Von den Langsilbigen sei ae. geard angeführt, welches in der Bedeutung virga zu belegen ist in: ʒerd Mic. V 1, VII 14, ʒerde Zech. XI 10, 14, gegenüber ständigem *ʒerde*; ʒeerd, *ʒerde* Matth· X 10; ʒerd, *ʒerde* Mark VI 8; Luk. IX 3; 1 Cor. IV 21, Ebr. IX 4; Apoc. II 27, XI 1, XII 5, XIX 15; ʒerde, *ʒerde* Ez. VII 10, 11, XIX 14 und einmal ʒeerd (Acc.) ebd. XIV 13. In der Bedeutung calamus dagegen begegnet das Wort als ʒerd 11 mal Ez. XL 5, 6, 7, XLII 16—19. Die jüngere Version hat dafür das Synonym *reed*. Die Komposita mit ʒerd siehe oben S. 20.

Zu den wä-Stämmen gehörte ursprünglich auch sceadu, welches als shadewe 3 mal (obl. Kasus), shadew 1 mal (Nom.), *schadewe* Hos. IV 13, XIV 8, Jon. IV 5, 6, shadew (Dat.), *schadewe* Matth. IV 16, shadewe, *schadewe* Mark IV 32, Luk. I 79, schadowe 3 mal, schadewe 1 mal, *schadewe* Col. II 17, Ebr. VIII 5, X 1, Deeds V 15, shadewe, *schadewe* Ez. XVII 23 begegnet. Dann mag genannt werden: clawe, *clee* Ez. XXXII 13 zu ae. clêa, clêo, un-guis. Ae. trêow als Subst. ist nur in trewe, *trewe* Apoc. III 14 zu belegen. Es mag hier erwähnt werden, dafs Worte dieser weniger umfassenden Deklination nur schwach in der Bibel vertreten sind, viel schwächer als bei Chaucer, welcher denn doch noch immer mehr alte germanische Worte hat und nicht so vielen Neubildungen zugänglich gewesen ist, als die Bibelsprache, die wohl in Folge ihres gelehrten Ursprungs auch noch den Fremdworten Thür und Thor öffnete.

Mehrere Beispiele müssen bei den i-Stämmen angeführt werden: ae. nied setzt sich fort als neede 2 mal, need 1 mal Acc., *nede* 1 mal Bar. VI 36, Am. IV 6, Dan. X 1, ferner needful 2 mal, *nedeful* 3 mal Dan. X 1, 2 Macc. IX 21, XIII 20. neede, *nede* Matth. XIV 16, Mark II 25. nedeful, *nedeful* John XIII 29. nede 12 mal, *nede* 8 mal Rom. III 23, XIII 5, 1 Cor. VII 26, 1 Thes. 18, IV 9 u. s. w., nedeful 6 mal, *nedeful* 7 mal 1 Cor. XII 22, Phil. I 24, II 24, Deeds XXX 34 u. s. w. neede, nede, *nede* Jam. II 15, Jud. 3. -- Ae. cwên -e, fem., in der Bedeutung regina, kommt meistens ohne -e vor, wohl um den Bedeutungsunterschied gegen sw. Fem. cwêne, meretrix, aufrecht zu erhalten. Übrigens wird in der Bibel für meretrix hoore verwandt. Vgl. queen, *queen* Dan. V 10, queen, *queene* Nom. Matth. XII 42, queene, *queen* Nom. Luk. XI 30, queene Dat., *queen* Nom. Deeds VIII 27, queen, *queen* Acc. Apoc. XVIII 7.

ʒift Acc., *ʒifte* Zeph. III 10, Mal. I 13, 1 Macc. X 39; ʒifte 4 mal, ʒift 2 mal als Acc. u. 1 mal als Nom., *ʒifte* 6 mal, *ʒift* 1 mal als Acc. Matth. V 23, 24, VIII 4, XXIII 18, 19; ʒifte, *ʒifte* John IV 10, ʒifte 11 mal, ʒyfte 1 mal, *ʒifte* Rom. V 15, 16, 1 Cor. VII 7, Eph. II 8, III 37, Deeds II 38, VI 38 u. s. w.; ʒift, *ʒifte* Nom. Jam. I 17. — ae. dǽd begegnet als dede, *dede* 2 Cor. X 11, Jam. I 25.

Might und world, welche bei Chaucer stets ohne End-e auftreten, erscheinen in der Bibel als world 69 mal, worlde 1 mal Col. II 20, stets *world,* vergl. Bar. VI 61, Matth. XIII 22, Mark X 30, Luk. II 1, John VII 4, 1 Cor. I 20, Jam. II 5 u. a. m.; und als miʒt, *miʒt* Dan. III 44, IV 27, Hab. I 4, myʒte, *myʒt* Mark XII 30, Luk. I 51, myʒt, *miʒt* Eph. VI 16, Col. I 11, miʒt, *myʒt* Apoc. IX 10. — sê endlich, welches Masc. u. Fem. ist, ist einsilbig geblieben und hat nicht ein End-e in der Aussprache angenommen, so darf man aus der Schreibung verallgemeinernd wohl schliefsen: see 28 mal, aber auch se 34 mal, stets *see* Ez XXXVIII 11, Hos. IV 3, Jon. I 12, Zech. IX 4, 10; see, *see* 35 mal Matth. IV 13, Mark I 16, XI 23 und einmal *se* Mark V 14; see 12 mal, se 2 mal, *see* Luk. VI 17, XVII 2, 6. John VI 1, 16; see, *see* 21 mal Rom. IX 27, Ebr. XI 12; se, *see* 25 mal Jud. 13, Apoc. X 2; see 15 mal, se 1 mal, *see, se* letzteres 1 mal Ez. XXVI 3, 5, XXVII 25, XXVIII 8.

Der u-Stamm ae. duru setzt sich schwankungslos in dem oft zu belegenden dore, *dore* fort, vergl. Ez. XLVI 3, Matth. VI 6, Mark XVI 3, John X 1, 1 Cor. XVI 9, Apoc. IV 1, Ez. VIII 7. Ebenfalls mit End-e treten auf nose 2 mal, noose 1 mal, *nose* Am. IV 10, Ez. VIII 17, XXIII 25 zu ae. nosu und querne, *queerne* Matth. XXIV 11 zu ae. cweorn, mola. Das unendlich oft zu belegende hond ist im alten Testamente ohne End-e. Im Matth. kommt auf 14 maliges hond einmaliges honde IX 25, im Markus unter 11 Fällen des Sing. einmal honde III 5. Lukas und Johannes haben nur hond. Der Rest des neuen Testamentes nach »K« bietet neben 24 endungslosen Fällen ein honde 1 Cor. XII 15. Der Text nach »M« und »A« weist nur hond auf, wie auch die jüngere Version nur *hond* hat, siehe oben S. 18.

Der Plural bietet nicht gerade besonderes; auch hier kann bei silbenbildender Liquida das -e des Pluralzeichens synkopiert werden; vergl. birthins, *birthuns* Luk. XI 46, Nah. I 1, Mal. I 1. Ein unerklärliches -e ist dann noch in treese Hag. I 8 und in seese Dan. XI 45 gegenüber sees, *sees* Dan. III 78 anzuführen und eine ungewöhnliche Synkope in ʒerds Zech. XI 7.

Bei den n-Stämmen verlangt die historische Entwickelung ein End-e, welches sich bei Chaucer § 211 aufser in alten Contraktionen auch findet. Die Urk. S. 110 f. geben nichts darüber aus. Die Bibel zeigt sich hiermit trotz kleiner Schwankungen übereinstimmend.

Das Masculinum werde durch folgende Beispielsreihen illustriert: sehr häufiges und ständiges name, *name* Dan. II 20, Matth. I 21, Mark VI 14, Luk. X 17, 1 Cor. V 4, Jam. V 10, Ez. XX 9, regelmäfsiges sterre, *sterre* und im Plur. sterris, resp. sterres, *sterris* Am. V 6, Joel II 10, Matth. II 2, Mark XIII 25, 1 Cor. XV 41, Apoc. I 20 u. s. w. Zu ae. môna steht mone 7 mal, moone 1 mal, *moone* Bar. VI 59, 66, Joel II 10, 31, Dan. III 62; moone, *moone* Matth. XXIV 29; mone, aber *moon* Mark XIII 24, moone, *mone* Luk. XXI 25; moone, *moone* 1 Cor. XV 41, Deeds II 20; Apoc. VI 12, VIII 12, XII 11. Zu ae. tîma gehört ständiges tyme, *tyme* Hag. I 2, Matth. II 16, Mark X 30, Luk. XVI 1, 2 Cor. VI 2, Apoc. XXII 10, Ez. XVI 8 u. s. w., zu ae. oxa: oxe, *oxe* Dan. IV 22, 29, 30, V 21, Luk. XIII 15, XIV 5, 1 Tim. V 18, aber einmaliges *ox* 1 Cor. IX 9.

Zweifelhaft mag nun die Herleitung von wille bleiben, ob es zu ae. wille -es m. (?) oder zu ae. willa -an m. (vgl. Ettmüller, Lex. Angl. S. 111 u. 112, vgl. auch Leo, Ags. Glossar) gehört, wenn man die nachstehende Überlieferung der Bibel berücksichtigt: wille 2 Macc. 13,

XI 26, wille 3 mal, will 2 mal, wil 1 mal Matth. VI 10, VII 22, XII 49,
XVIII 14, XXI 31, XXVI 42, will Mark III 35, wille 9 mal, will
4 mal Luk. XII 47, XXII 42, XXIII 25, John I 13, IV 34, V 30,
VI 38, 39, 40, VII 17, IX 31, wille 22 mal, will 5 mal, wyll 1 mal
Rom. I 10, II 18, IX 19, Col. I 1, 9, IV 12, Gal. I 4 u. s. w., wille
8 mal 1 Pet. II 15, III 17 etc. gegenüber stetem *wille*. Vielleicht
haben hier beide ae. Formen eingewirkt. wie es auch wohl bei
mouth der Fall war, wo neben einem ae. mūd̄ -es m., os, auch ein
ae. mūd̄a -an m., fluminis os, existierte; vergl. mouth 12 mal,
mouthe 6 mal Ez. XXXIII 7, 22, Mic. IV 4, Hos. II 17 etc., mouth
6 mal, mouthe 3 mal Matth. IV 4, V 2, XII 34 etc., mouth 9 mal,
mouthe 1 mal Luk. I 64, 70, John XIX 29 etc., mouth 23 mal
Rom. III 14, 19, Eph. IV 29 etc., mouth 23 mal Jam. III 10, Apoc.
I 16 etc., mouth 7 mal, mouthe 2 mal Ez. II 8, IV 14, XVI 13,
XXIX 21 etc., aber stets *mouth*. Über -bonde vergl. oben S. 13.

Der Plural bietet in der Behandlung der unbetonten Silben
nichts Bemerkenswertes.

Vom Femininum werde angeführt: überaus häufiges tunge,
tunge Mic. VI 12, Mark VII 35, Luk. I 64, Phil. II 11. Apoc. V 9,
nur einmal *longe* Mark VII 33. Dagegen kommen auf 27 herte
5 hert Ez. XLIV 7, Dan. VII 28, VIII 25, Zech. X 7, aber in den
übrigen Teilen der Bibel stets herte Matth. V 8, Mark VIII 17,
Luk. I 51, Rom. I 21, 1 John III 21, Ez. III 7 etc., wie auch stets
herte; ebenso heifst es immer erthe (1 mal eerthe Matth. V 5) und
erthe bis auf ein einziges *earth* (Deeds IX 8), vergl. Zeph. III 8,
Matth. V 18, Mark II 10, Luk. II 14, Rom. IX 24, Jam. V 5, Ez.
XXVIII 18 etc. Ae. sunne wird überliefert als sunne 15 mal,
sonne 1 mal, *sunne* und 1 mal *sun* Dan. III 62, VI 14, Joel II 10,
III 15, Nah. III 17, sunne 4 mal, sune 1 mal, *sunne* 4 mal, *sonne*
1 mal Matth. V 45, XIII 6, 43 etc.; sunne 3 mal, sone 1 mal, *sunne*
3 mal, *sonne* 1 mal Mark I 32, IV 6, XIII 24, XVI 2; sunne, *sunne*,
sun 1 mal Luk IV 40, XXI 25, XXIII 45; sunne, *sunne* noch 20 mal
im ganzen Rest des neuen Testamentes 1 Cor. XV 41, Jam. I 11,
und 2 mal im Teile nach »A« Ez. VIII 16, XXXII 7.

Vom ae. widuwe werde auch der Plural angeführt wegen
der bisweiligen Synkope des Mittelvokals: wydue 5 mal, widwe
1 mal, widues 3 mal, widewis 1 mal, *widewe, widewis* Bar. IV 12, 16,
Ez. XLIV 22, Zech. VII 10, Mal. III 5, 2 Macc. III 10, VIII 28, 30;
widues, *widowis* Matth. XXIII 14; widowe 2 mal; widewis 1 mal,
widewe, widewis Mark XII 40, 42, 43; widowe 7 mal, widewis 1 mal,
widowis 1 mal, *widowe* 3 mal, *widewe* 4 mal, *widowis* 1 mal, *widewis*

1 mal Luk. II 37, IV 25, 26, VII 12, XVIII 3, 5, XX 47, XXI 2, 3;
widewe 1 mal, widowe 1 mal, widew 1 mal, widewis 9 mal, *widewe*
3 mal, *widewis* 1 Tim. V 3, 4, 5, 9, 11 etc.; widewe, widewis, *widewe*,
widewis Jam. I 27, Apoc. XVIII 7; widewe, widewis, wydewis,
widewe, *widewis* Ez. XIX 7, XXII 7, 25.

Ebenso ist das ae. asce, -an hinsichtlich des End-e nicht
gleichmäfsig behandelt: ashe 7 mal, ash 1 mal (Am. II 1), askis
Plur. 1 mal (2 Macc. IV 41), *aische*, *aisch* 1 mal Dan. IX 3, Jon. III 6,
Mal. IV 3, 1 Macc. III 47, IV 39, 2 Macc. XIII 5, 8; asch, *aische*
Matth. XI 21; aische, *asches* Luk. X 13; asche, *aische* Ebr. IX 13;
asshe, asshen Plur., *aische*, *aischis* Ez. IV 12, XXVII 30, XXVIII 18. —
Stets mit End-e erscheint wieder cheeke, *cheke* Mic. V 1, Matth.
V 39, cheke, *cheeke* Luk. VI 29 zu ae. cêace. Auf ae. mog ̌e geht
aber mit Beeinflussung von einer anderen Seite her (vergl. Skeat,
Etymol. Dictionary, S. 379 unter moth) zurück: mouȝthe, *mouȝle*
Bar. VI 11, Matth. VI 19, 20, mowȝte, aber *mouȝl* Luk. XII 33.

Von den Abstracten auf -u werde schliefslich ae. brædo genannt, welches sich fortsetzt als: breede 41 mal, breed 10 mal,
breede 48 mal, *brede* 1 mal, *breed* 2 mal Dan. III 1, Zech. II 2, V 2,
2 Macc. XII 16, Ez. XL 5, 6, 7, 29, 30, 42, XLI 1, 2, 12 u. s. w.; brede,
breede Eph. III 18, breede, *breede* Apoc. XXI 16. Über almesse
vergl. oben S. 9.

Von den beiden einzigen s c h w a c h e n N e u t r a ae. êage und
êare, bei Chaucer ye und ere, gibt es in der Bibel nur eine einzige
nicht zu erwartende Form mit Abfall des End-e, doch führen wir
alle Formen an: ceȝe (1 mal), ecȝen Plur. (3 mal), eȝen (1 mal)
Ez. XXXIII 25, Zech. I 18, V 1, XI 17; eiȝe (13 mal), eȝe (1 mal),
eiȝen (5 mal), ecȝen (5 mal), eȝen (1 mal) Matth. V 29, 38, VI 2,
IX 29, XVII 8, XXVI 43 etc.; yȝe (1 mal), yȝen (5 mal) Mark VIII 18,
IX 47; yȝe (8 mal), yȝen (22 mal) Luk. II 30, VI 48, John X 21;
yȝe (6 mal), yȝen (11 mal) Gal. III 1, Eph. VI 6; iȝen (11 mal)
Apoc. III 18; eye (1 mal), eyen (14 mal) Ez. VIII 5, IX 5, gegenüber
beständigem *iȝe*, *iȝen*. — eere (1 mal), ere (1 mal), eeris (1 mal),
eris (1 mal), *eere* (2 mal), *eeris* (1 mal), *eris* (1 mal) Dan. IX 18,
Am. III 12, Mic. VII 16, Zech. VII 11; ere (1 mal), ceris (1 mal),
eris (2 mal), *ere* (1 mal), *eeris* (1 mal), *eris* (2 mal) Matth. XI 15,
XIII 9, 15, 16, XXVI 51; eere (1 mal), eeris (5 mal), eris (1 mal),
eere (1 mal), *eeris* (4 mal), *eris* (2 mal) Mark IV 9, 23, VII 16, 33, 35,
VIII 18, XIV 47; eere (5 mal), ceris (3 mal), *eeris* (3 mal), *eere*,
(4 mal), aber auch einmal *eer* Luk. IV 21, VIII 8, XII 3, XIV 35,
XXII 50, 51, John XVIII 10, 26; ceris (6 mal), *eeris* (2 mal), *eris*

(4 mal) Rom. X18, Deeds II 14, VII 51, 56, XI 22, XVII 20; ere (1 mal), eris (1 mal), erys (2 mal), eres (9 mal), *eere* (1 mal), *ceris* (11 mal), *eris* (1 mal) Deeds XXVIII 26, 27, Jam. V 4, Apoc. II 7 etc., ceris (2 mal), erys (3 mal), eris (1 mal), *eris* (1 mal), *eeris* (5 mal) Ez. VIII 18, XVI 12 etc.

Von den konsonantischen Stämmen der Masculina zeigen sich einige abweichend von Chaucer § 214 mit End-e, dessen Erklärung nicht immer einfach ist, wenn man es nicht als Schreiber-»Schnörkel« fassen will. Ae. fôt erscheint als fot (2 mal), fote (6 mal), foot (2 mal), Plural als feet (18 mal), feete (1 mal und zwar als Dativ, welcher auch bei Chaucer in dieser Form sich findet), *fool* (9 mal), *foole* (1 mal), *feet* (19 mal) Dun. II 33, 34, 41, 42, 1 Macc. XV 38, XVI 5, 2 Macc. X 33, XI 4, 11, XII 20, 33, XIII 2 etc. Dieses fote kommt in Wortkompositionen vor, ist also ein Nominativ, und das -e mag als Dehnungszeichen betrachtet werden, aber auch *foole* ist Nominativ, und für die Plurale feete steht ebenso eine Erklärung aus. Vergl. noch foot (1 mal), fote (1 mal), feet (7 mal), *fool, feel* Matth. IV 6, V 35, X 14, XVIII 8 u. s. w.; foot (1 mal), feet (6 mal), foole (Nominativ 1 mal), *afoole, feel* Mark VI 11, 33, VII 25, 34 etc.; foot (1 mal), feet (19 mal), feete (2 mal), foole (1 Nom.), *feet* Luk. IV 11, VIII 35, IX 5, John XII 3; foot (2 mal), feet (30 mal), *fool, feel* Rom. III 15, 1 Cor. XII 15, 21, Deeds VII 5; foot (1 mal), feet (12 mal), *fool, feel* Jam. II 3, Apoc. X 1, 2; foot (2 mal), fote (1 mal), feet (8 mal), *fool, feel* Ez. I 7, II 1, 2, XXV 6 etc.

Ae. tôd begegnet als toth, *tothe* (2 mal) Matth. V 38, im Plural stets als teeth, *teeth* Dan. VII 5, Matth. VIII 12, Mark IX 18, Luk. XIII 28, Deeds VII 54, Apoc. IX 8, Ez. XVIII 2 u. s. w. — ae. mônađ als: moneth (33 mal), monethe (14 mal), wobei bemerkt werden mag, dafs monethe nur als Dativ erscheint. Das Wort mufs sich demnach der o-Declination angeschlossen und den Dativ bisweilen flektiert haben. Der Plural lautet monethis (5 mal), monethes (1 mal), *monethe* (44 mal), *moneth* (3 mal), *monethis* Ez. XXXIII 21, XXXIX 12, 14, XLVII 12, Hag. I 2, 2 Macc. XV 37. — monethe zweimal, aber einmal als Nominativ, monethis (4 mal), *moneth, monethis* Luk. I 24, 26, 36, 56, IV 24, John IV 35. — monethis (7 mal), *monethis* Gal. IV 10 etc. — monethe (Acc.) *monethe*, monethes (2 mal), monethis (1 mal), *monethis* Jam. V 17, Apoc. IX 15, XI 2, XXII 2. — moneth (16 mal), *monethe* (15 mal), *moneth* (1 mal), Ez. VIII 1, XXX 20 etc. Keiner Belege bedarf es für ae. mann, welches ausnahmslos in der Bibel als man, *man*, Plur. men, *men* wiederkehrt. Vom ae. wifmann hingegen finden sich einige Genitive auf -es, welche auch im Plural auftreten, und die zuweilen Synkopierung des e erfahren haben, vergl. wommans, *wymmens* Hos. IV 14, wommanis Mark VII 25, wommans, *wommannus* 1 Pet. III 7. Natürlich gibt es auch zum Simplex man und men Genitive auf -es, sie zeigen jedoch selten Ausstofsung des -e (mans 2 Macc. IX 8).

Vom Femininum der consonantischen Stämme wäre zu ae. bôc anzuführen: boke (8 mal, darunter 4 Nominative), bokis (6 mal). *book, bookis* Bar. IV 1, Dan. I 17, VII 10 etc.; boke Nom., *book* Matth. I 1; book Dat., *book* Mark XII 26; book (4 mal), bookis (1 mal), *book, bookis* Luk. III 4, IV 17, 20, John XX 30, XXI 25; book (3 mal, Dativ), booke (1 Dativ), bookis (2 mal), *book, bookis* Gal. III 10, Phil. IV 3, Ebr. X 7, 2 Tim. IV 13, Deeds VII 42, IX 19; book (22 mal, darunter 8 Nomin. u. Acc.), boke (3 mal, mit einem Dat. und 2 Acc.), bookis (1 mal), bookes (1 mal), *book, bookis* Apoc. I 1, III 5, V 1, 2, XX 12 etc. — ae. âc ist in der Bibel zu belegen in ook, *ook* Hos. IV 13, Am. II 13, Ez. VI 13, in ookis, *okis* Zech. XI 2, okis, *ookis* Ez. XXVII 6. Die Formen weichen also von Chaucers endungslosen ook nicht ab, wogegen beim Dichter ebenfalls nur endungsloses book, cow und niзht begegnet. In der Bibel heifst es Nominativ cowe Hos. IV 16, cow Ebr. IX 18 gegenüber *cow* und im Plural, bei Chaucer kyn, kyen, kijn, *kien* Am. IV 1, Hos. X 5. Zu ae. niht gehören niзt (19 mal), nyзt (3 mal), niзtis (2 mal), *niзt* (15 mal), *nyзt* (7 mal), *niзtis* Dan. II 19, V 50, Hos. IV 5, Jon. II 1 etc.; niзt (2 mal), niзte und nyзte (je ein Dativ), niзtis (3 mal), *niзt* (1 mal), *nyзt* (3 mal), *nyзtis* (3 mal) Matth. II 14, IV 2, XII 40, XXVI 31, 34, XXVIII 13; niзt (3 mal), nyзt (2 mal), *niзt* (1 mal), *nyзt* (4 mal) Mark IV 27, V 5, VI 48, XIV 27, 30; nyзt (10 mal), niзt (2 mal), nyзte (2 Dative), nyзtis (1 mal), *nyзt* (11 mal), *niзt* (3 mal), *nyзtis* (1 mal) Luk. II 8, XI 37, XVII 34, John III 2, VII 50, XI 10, XXI 3 etc.; nyзt (23 mal), nyзte (3 Dative), *niзt* (16 mal), *nyзt* (10 mal) 1 Cor. XI 23, 2 Cor. XI 25, Deeds V 19, XVII 10, XVIII 9; nyзt (1 mal), niзt (7 mal), *nyзt* (3 mal), *niзt* (5 mal) Apoc. IV 8, VII 15, VIII 12 etc. Zu ae. gât begegnet in der Bibel nur der Plural geet, *geet* Ez. XLIII 22, XLV 23, Dan. VIII 5, 8, 21, Ebr. XI 37, welcher wieder mit Chaucer übereinstimmt.

Die Verwandtschaftsnamen auf -r werden bei Chaucer § 215 als fader, Gen. Sg. fadres, broother, Gen. Sg. brötheres, mooder, Gen. Sg. moodres, doughter, suster und im Plural als

bretheren, doughtren, doughtres, sustren und sustres überliefert.
Die Urkunden S. 111 f. belegen 2maligen Gen. Sg. fadres und
einmaliges faders, in den übrigen Kasus lautet es sonst fader, wie
auch brother, moder, modur (1mal), suster, im Plural sind die
Formen doughtres (1mal), dougheters (1mal), sustren, brethren
und in den Parlamentsurkunden fadres (1mal) gesichert. Übrigens
müssen ja auch bei Chaucer die mit -es behafteten Formen im
Verse zweisilbig werden (§ 256, Urk. S. 23). Wesentliche Abweichungen hat die Bibel nicht, sie zeigt nur bisweilen eine abweichende Färbung des unbetonten Vokals und eine Metathesis
des r. Vergl. fadir (16mal), fader (6mal), fadre (6mal, darunter
nur zwei Dative, das -e kann also wohl nicht als Flexions-e auf-
gefaſst werden), Plur. fadris (33mal), fadres (1mal), faders (14mal),
faderis (1mal), *fadir* (25mal), *fader* (3mal), *fadur* (1mal), *fadris*
(49mal) Ez. XXXVII 25, XLIV 25, Dan. V 2, 13, Mic. VII 6, 20,
Mal. I 6, II 10, III 7, 1 Macc. XI 31, 32, XVI 1 etc. — fadir (60mal),
fadris Gen. Sg. (1mal), fadris (2mal) Plur., *fadir* (56mal), *fader*
(4mal), *fadris* je einmal Gen. Sing. und Plur. Matth. VII 11,
VIII 21, XXI 31, XXIII 30. 32. — fadir (16mal), fadris Plur., *fadir*,
fadris Mark V 40, XIII 12. — fadir (146mal), fader (4mal und nur
im John IV 23, VIII 19, 56, XVI 17), fadur (1mal John XIII 3),
fadris Gen. Sg. (3mal John VI 39, X 30. XIV 24), fadris Plural
(14mal), *fadir*, *fader* (1mal John VIII 53), *fadris* (3mal Gen.
Sing, Luk. IX 26, John X 30, XIV 24 und 14mal Plural), vergl.
Luk. III 18, -VI 23, John II 16, IV 20 etc. — fadir (63mal), fadris
Gen. Sg. (1mal), fadris Plural (35mal), *fadir* (58mal), *fader*
(5mal), *fadris* (als Gen. Sg. u. Plural) Rom. IV 1, 12, IX 5.
XV 8 etc. — fadir (27mal), fadirs (3mal), *fadir* (26mal), *fader*
(1mal), fadris (3mal) Deeds XXVIII 25, Jam. I 17, 2 Pet. III 4,
1 John II 13, Apoc. I 6, 7. — fader (5mal), fadir (1mal), Plural
fadris (9mal), faders (2mal), *fadir*, *fadris* Ez. II 3, V 10, XVI 3,
XVIII 2, 4, 27 etc.

Brother (37mal), brothere (Nomin. 2 mal, 1 Macc. II 65,
XI 59), brothers Sg. Gen. (1 Macc. IX 42), bretheren (57mal),
brother, *brotheris*, *britheren* Hos. XII 3, 1 Macc. III 2 etc. — brother
(21mal), bretheren (10mal), brethren (2mal Matth. XII 47, XXV 40),
britheren (1mal Matth. XXVIII 10), *brother* (10mal), *brothir* (11mal),
britheren Matth. I 2, IV 18. 21. — brother (11mal), brothir (2mal),
bretheren (4mal), britheren (1mal), *brother* (11mal), *brothir*
(2mal), *britheren* (6mal) Mark III 17, 32, 35, XII 20. — brother
(17mal), brodir (1mal Luk. XV 27), brotheris Gen. Sg. (2mal

Luk. VI 41, 42), britheren (14 mal), bretheren (2 mal Luk. XVI 28, John VII 3), *brother* (10 mal), *brothir* (8 mal), *brotheris* Gen. Sg., *britheren* Luk. III 1, 19, VIII 19, John I 40, XI 2, 12, 19. — brother (22 mal), brothir (15 mal), britheren (93 mal), bretheren (51 mal), *brother* (21 mal), *brothir* (16 mal), *britheren* (142 mal), *bretheren* (2 mal 1 Cor. XVI 20, Phil. III 13), vgl. Rom. I 13, VII 1, Deeds XII 1, XXII 13. — brother (14 mal), brothir (2 mal Jam. IV 11, 1 John II 10), brotheris Gen. Sing. (1 mal 1 John III 12), britheren (26 mal), *brother* (9 mal), *brothir* (7 mal), *brotheris*, *britheren* Jam. I 2, 9, IV 11, Jud. 1; bretheren, *britheren* Ez. XI 15. Über die Composita mit -hode vergl. S 8 f.

Moder (5 mal), modir (10 mal), *modir* (14 mal), *moder* (1 mal, 2 Macc. VII 20) Mic. VII 6, Zech. XIII 3. — modir (25 mal), *modir* Matth. II 13, XIV 8, modris, *modris* Gen. Sing. ebd. XXIX 12. — modir (14 mal), *modir* Mark V 40, VI 24, modris, *modris* Plural ebd. X 30, XV 40. — modir (27 mal), moder (1 mal Luk. VIII 21), *modir* (25 mal), *moder* (Luk. I 60, II 51), modris, *modris* Gen. Sg. (John III 4), vergl. Luk. VII 15, John II 3. — modir (12 mal), *modir* (11 mal), *moder* (1 mal) Gal. IV 26, Deeds I 14, modris, *modris* Plural 1 Tim. V 1; modir, *modir* Apoc. XVII 5. — moder (2 mal), modir (5 mal), *modir* (6 mal), *moder* (1 mal) Ez. XVI 3, 44, 45, XXII 7.

Douȝter (22 mal), douȝtre (2 mal Dan. XI 17, 1 Macc. IX 37), douȝters (3 mal Hos. IV 13, 14, Am. VII 17), douȝtris (Bar. IV 14), *douȝter* (21 mal), *douȝtir* (1 mal Mic. IV 8), *douȝtris* Dan. XI 6, Zeph, III 14 etc.; douȝter (7 mal), douȝtir (1 mal), *douȝter* (4 mal), *douȝtir* (4 mal) Matth. IX 18, 22, X 35, 37; douȝtir (5 mal), douȝter (2 mal), *douȝtir* (4 mal), *douȝter* (3 mal) Mark V 23, 34, VII 26; douȝtir (6 mal), douȝtre (Luk. XIII 16), douȝtris (3 mal), *douȝtir* (6 mal), *douȝter* (1 mal), *douȝtris* Luk. I 15, II 36, VIII 42, John XII 15; douȝtir (2 mal), douȝtris (3 mal), *douȝtir* (1 mal), *douȝter* (1 mal), *douȝtris* (3 mal) 2 Cor. VI 18, Ebr. XI 24, Deeds VII 21; douȝtres (1 mal), *douȝtris* 1 Pet. III 6; douȝter (2 mal), doȝter (1 mal Ez. XVI 45), douȝtris (22 mal), douȝters (6 mal), *douȝtir* (2 mal), *douȝter* (1 mal), *douȝtris* (25 mal), *doȝtris* (1 mal) Ez. XIII 17, XIV 16, XVI 44, 45. 55.

Sister (2 mal), *sister* Hos. II 1, Ez. XLIV 25; suster, *sistir* Matth. XII 49, Plural sistris, *sistris* ebd. XIII 56, sistren, *sistren* ebd. XIX 29; sister (1 mal), sistris (3 mal), *sistir*, *sistris* Mark III 35, VI 3, X 29, 30; sistir (4 mal), sister (2 mal), sistris (2 mal), *sistir*, *sistris* Luk. X 39, 40, John XI 1, 3, 5. 28, 39, XIX 25; sister (1 mal), sistir (4 mal), sistris (1 mal), *sistir* (3 mal), *sister* (2 mal), *sistris*

(1 mal) Rom. XVI 1, 15, 1 Cor. VII 15, IX 9, 1 Tim. V 2, Deeds
XXIII 16; systir (2 mal), *sister* (1 mal), *sistir* (1 mal) Jam. II 15,
2 John 13; sister (11 mal), sistir (2 mal), sistyr (1 mal), sistris
(4 mal), *sister* (9 mal), *sistir* (5 mal), *sistris* (4 mal) Ez. XVI 45, 46,
XXII 11, XXIII 11. 31.

Die Stämme auf -nd sind bei Chaucer § 216 als freend,
feend und im Plural und im Gen. Sg. als freendis, feendis belegt, in den Urk. S. 114 einmal im Plural als fryndes. In der
Bibel findet sich eine Form *frende*, sonst ist hinsichtlich der unbetonten Silbe keine Abweichung nachweisbar vergl. S. 11.

Die Wörter, welche im Plural das stammbildende
-r noch haben, sind bei Chaucer § 217 als calf, lomb, lamb,
chyld, und 1 mal im Sire Thopas auch als chylde, im Plural nur
als children überliefert. Aus den Urk. S. 114 wird nur childrin
angeführt, sofern das Etymon auch in der Bibel zu belegen ist.
Aus dieser ist anzuführen: lombe (3 mal, Accusative), lomb (1 Nominativ), lambren (4 mal), *lomb* Ez. XLVI 4, 5, 6, 7, 13, 15, Hos. IV 16,
Am. VI 4, lomb Nom. *lomb* John I 29, Deeds VIII 32, lambren, *lambren*
Luk. X 3, John XXI 15, lomb (25 mal, mit einer Reihe Dativen),
lombe (2 Dative, Apoc. XIX 7, XXII 1), *lomb* (25 mal), *lombe*
(2 mal, 1 Nom. und 1 Dat. Apoc. V 6, VII 10) 1 Pet. I 19, Apoc.
V 8 etc. — Dagegen ist ohne Abweichung gegen die Vorlagen
calf, *calf* Hos. VIII 5, 6, X 11, Luk. XV 23, 27, Ebr. IX 13,
Deeds VII 41, Apoc. IV 7, calues (3 mal), *calues* (3 mal), *caluys*
(1 mal) Hos. XIII 2, Mic. VI 6, Am. VI 4, Ebr. IX 19. — Die Sin-
gularformen zu ae. cild mit ihren mannigfachen End -e sind S. 14
bereits angeführt. Der überaus häufige Plural children, *children*
Joel II 2, Matth. II 16, Mark IX 36, John XXI 5, Eph. IV 15, 1 Pet.
II 2 hat nichts Abweichendes, bis auf childre Mic. II 9, Matth. XIX 4.

Von germanischen Lehnwörtern nennt ten Brink bei
Chaucer § 218 u. a. aus dem An. entlehntes cros, felawe, windowe,
roote, aus dem Deutschen sighte. Diese Worte kommen auch in
der Bibel vor, jedoch nicht immer mit demselben Auslaut wie
bei Chaucer. Vgl. crosse (5 mal), *crosse* (1 Dativ), *cross* (1 Dativ und
1 Acc.), *cros* (1 Acc.), *croos* (1 Acc.) Matth. X 38, XVI 24, XXVII 32,
40, 42; cross (2 Acc.), cros (1 Acc. und 1 Dat.), *cross* (2 Acc.),
crosse (1 Dativ), *cros* (1 Acc.) Mark VIII 34, XV 21, 30. 32; cross
(2 Dat., 3 Acc.), cros (1 Acc., 1 Dat.), *cros* (3 Dat., 1 Acc.), *cross*
(3 Acc.) Luk. IX 23, XIV 27, XXIII 26, John XIX 17, 19, 25, 31;
cross (8 Dat.), cros (1 Nom., 1 Dat., 1 Acc.), *crosse* (3 Dat.), *cross*
(4 Dat.), *cros* (1 Nom., 1 Acc., 2 Dat.) 1 Cor. I 17, 18, II 16,

Gal. V 11, VI 12, 14, Eph. II 16, Phil. II 8, III 18, Col. I 20, II 14, Ebr. XII 2. — felowe, *felowe* 2 Cor. VIII 19, Rom. XI 17, felowis, *felowis, felawis* Ebr. I 9, Deeds XIX 9. — wyndowe (1 Dativ), wyndowis (11 mal), wyndows (1 mal), *wyndow, wyndows* (11 mal), *wyndowis* (1 mal) Ez. XLI 16, 22, 29, Joel II 9, Zeph. II 14, 2 Macc. III 19 etc., wyndow (2 Dat.), *wyndowe* 2 Cor. XI 33, Deeds XX 9. — roote (1 Nom.), root (1 Nom. und 1 Acc.), rote (Acc.), rootis (2 mal), rootys (1 mal), rotis (1 mal), *root* (Nom.), *roote* (1 Acc. und 1 Nom.), *rote* (Acc.), *rootis* (4 mal) Dan. IV 12, 20, 23, Hos. IX 16, XIV 16, Am. II 9, Mal. IV 1, 1 Macc. I 11; roote (2 Acc.), rote (Dat.), *roote* Matth. III 10, XIII 6, 21; roote (2 Acc.), rootis, *roote, rootis* Mark IV 6, 17, XI 20; roote (Acc.), *roote, rootis* Luk. III 9, VIII 13; roote (7 mal mit einem Dativ), *roote, rote* (1 mal), Rom. XI 16, 17, 18, XV 12, 1 Tim. VI 10, Ebr. XII 15; roote (1 Nom.), rote (1 Nom.), *roote* Apoc. V 5, XXII 16; root (1 Nom.), roote (Dat.), rote (Acc.), rootis (2 mal), *roote, rootis* Ez. XVII 6, 7, 9, XXXI 7. — siȝt, siȝtis, *siȝt, siȝtis* Dan. IV 2, VIII 15, 2 Macc. XV 12, Luk. VII 21, XXIV 23, Deeds VII 31, IX 12, Ez. V 14, XII 3, 4 etc.

Das Adjektiv, so fafst ten Brink für Chaucer § 230 ff. die Regel, entspricht rücksichtlich seiner Endung in der unflektierten Form meistens dem Ae.; konsonantischer Schlufs wird daher bei den o-Stämmen angetroffen und denen, welche sich diesen anschlossen. Die langsilbigen jo-Stämme und die i-Stämme endigen auf tonloses -e. Der u-Stamm nearu erscheint sowohl als narw, wie als narwe. Doppelformen gibt es in fair und faire. Vokalischen Ausgang durch me. Auflösung eines ae. Konsonanten weist z. B. slow, holy, worthy auf. Wird nun das Adjektiv stark flektiert, so nimmt es im Singular keine Endung, im Plural ein -e an, und die starke Flexion tritt ein, sobald das Adjektiv attributiv ohne Begleitung eines demonstrativen oder possessiven Pronomens steht, jedoch kann das prädikative Adjektiv auch ohne Plural -e bleiben. Die schwache Flexion, welche sich durch den Antritt eines -e im Sg. und Plural dokumentiert, tritt dann ein, wenn dem attributiven Adjektiv ein possessives oder demonstratives Pronomen, resp. der Artikel vorhergeht, oder wenn es im Vokativ steht. Folgt aber das Adjektiv dem Substantiv, ohne dafs der Artikel wiederholt wird, so bleibt es unflektiert. Das Adjektiv bleibt ferner unflektiert, wenn es dem Substantiv im Vokativ nachgestellt wird. Die paroxytonischen Adjektive und Participa wie litel, wedded können nur bei Synkope flektiert werden; flexionslos ist free.

Waren diese Regeln schon durch manche Ausnahmen sehr ein-
geschränkt, so kommt noch hinzu, dafs auch das Metrum beim Dichter
seine Ansprüche auf Apokopierung dieses End-e geltend macht; was
ja nichts anderes besagen kann, als dafs die Zeit Chaucers schon die
völlige Flexionslosigkeit des Adjektivs vorbereitete. Nach §§ 236,
237 und 261 ist nämlich die Apokope des flexivischen -e im
Sg. der sw. Flexion gestattet, im Plural wird das attributive
Adjektiv »kaum« je das -e verlieren, jedenfalls nicht, wenn es
dem Substantiv vorangeht. Das stammhafte -e der i-Stämme
cleene, trewe kann nur da seinen Silbenwert verlieren, »wo das
flexivische -e der flexionsfähigen Adjektiva Apokope zuläfst, bzw.
wo letztere keine Flexion annehmen.«

Morsbach S. 115 f. acceptiert diese Regel für die älteren
Urkunden, da die späteren »in Betreff des auslautenden -e nicht
mehr in Betracht kommen« können; doch mufs auch er sagen,
dafs schon in den älteren »durch Analogiewirkung« ein -e bisweilen antrat. Die starke Flexion mit der unflektierten Form im
Sg. ist mafsgebend geworden, wenn auch Durchbrechung dieses
Zustandes vorkommt, vor allem im Dativ, wo Morsbach noch
eine Nachwirkung des ae. Dativs auf -um zu bemerken glaubt.
Der Plural, wie der Sg. und Plural der schwachen Flexion ist
wie bei Chaucer, jedoch fällt im Plural auch das -e ab.

Die Bibelsprache teilt dieses Schwanken durchaus; man
kann wohl die ten Brinkschen Regeln auch ihr zu Grunde
legen; direkt hätten wir sie allerdings aus unserem Texte nicht
erschliefsen können, dazu sind der Abweichungen zu viele,
wie aus nachstehenden Belegen hervorgehen mag. blac, *blake*
(Plural prädic.) Bar. VI 20, blake (2 mal), *blac, blake* (je 1 mal,
Plural attrib. vor dem Subst. ohne Pronomen) Zeph. VI 2, 6,
blak, *blacke* (Adverb., was bei Chaucer § 246 Anm. mit -e gebildet wird) Matth. V 31, blak, *blak* (Adv.) Apoc. VI 12, a blak
hors, *blak* ebd. VI 5.

Von o-Stämmen führen wir ferner an: be glad, *glad* Joel
II 21, Hab. I 15, Gal. IV 27, a glud ʒyuere, *glad* 2 Cor. IX 7.

Good thing Hos. VIII 3, a good counsel, *good* 1 Macc. IV 45,
2 Macc. XI 6, XV 23, good, *good* Sg. praedic. Mic. VI 8, good
thingus, *good* (1 mal), *goode* (1 mal) Ez. XXXIV 18, 1 Macc. XIV 4,
studies not goode, *goode* Ez. XXXVI 31, good absolut, in subst.
Funktion, *good*, *goode*, letzteres einmal als Dativ Am. V 14, 15,
IX 4, Mic. III 2, Zech. IX 17, 2 Macc. XIV 30. Die substantivische
Neutralform erscheint bei Chaucer § 235 immer unflektiert. Ein-

mal steht auch goodis, *goodis* 1 Macc. XIV 9, bona terrae wiedergebend. Die Art, die Belege anzuführen, dürfte wohl kaum eine Erklärung nötig machen. Die angeführte Phrase soll nur die Stellung
des Adjectivs verdeutlichen, nicht aber bei mehreren Belegstellen
etwa auch die Wiederkehr desselben Substantivs oder etwa des
nämlichen Pronomens verbürgen. — good fruyt, *good* (7 mal)
Matth. III 10, XIII 8 etc., youre good werkis, *goode* ebd. V 16,
good thingus (8 mal), *good* (7 mal), *goode* (1 Dativ) ebd. V 45,
VII 11 etc., a good tree, *good* (8 mal) ebd. VII 17, 18, XII 33 etc.,
good, *goode* absol. Neutr. ebd. XIII 48, good, *good* substant.,
bonos übersetzend, ebd. XXII 10. — good land, *good* Mark IV 8, 20,
IX 49, aber goode maistir Vokativ, *good* ebd. X 18, good work,
a *good werk* ebd. XIV 6, good Sg. wohl attributivisch zu konstruieren, *good* praedik. ebd. X 18. — good fruyt (8 mal), *good*
Luk. III 9, VIII 15, John II 10, a good tree, *good* (7 mal) Luk. VI 43,
John X 11, 14 etc., of the goode tresour, *good* Luk. VI 45, good
thingis (1 mal), goode (2 mal), *good* Luk. XI 13, XVI 25, John X 32,
good, *good* Sing. praed. Luk. IX 33, XVIII 19, goodis, *goodis*
Plur. Neutr. Luk. XII 18, 19. — good werk, *good* (16 mal) Rom.
II 7, Eph. VI 7 etc., goode thingis (7 mal), good (5 mal), *good*
(11 mal), *goode* (1 mal), *gode* (1 mal), *god* (1 mal) Rom. III 8, X 15,
1 Tim. II 10, V 25, Tit. III 14 etc., a good tree (22 mal), *good*
Rom. XI 24, Col. I 10 etc., wille... good, *good* Rom. XII 2, alle
good thingis, *alle goodis* Gal. VI 6, for the goode Subst., pro bono
forsitan quis audeat mori übersetzend, Rom. V 7. Die jüngere Version hat *the good man.* Das neutrale Subst. lautet sonst good, *good*
(6 mal) Rom. VII 18, Gal. IV 18, Ebr. V 14. good Sg. praedikativ,
good (12 mal) 1 Tim. I 8, II 3 etc., goode praed. Plur., *good*
Tit. III 8. — good werk, *good* Jam. III 13, 1 Pet. III 21, 3 John 11,
lijf good, *good* 1 Pet. II 12, the good name, *good* Jam. I 17, II 7,
1 Pet. III 16, goode werkis, *good* (3 mal), *goode* (1 mal) 1 Pet. II 12,
III 10, IV 10, 19, goode suers 1 Pet. III 10, good, *good* neutr.
Subst. 1 Pet. III 11. — in good erthe, *good* Ez. XVII 8, preceptis
not goode, *good* ebd. XX 25.

Vergleiche ferner: my greet name (8 mal), a grete pit (37 mal),
the greete prest (2 mal), *greet* (43 mal), *grel* (1 mal), *grele* (3 mal)
Ez. XXXVI 23, Dan. IV 8, XI 11, Hag. II 3, 5, 1 Macc. VII 19,
XIV 23, thilk ymage grete, *greet* Dan. II 31, IX 4, Am. VI 2,
Nah. I 3, 1 Macc. II 17, grete se, greete (1 mal), *greet* (19 mal)
Bar. IV 9, 24, Dan. IX 12, Zech. III 8, 1 Macc. VII 10, reyn ful
greet Ez. XXXVII 22, greete stoons (1 mal), greet (2 mal), grete

(9 mal), *grete* (12 mal) Dan. VII 3, 11, 17, 20, 1 Macc. IX 37, 2 Macc. III 14, ʒiſtis grete, *grete* Dan. II 48, greet 1 Plur., grete 4 Sing., *greet* (4 mal mit einem Plural). *grete* (1 mal in praedikativer Fügung) Ez. XXXVII 20, Bar. III 4, Hos. I 11, Dan. III 100, 1 Macc. VI 41. Nicht völlig sicher ist, ob Dan. VIII 8, 9 grete, *greet* in adverbialer oder singul. attributiver Fügung gefühlt wird. eny grete masc. Subst. Dan. II 10. — grete liʒt, greet, *greet* Matth. IV 16, XXVIII 8, a greet kyng (3 mal), grete (2 mal), *greet* ebd. V 35, VIII 24, XIV 14, XXVII 60, XXVIII 2, grete (3 mal, einmal Plural), greet 1 Sg., *greet* (3 mal) Sg., *grete* (1 mal) Plur. praed. ebd. VI 23, VII 27, XV 28, XXIV 21, grete, *greet* Adverb. oder attrib. Sing. ebd. V 19. — a grete multitude Mark III 8, greet ebd. IV 37, XIV 15 und stets *greet*; greet pesiblenesse, *greet* Mark IV 39, XIII 26, aber greete dreed ebd. IV 48, greete braunchis, these greete bildingis, *grete* ebd. IV 32, XIII 2, greet, *greet* Sing. praedic. ebd. XVI 4. — a grete ioye (1 mal), greet (9 mal), *greet* (9 mal), *grete* (1 mal) Luk. II 10, VII 16, John VI 18, greet hungir, *greet* Luk. IV 25, VIII 37, XXIV 52, grete thingis (6 mal), greete (1 mal), *grete* (6 mal), *greet* (1 mal) Luk. I 49, XXIII 23, John XXI 11, greet Sg. praedic., *greet* Luk. I 15, 22, John XIX 31, is maad greet, *greet* Luk. VI 49. — greet heuynesse (21 mal), *greet* 1 Thes. II 17, Deeds XXIII 10 und by more greet heuynesse, aber *more grete* 2 Cor. II 7, a greet sacrament (13 mal), gret (1 mal), *greet* 1 Tim. III 16, Deeds II 20, X 11, the greete thingis, *grete* Deeds II 11, grete signes, *grete* ebd. VI 8, greet (4 mal) praedicat. Sg., *greet* (3 mal), *grete* (1 mal) 1 Cor. IX 11, 2 Cor. XI 15, Ebr. VII 4, Eph. V 32, clepid greet, *greet* Deeds VIII 10, Ebr. VIII 11. — the greet glory (40 mal), great (1 mal), grete (2 mal), *greet* 2 Pet. I 17, Apoc. VI 4, VIII 10, XI 8, XVIII 19, greet bire (21 mal), *greet* 2 Pet. III 10, Jud. 6, Apoc. VII 14, XI 11, XIV 2, XV 19, tokne greet, *greet* Apoc. XV 1, XXI 12, Babylon the greet, *greet* Apoc. XVIII 2, greete thinges (4 mal), greet (1 mal), grete (2 mal), *grete* Jam. III 5, Apoc. XI 5, XIII 5, 13, 16, XIX 6, men greete, *grete* Apoc. XX 12, greete, *grete* Plur. praedic. Jam. III 4, grete subst. Plur. Mascul., *grete* Apoc. XIX 5. — greet mouynge, *greet, grete* (1 mal) Ez. III 12, 13, XVII 17, XXI 14, XXIV 9, XXVI 7, XXIX 3, a greet egle, *greet* Ez. XVII 3, 9, citee ... greet, *greet* ebd. XXII 5, the greet abhomynaciouns, *grete* ebd. VIII 6, grete stoonus (4 mal), greet (1 mal), greete (1 mal), *greet* (2 mal), *grete* (4 mal) Ez. XIII 11, 13, XVI 26, XVII 3, 7, XXVIII 22, greet, *greet* praed. Sing. ebd. IX 9, thou art maad greet, *greet* ebd. XVI 7, waxeden grecte, *greet* ebd. XVI 7.

Ae. eald wird überliefert als: duyk olde, *elde* 2 Macc. IV 40, olde frenship, *eld* 2 Macc. VI 22, an olde man, *eld* (1 mal), *elde* (1 mal) Bar. IV 16, 2 Macc. VI 1, olde men, *elde* (9 mal) Zach. I 4, Joel I 2, your olde men, *elde* Joel II 26, the olde Masc. Subst. Sg., *elde* Dan. VII 9, 13, 32. — an olde clothe, *elde* Matth. IX 16, olde men, *elde* ebd. V 21, IX 17, thingis … olde, *elde* ebd. XIII 52. — an old clothe, *elde* Mark II 21, oold botelis, *elde* ebd. II 22. — an old cloth, *oold* Luk. V 36, 39, to the oolde, old, the olde attrib. Sg., *elde* (2 mal), *olde* ebd. V 36, the olde prophetis, *elde* ebd. IX 8, olde, *eeld* Sg. praedic. John III 4. — old sourdowȝ (1 mal), oold (1 mal), *eld, old* 1 Cor. V 7, 8, oure oolde man (2 mal), olde (2 mal), *olde* (2 mal), *elde* (2 mal) Rom. VI 6, 2 Cor. III 14, Eph. IV 22, Col. III 9, oolde thingis (1 mal), olde (3 mal), *elde* (3 mal), *olde* (1 mal) 2 Cor. V 17, 1 Tim. V 2, Tit. II 2, 3, Poul old, *the elde Poul* Phil. 9, wexith olde, *eeld* Ebr. VIII 13. — the olde maundement, *elde* 1 John II 7, Apoc. XII 9, XX 2. — old man, *eld* Ez. IX 6, oolde enemytees, olde, *elde* Ez. XXV 15, XXVII 9, the oolde men, *elde* Ez. VIII 1.

Ae. hêah zeigt das nämliche Schwanken: the heeȝ rocke (31 mal), an heeȝe beeldyng (1 mal), *hiȝ* (30 mal), *heeȝe* (1 mal 2 Macc. XIV 46), *hiȝe* (1 mal Mic. VI 6), vergl. Ez. XXXIV 6, 1 Macc. III 45; stature hiȝ, *hiȝ* Dan. II 31; in the heeȝ mounteyns, *hiȝ* Ez. XXXIV 14, 1 Macc. IX 52, heeȝ borns (4 mal), heeȝe (1 mal), *hiȝ* (2 mal), *hiȝe* (2 mal) Dan. VIII 3, Zeph. I 16, 1 Macc. IX 50, XIII 33; be maad … heeȝ (Sg.), *hiȝ* Mic. IV 1. — a heeȝ hill (1 mal), hiȝ (1 mal), *hiȝ* Matth. IV 8, XVII 1. — an hiȝ hil, *hiȝ* Mark IX 2. — an hiȝ hil, *hiȝ* Luk. IV 5. — an hiȝ arm, *hiȝ* Deeds XIII 17, hiȝe thingis (1 mal), hiȝ (1 mal), *heiȝ* (1 mal) Rom. XII 16, Ebr. I 4. — hil … hiȝ, *hiȝ* Apoc. XXI 10, 12. — an heiȝ hil (6 mal), *hiȝ* Ez. XVII 17, 22, 23, 24, XX 28, 40, XXXI 3.

Von den zweisilbigen Adjektiven mit vokalischem Auslaut nennen wir zu ae. hâlig: holy floc (39 mal), hooli (1 mal), *hooli, holi* (1 mal) Ez. XXXVI 21, Joel II 1, 1 Macc. XI 37; holy lawe, *holi* 2 Macc. VI 23. Ebenso erscheint in den anderen Stellungen das Wort ohne Flexion: holy tresories, *hooli* (11 mal) Zech. IX 16, 1 Macc. IV 45; gleichfalls holy, *hooli* als Subst. in mascul. Bedeutung, als Prädikat auf Sg. und Plural bezüglich Ez. XLII 13, 14, 23, Dan. III 35, 87, IV 10, 20, IX 24, Joel II 17, Hos. XI 9, Hab. I 12. Einmal wird hooly geschrieben Zech. XIV 20. — the holy gost (5 mal), hooly (3 mal), *hooli* Matth. I 18, XXIV 15. — the holy gost, *hooli* Mark I 18, III 29, XII 36, XIII 11; man hooly, *hooli* ebd. VI 20;

the holy masc. Subst. im Sg., *hooli* ebd. I 24. — the hooly goost (12 mal), hooli (2 mal), *hooli* (12 mal), *hooly* (1 mal) Luk. I 15, 35, 67, John XIV 26, XVII 11; hooly prophetis, *hooli* Luk. I 70, IX 26; is hooly, *hooli* ebd. I 49; the hooly subst. Masculin. im Sing., *hooli* ebd. IV 34. — the hooly gost (54 mal), hooli (13 mal), *hooli, holi* (1 mal), *hooly* (4 mal) 2 Cor. VI 6, 1 Tim. IV 8, Deeds I 16, II 4; comaundement hooly, *hooli* Rom. VII 11, XII 1, Ebr. VII 26; hooly coss, *hooli* Rom. XVI 16, 2 Cor. XVI 20, XIII 11, Tit. II 3; hooly men, alle hooly men, *hooli, holi* (2 mal) Rom I 2, VIII 27, 2 Cor. IX 12, XIII 12, Deeds IX 32 u. s. w. Desgleichen ist auch das Wort in prädikativer und substantiver Fügung stets unflektiert, vgl. Rom. XI 16, 1 Cor. VII 14, Eph. I 4, V 27, VI 18, Col. I 22, III 12, Ebr. IX 2, Deeds III 14. Ein Unterschied zwischen Singular und Plural wird also an der Wortform nicht ausgedrückt. — the holy goost (19 mal), hooly (1 mal), *hooli* 1 Pet. I 12, 1 John II 20, V 7; holy presthod, *hooli* 1 Pet. II 5, 9; holy wemmen, *hooli* (5 mal) 1 Pet. III 5, Apoc. XIV 10; holy, *hooli* (7 mal) praed. Sg. 1 Pet. I 16, Apoc. IV 8. — myn hooli name, *hooli* Ez. V 11, XX 39, XXVIII 14; hooli subst. Neutr. Sg. Ez. XXII 26.

Ae. weordig erscheint ebenfalls in allen Stellungen im Singular und Plural immer unflektiert als worthi, *worthi*. Wir führen nur die Belegstellen an Bar. VI 43, Dan. III 52, 2 Macc. VII 20, IX 15; Matth. VIII 8, X 10, XXII 8; Luk. VII 4, XII 48, XXI 36; Rom. I 32, VIII 18, 1 Tim. I 15, VI 1; Apoc. III 4, IV 11, XVI 6 u. s. w. Das Verhalten dieser Adjektive auf -ig ist merkwürdig gegenüber dem ae. manig, was im Me. pronominaler Natur ist, und das, wie unten (S. 85 f.) zu sehen ist, oftmals flektiert erscheint.

Von den paroxytonischen Adjektiven führen wir folgende Reihen an: the golden hed (17 mal), goldyne (1 mal Dan. III 1, eine Form, die also allem Chaucerschen Sprachgebrauche widerspricht), *goldun* (14 mal), *golden* (4 mal) Dan. II 28, III 5, 7, 14 etc.; golden ournement, *goldun* 1 Macc. I 23; the golden vessels (3 mal), *goldun* (4 mal) Dan. V 2, 1 Macc. VI 12, 2 Macc. IV 32; golden goddis (12 mal), *goldun* 1 Macc. IV 57, VI 2 etc. — a goldin sencer, *goldun* Ebr. IX 4, goldyn vessels 2 Tim. II 20. — a golden ryng, *goldun* (8 mal) Apoc. I 13, VIII 3, golden fiolis (7 mal), *goldun* Apoc. I 13, V 8, XV 6, 7. — Ferner: a bitter folk, *bittir* Hab. I 6, Lord bitter, *is bittir* Zeph. I 14; ʒe be bitter, *bittere* Col. III 19; bittir zeel, *bitter* Jam. III 14. In den Wortkompositen erscheint das Adjektiv gleichfalls stets ohne -e.

Etwas häufiger, vornehmlich in der jüngeren Version, wird ae. hǽđen mit -e überliefert, vergl. heithen men (61 mal), beythen (2 mal, Obd. 1, Mal. I 11), hethen (4 mal, Hab. I 4, 1 Macc. V 9, 22, VI 18), heethen (1 mal, Mic. VII 16), *hethene* Ez. XXXIV 28, Joel III 9, 1 Macc. V 1; alle bethen men (2 mal), heithen (1 mal), *hethene* Dan. III 37, Joel II 19, Obd. 15. Ebenso ist der Singular in der jüngeren Version stets flektiert: heithen custom, aber *hethene* 2 Macc. IV 10, an heithen multitude, *hethene* 2 Macc. II 22. — hethen men (4 mal), heithen (3 mal), hethene (1 mal), *hethen* (2 mal), *hethene* (5 mal) Matth. IV 15, VI 7, 32, X 18, XII 18 etc.; an hethen Sg., mascul. Subst., *hethen* ebd. XVIII 17. — to hethene men, *hethene* Mark X 33. — hethen men, *hethen* (1 mal), *hethene* (2 mal) Luk. XVIII 32, XXI 24, II 32; of hethene Plur. masc. Subst. Luk. II 32. — hethen men (31 mal), hethene (30 mal), *hethene*, nur 4 mal *hethen* (Deeds IV 25, XIII 46, 47, 48), vgl. 1 Cor. X 20, Eph. III 1, 6, 8, Col. I 27; hethene Subst. Masc. Plur., *hethene* Rom. II 14, III 29, Gal. I 16, II 2, 8, 9, 15, III 14; weren hethene, *hethene* Eph. II 11. — hethen men (6 mal), *hethene* (5 mal), *hethen* (1 mal) Deeds XXVIII 28, 1 Pet. II 12, Apoc. XI 2 etc. — heithen men (19 mal), hethen (4 mal), *hethene* Ez. IV 13, V 5, VI 8, 9, XI 12, 16 etc.; alle heithen Subst. Plur. Ez. XXV 8.

Weiter sei genannt: yuel day, euyll (1 mal Bar. VI 34), *yuel* (4 mal) Am. VI 3, Jon. III 8, 10; her yuel waye, *yuel* Jon. III 10; is yuel, *yuel* Mal. I 8; the yuel neutr. Subst. Sg., *yuel* Mic. VII 3, Jon. I 7, 8, Zech. VII 10, 2 Macc. I 25, IV 1 und einmal euyl Bar. VI 33. Lateinisches male übersetzt yuel, *yuele* (2 mal), *yuel* (1 mal) Mic. II 1, Zeph. I 12, Hab. I 13, und dieses ist wahrscheinlich auch in der Bibel in adverbialer Fügung gefafst. yuelis, *yuels* subst. Neutr. 1 Macc. VI 12. — an yuel man (5 mal), iuel (1 mal), *yuel* Matth. VII 17, 18, XII 35, 39 etc; fruyt euyl (1 mal), yuel (1 mal), *yuel* Matth. XII 33; yuel men, *yuel* (4 mal), *yuele* (4 mal) ebd. V 45, XIII 49, VII 11, 17, 18, IX 4, XV 19. — the yuel men, *yuele* ebd. XXI 41; ben yuel, *yuele* ebd. XII 34. Als subst. Neutrum yuel, *yuel* ebd. V 11, 37, VI 13, XXVII 23. Das yuel, *yuele* Matth. XXII 10 ist wohl mit zu ergänzendem Nomen im Plural attributiv zu konstruieren und nicht als Substantiv zu fassen. Als mascul. Substantiv begegnet das Wort als yuel ebd. V 39 und als Adverb yuel, *yuel* ebd. XV 22. — yuel yȝe, *yuel* Mark VII 22; yuele thouȝtis, *yuel* ebd. VII 21; als neutrales Substantiv yuel, *yuel* ebd. XV 14; yuelis, *yuels*, mala, ebd. VII 23. yuele, Adverb, *yuel* ebd. III 4, IX 39. — an yuel man, *yuel* Luk. VI 45; yuel tresour, *yuel* ebd. VI 45; name as yuel, *yuel* ebd. VI 22; yuele spiritis,

yuel (3 mal), *yuele* (2 mal) ebd. VI 43, 35, VII 21, XVI 25, John
V 29; yuel neutrales Subst., *yuel* Luk. XXIII 22, John XVII 18,
XVIII 23; of alle euels Plur. neutr. Subst., *yuelis* Luk. III 19;
ben yuele, *yuel, yuele* Luk. XI 23, John III 19, VII 7, XVIII 23;
yuele Adverb (?), *yuel* (2 mal), *yuele* (1 mal) Luk. VI 9, John
III 20, XVIII 23. — an yuel herte, *yuel* (5 mal) Ebr. III 12, 2 Tim.
IV 18; yuel thing (12 mal), *yuel* Rom. VII 21, Tit. II 8; yuele
spechis (10 mal), *yuele, yuel* (1 mal) 1 Cor. XV 33, Phil. III 2, 1 Tim.
VI 4, Deeds XVII 5 etc.; ben yuele, *yuele* Eph. V 16; yuel neutr.
Substantiv (9 mal), *yuel* 2 Cor. XIII 7, Deeds XVI 28; alle yuels
(1 mal), yuelis (1 mal) Plur. Neutr., *yuelis* 1 Cor. X 6, 1 Tim. VI 10,
Deeds IX 13; yuele, *yuel* Adverb. Deeds VII 6. Zweifelhaft ist es,
ob neutrales Substantiv oder Adverb vorliegt, in: yuel, *yuel* (2 mal),
yuele 2 Tim. II 9, 2 Cor. V 10, Rom. XIII 10. — ony yuel thing,
yuel Deeds XXVIII 31, Jam. III 8; yuel thingis (2 mal), yuele
(2 mal), *yuele* (2 mal), *yuel* (1 mal) Jam. I 13, 1 Pet. III 12, 2 John 10,
Apoc. II 2; weren yuele, *yuele* 1 John III 12; yuel (4 mal), *yuel*
1 Pet. III 9, 10, 11; of the yuel Neutr. Subst., *yuele* 1 John III 12;
yuels plur. Subst. 1 Pet. III 12. yuel, *yuel* 3 John 11 ist wohl
Adverb, wie das korrespondierende *rel* erschliefsen läfst, fraglich
aber ist es bei yuele, *yuele* 1 Pet. III 17. — his yuel weie, *yuel* Ez. XIII 22,
yuel beestis, *yuele* (1 mal), *yuel* (1mal) ebd. XIV 21, XX 44.

Einfacher steht es mit ae. lytel, wo meist nur der Sg. belegt ist, und dieser erscheint fast immer in unflektierter, bzw.
unsynkopierter Form. In der jüngeren Version ist jedoch der Plural
nach Synkopierung des Mittelvokals gern flektiert. Wir fassen die Beispiele hier zusammen: Singular in verschiedenster Fügung lytil (2 mal),
litil (14 mal), *litil* (15 mal) Dan. VII 8, XI 34, Mic. V 2, Hag. II 7, Am.
VII 7 etc. Der Plural lautet to the litil, *litle* Subst., ad parvulos
glossierend, Zech. XIII 8. we ben maad litil, *litle* Dan. III 37. litil dayes,
litil Zech. IV 10, litil crowis, *litle* Bar. VI 53. — Im Matthäus begegnet
der Sing. litil (6 mal), *litil* (3 mal), *litel* (3 mal) ebd. VI 30, VIII 26,
XXVI 39. these litile (1 mal) Masc. Subst., litil (1 mal), *litle* ebd.
XVIII 10, 14. — Singular litel (2 mal), litil (1 mal), *litil* Mark I 19,
VI 31, XIV 35. Plural Subst. litle, *litle* ebd. IX 41. — Sg. litil
(8 mal), litel (4 mal), a litle what (1 mal), *litil* (13 mal) Luk. XII
28, 32, XIX 3, John VII 33, XIV 19, XVI 18 etc., Plural litil sones,
litle John XIII 33. -- thes litle Subst., *litle* Luk. XVII 2. — Sg.
litil (25 mal), *litil* Ebr. II 7, X 37, 1 Thes. V 14, Deeds XIV 27, aber
1 mal *to litle thing* 1 Tim. IV 8. lytil troubling, *lytil* Deeds XII 18.
— Sg. litel (6 mal), *litil* Jam. III 4, Apoc. VI 11, XII 12. Plur.

Subst. litle Apoc. XI 16. — Sg. litil, *litil* Ez. V 3, XVI 20. make hem litil ebd. XXIX 15.

Schliefslich sei noch zweier Adjektiva gedacht, welche den Stoff bezeichnen: yren teeth (2 mal), yrun (1 mal), *irun* Dan. VII 7, 2 Macc. XI 9, Am. I 3; the irun ʒate, *iren* Deeds XII 10; an yren ʒerd, *yrun*, *yren* Apoc. II 27, XIX 15; yren haberiouns, *yren* ebd. IX 9; an yren panne, aber *irone* (2 mal) Ez. IV 3. — goddis silueren (2 mal), sylueren (4 mal), *siluerne vessels* (4 mal) Bar. VI 3, 29, Dan. V 2, 3, 1 Macc. VI 12, 2 Macc. II 2; siluerene housis, *siluer housis* Deeds XIX 24, vessels silueren 2 Tim. II 20; simulacres silueren Apoc. IX 20.

Zwischen der Deklination der o- und jo-Stämme schwankte in ae. Zeit strong und strenge. Da es in der Bibel nur mit o erscheint, so werden auch wohl bei der Flexion die Verhältnisse der o-Deklination zu Grunde gelegt werden müssen, und das Schwanken im Behandeln des End-e ist dann nur als Folge der allgemeinen Formenzerrüttung beim Adjektiv in der Bibelsprache aufzufassen. Wir führen an: strong man, stronge (1 Dativ und 1 Nom.), *strong*, *stronge* Ez. XXXIX 20, Dan. IX 5, 1 Macc. XI 15, VI 6, 2 Macc. XII 11. a strong man (2 mal), stronge (4 mal), *strong* Joel II 5, Am. II 14, V 24, Mic. IV 7, 1 Macc. IV 30, XII 35. lond stronge (4 mal), strong (2 mal), *strong* (5 mal), *stronge* (1 mal) Joel I 6, II 2, 1 Macc. II 66, III 17. (thi) stronge men (7 mal), strong (5 mal), *stronge* (14 mal) Mic. IV 2, 1 Macc. I 20, III 15. men stronge (4 mal), *stronge* 1 Macc. IV 7, 2 Macc. X 18 etc. is strong (2 mal), stronge (1 mal), *strong* Ez. XXXIV 16, Joel III 10, Dan. X 2. ben stronge, *stronge* Dan. III 100. the stronge Sg. masc. Subst., *stronge* Am. V 9, aber der Plural des subst. Wortes of the strong Nah. II 3. stronge, *stronge* wohl Adverbien Dan. IV 19, 1 Macc. VI 6. — a stronge man (2 mal), *stronge* Matth. XII 29, — desgleichen Mark III 27 (2 mal). — Adverbial strong, *strong* Luk. XI 24. — strong, *stronge* prädic. Plural 2 Cor. X 10. stronge Subst. Plur. Masc., *stronge* 1 Cor. IV 10. was strong, *stronge* Deeds XIX 16. thei weren maad strong, *strong* Ebr. XI 34. — a strong aungel (3 mal), stronge (1 mal), *strong* (1 mal), *stronge* (2 mal) Apoc. V 2, X 1, XVIII 8, 21. strong voice, *strong* ebd. XVIII 2. stronge wijudis, *stronge* Jam. III 4. is strong, *strong* Apoc. XVIII 8. ben stronge, *stronge* 1 John II 14. — a stronge ʒerde, *stronge*, *strong* Ez. XIX 4, XXX 22. strong hoond, *strong* Ez. XX 33, 34. stronge folkis, *stronge* ebd. XXXII 18. was strong, *strong* ebd. XXVI 17. stronge Plur. Subst. Masc. ebd. XXXII 21.

Flexionslos ist bei Chaucer free, zu ae. frîo, ein jo-Stamm, und in der Bibel dürfte es auch wohl so sein, wenigstens ist nicht nachweisbar, dafs der Plural oder die etwa zu erwartende schwach flektierten Formen mit -ee geschrieben würden und die übrigen Formen nur mit einem -e. Sg. fre prädic., *fre* 1 Macc. X 31, XV 7; Plur. prädic. zwar free aber *fre* 1 Macc. X 43, XI 28, 2 Macc. XI 14; — desgl. Matth. XVII 25, John VIII 33, 36. — fre man (7 mal), frec (2 mal), *freman* (7 mal), *free* (2 mal) 1 Cor. VII 21, Gal. III 28, IV 30, 31 etc.; seruauntis fre, *free* 1 Cor. XII 13; is fre (3 mal), free (1 mal), *fre* 1 Cor. VII 21, IX 1, 19, Gal. IV 26; mad vs free, *fre* Gal. IV 31; weren fre, *fre* Rom. VI 20. — fre man, *freman* Apoc. VI 15; fre men, *fre* 1 Pet. II 16, Apoc. XIII 16, XIX 18. Die Composita, zu denen auch das halb versteinerte freman gehört, erscheinen als fredom, *fredom* Jam. I 25, II 12, Gal. V 13 etc.

Von anderen jo-Stämmen nennen wir zu ae. neowe: a newe herte (3 mal), new (1 mal), *newe* Ez. XXXVI 36, 1 Macc. IV 47, 2 Macc. II 30; newe vessels, *newe* 1 Macc. IV 49. — newe wijne Sg., *newe* (3 mal) Matth. IX 17; the newe testament, *newe* ebd. XXVI 28, XXVII 60; newe thingis, *newe* ebd. XIII 52; newe Adverb, *newe* ebd. XXVI 29. — Desgleichen heifst es stets newe wyn (2 mal), the newe teching (3 mal), newe vesselis (2 mal), *newe* Mark I 27, II 21, 22, XIV 24, XVI 17; — und gleichfalls newe cloth (2 mal), the newe wyn (6 mal), newe vesselis (1 mal), *newe* Luk. V 36—39, XXII 20, John XIII 34, XIX 41. — the newe testament (9 mal), new (1 mal), newe testament (2 mal), of newe feendis (1 mal), newe substant., stets *newe,* bis auf *newe sprengyng* 1 Cor. V 7, vergl. sonst Col. III 10, Deeds VII 18, XVII 21 etc., is maad newe, *newe* Col. III 10, Ebr. IX 15, 1 Tim. III 6. Die Wortkomposition mit -nesse zeigt in der jüngeren Version Fehlen des Stammvokals newenesse, *newnesse* Rom. VI 4, VII 6. — newe erthe (1 mal), a newe maundement (7 mal), Jerusalem newe (1 mal), newe heuenes (1 mal), thingis newe (1 mal), *newe* 2 Pet. III 13, 14, 1 John II 7, 8, Apoc. XXI 2, 5 etc. — a newe herte, *newe* Ez. XI 19, XVIII 31.

Von den langsilbigen jo-Stämmen führen wir noch an: greene braunchis, *grene* 2 Macc. X 7; greene hey, *greene* Mark VI 39; a grene tree, *greene* Luk. XXIII 31; al greene hay, grene, *green* (1 mal), *grene* (1 mal) Apoc. VIII 7, IX 4; the grene tree, *greene* (1 mal), *green* (1 mal) Ez. XVII 24, XX 47. — is swete Matth. XI 30; swete wordis, *swete* Rom. XVI 18; swete honey, *swete* Jam. III 11, 12, Apoc. X 10; swete prädic. Sg., *swete* ebd. X 9; swete hony (1 mal), encensis swete (1 mal), *swete* Ez. III 3, VI 13. Im Kompositum heifst es immer swetnesse, swetnes, *swetnesse* Am. IX 13, Joel I 5, Eph. V 2, Phil. IV 18, Ez. XVI 19, XX 28, 41. — is softe (1 mal), softe clothis (1 mal), soft thingis (1 mal), *softe* Matth. XI 8, 30; softe clothis, *softe* Luk. VII 25; vergleiche dazu softenesse, softnesse, *softnesse* 2 Cor. X 1, Gal. VI 1.

Reicher sind die Belege zu ae. clǽne, bezw. unclǽne: clene watir, vnclene, *clene, vncleene* Ez. XXXVI 25. u cleene cappe (2 mal), vnclene (2 mal), *cleene* (2 mal), *vnclene* Zech. III 5, XIII 2, Mal. I 11, 1 Macc. IV 43. vnclene beestus, *vncleene, vnclene* 1 Macc. I 50, 65. ben cleene, *clene* Hab. I 13. make it clene, *cleene* Ez. XLIII 26. cleen, vncleen Subst. Neutr., *cleene thing and vncleene* Ez. XLIV 23. Vergl. vnclennesse, *vnclennessis* 1 Macc. XIV 7. — a clene sendel, vnclene, *clene, vnclene* Matth. XII 43, XXVII 59. clene herte, *clene* ebd. V 8. vnclene spiritis, *vnclene* ebd. X 1. make me clene, *clene* (2 mal), *cleene* (1 mal) ebd. VIII 2, 3, XXIII 25, 26, in ähnlicher Fügung clene, *clene* als Plur. ebd. XI 5. — an vnclene spirit (5 mal), vnclene spirit (2 mal), vnclene spiritis (5 mal), *vnclene, vncleene* (1 mal) Mark I 27, III 30, V 8, 13, VII 25, IX 15 etc. be thou maad clene, *cleene* ebd. I 42. — an vnclene fend (4 mal), vnclene spiritis (1 mal), *vnclene* (3 mal), *vncleene* (2 mal) Luk. IV 33, VI 18, VIII 29 etc. ben clene (7 mal), *cleene* (1 mal), *clene* (3 mal) Luk. XI 41, John XIII 10, 11, XV 3. make me clene, *cleene* Luk. V 12, in pluraler Beziehung ebenso Luk. VII 22. — clene herte (4 mal), vnclene (3 mal), *clene, vnclene* 1 Tim. I 5, III 9, Eph. V 3, 5. a clene herte, *clene* 2 Tim. II 22. thing vnclene, *vnclene* Deeds X 14, 28, XI 8. clene men (1 mal), vnclene (8 mal), *clene, vnclene* Tit. I 15, Ebr. IX 13. I am clene (2 mal), vnclene (1 mal), *clene* (1 mal), *cleen* (1 mal), *vnclene* Tit. I 15, Deeds XVIII 6, XX 26. ben clene (1 mal), cleene (1 mal), vnclene, *clene, vncleene* Rom. XIV 20, Tit. I 25, 1 Cor. VII 14. made clene a peple, vnclene, *clene, vnclene* Tit. II 14, Deeds X 15, XI 9; vergl. vnclennesse (4 mal), vnclennes (1 mal), *vnclennesse* (4 mal), *vnclennes* (1 mal) Rom. I 24, VI 19, Eph. IV 19, Col. III 5, Gal. V 19. — a clene religioun, vnclene, *clene, vnclene* Jam. I 27, Apoc. XVIII 2. a stoon cleene, *clene* Apoc. XV 6, XIX 14. cleene gold, *clene* ebd. XXI 18. vncleene spiritis, *vnclene* ebd. XVI 13. Vergl. vnclennesse, *vnclennesse* 2 Pet. II 10, Jam. I 21, Apoc. XVII 4. — al vnclene flesh, *vnclene* Ez. IV 14. clene thing, vnclene, *cleene, vncleene* Ez. XXII 24, 26; vergl. vnclenness, *vnclennesse* ebd. XXIV 13. — Man sieht also bei den jo-Stämmen im Allgemeinen noch eine gute Erhaltung des berechtigten End-e, wenn schon der Ver-

fall in einigen Formen sich zeigt und vornehmlich in den Wortkompositen.

. Zu den wo-Stämmen gehört ae. slâw, von dem einige Formen
in der Bibel belegt sind, vergl. seruaunt slowe, *slowe* Matth.
XXVI 26; slowe (sc. foolis), *slowe* Luk. XXIV 25; slow, Plur.
attrib., *slow* Rom. XII 11, slow Plur. attrib., *of slowe wombe*
Tit. I 12; man slowe, *slow* (2 mal) Jam. I 19.   Die Zusammensetzungen werden ebenfalls ohne Stammvokal gebildet, vergl.
2 Macc. XII 14, Deeds XXVII 7. — Ferner zu ae. trêowe: his trewe
seruauntis, *trewe* 2 Macc. I 2; a trew seruaunt, *trewe* Matth.
XXIV 45, seruaunt trewe, *trewe* ebd. XXV 23, trewe präd. Sg.,
trewe ebd. XXV 21, 23; trewe prädic. 1 mal Sg. und 2 mal Plur.,
trewe Luk. XII 42, XVI 10, 11, 12, XIX 7; trewe mynistre, *trewe*
Eph. VI 21, a trewe mynistre, *trewe* Col. 1 7, the trewe thingis,
trewe Deeds XIII 34, is trewe, *trewe* (9 mal) 2 Cor. I 18, 1 Thes.
V 24, Ebr. III 5 etc.; trewe, *trewe* attrib. Apoc. III 14. — Zu ae.
nearu eng gehört: is narewe, *narwʒ* Matth. VII 14.

Von den i-Stämmen, welche im Ae. schon fast ganz in die
jo-Klasse übergegangen sind, und zu denen auch das oben er-
wähnte swete gehört, nennen wir noch drŷge; pitt drye, *drie*
1 Macc. I 19, Jon. I 9; a drye hond, *drye* Matth. XII 10, drye
places, *drie* ebd. XII 43; a drye hond (2 mal), *drye, drie* Mark III 1;
a drye tree, *drie* Luk. XXIII 26, drye places, *drie* ebd. XI 24,
men drye, *drie* John V 3, was drye, *drie* Luk. VI 6, 8, wexe drye,
drie John XV 6; drye lond, *drye* Ebr. XI 29; the drye tree, *drie*
Ez. XVII 24, XX 47, floodis drye ebd. XXX 12, ben mad drie, *drie*
ebd. XIX 13.   Vergl. dazu drynesse, *drienesse* Nah. I 10, drye-
nesse Hag. II 7.

Von den u-Stämmen geben wir die Beispiele zu ae. cwicu:
to take hem quyck, *quyk* 1 Macc. XIV 2, 2 Macc. XII 35. — I quyck,
quyk Matth. VI 26, by quycke God ebd. XXVI 63. — quyk watir
(3 mal), of quyke watir, *quyk* (2 mal), *quik* (1 mal) John IV 10, 11,
VI 51, VII 38. — quyk God (7 mal) 2 Cor. III 3, VI 16, 1 Thes. I 9,
Ebr. III 12, is quyk, *quyk* Ebr. IV 12.   Als masc. Subst. im
Plural lautet es quike (1 mal), quyke (1 mal), quyk (1 mal), *quyke,
quike, quyk* Rom. XIV 9, 2 Tim. IV 1, Deeds X 42. assignede her
quyk, assignavit eam vivam Deeds IX 41. — a quyk stoon 1 Pet. II 4,
quyk watir (2 mal), quik (1 mal), quike (2 mal), *quic* (2 mal) 1 Pet.
I 3, 23, Apoc. VII 2, XXI 6, XXVII 1, quike stoones, *quyk* 1 Pet.
II 5, the quike, vivi, *quyke* 1 Pet. IV 5, Apoc. XIX 20, maad quike
(Sg.), *quik* 1 Pet. III 18.

Den Antritt eines tonlosen -e infolge Analogiewirkung verzeichnet ten Brink in der Chaucersprache u. a. bei fayre neben
fair, bei tame, lowe und meeke. Die Bibel schwankt auch hier.
a faire dwellyng, *fair* Mic. I 11, a man fair, *fair* 2 Macc. VI 18, men
faire (1 mal), fair, *faire* 2 Macc. III 26, faire thingus, *faire* (3 mal),
faireste Am. VIII 13, Joel III 5, Dan. I 4, 2 Macc. X 29, leeues most
faire, *ful faire* Dan. IV 9, the faire, *faire*, pulchrum, Zech. IX 17.
Vgl. fairnesse, *fairnesse* Bar. V 1, Hos. IX 13, 1 Macc. XV 15.
child fair, *fair* Ebr. XI 23, the fair gate, *fair* Deeds III 10, is said
fair, *feir* Deeds III 2. *a feire speker* Apoc. XXIV 1, fayrnesse,
fairnesse Jam. I 11. bed moost fair, *ful fair bed* Ez. XXIII 41,
faire couronys, *faire* ebd. XXIII 42, was moost fair, *ful fair* ebd.
XXXI 7. I made him fayre, fayr, *fair* ebd. XXXI 9, XXVI 13.
fairnes (3 mal), feirnes (1 mal), feyrnes (1 mal), aber 1 mal auch
fayrenes, *fairnesse* ebd. XVI 39, XXVIII 7, 17. — Zu ac. tam
gehört ben maad taame, *tame* Jam. III 7. — An. Lehnwörter sind
meke und lowe mit analogen -e. Vergl. he schal be maad louȝ
(2 mal), lowȝ (1 mal), *lowe* (1 mal), *low* (1 mal) Luk. III 5, XIV 11,
XVIII 14. mekenesse, *mekenesse* ebd. I 48. meeke men (1 mal),
meke (1 mal), *meke* Rom. XII 16, 1 Cor. VII 6, Y am meek, *meke*
2 Cor. X 1, mekenesse, *mekenesse* Deeds VIII 33. a meke brother,
meke Jam. I 9, mekenesse, *lownesse* Jam. I 10. the meke tree
(2 mal), *low* (1 mal), *meke* Ez. XVII 24, XXIX 14, in lowe stature,
lowe ebd. XVII 6, the meke subst. Musc. Sg., *the meke man* ebd.
XXI 26, *he made low the hiȝ man* ebd. XXI 26.

fewe begegnet bei Chaucer § 238 nur im Plural, desgleichen
auch in der Bibel, wo jedoch in einigen Fällen das End-e abge-
worfen ist. Wir geben einzelne Belege, ohne weitere Angabe, ob
das Wort prädikativ, attributiv oder substantiviert ist: fewe,
fewe (14 mal) Dan. XI 20, 1 Macc. III 10, 2 Macc. II 22. fewe
(5 mal), *fewe* Matth. VII 14, IX 37, XXII 14, XXV 21, 23, aber a few
smalle fisshis, *fewe* ebd. XV 34, few ben chosun, *fewe* ebd. XX 16.
a fewe sike men (2 mal), *fewe* und 1 mal *few* Mark VI 5, VIII 7.
fewe, *fewe* Luk. X 2, XII 48, XIII 23; Ebr. XII 10, Deeds XVII 4, 12.
a fewe names, *fewe* Apoc. III 4, a fewe Subst., pauci, *few* 1 Pet.
III 20. a fewe men, *fewe* ebd. XII 16.

Die Steigerung der Adjektive, soweit sie nicht durch
more, moost ausgedrückt wird, geschieht bei Chaucer §§ 244 ff.
durch die Endung -er, -est. Abgesehen von der Verdoppelung
der einfachen Konsonanz, wie in gladder, grettest etc., tritt zuweilen Metathesis des r ein, wie in derre, bettre. »An dem Kom-

parativ ist keine Flexion zu erkennen, da die Formen auf -er ein schwaches e nicht annehmen können, beziehungsweise solches verstummen liefsen, die Formen auf -e aber sich in der Lage des Positivs mit gleichem Auslaut befinden.« Der Superlativ wird flektiert: the beste, werste etc. An Paroxytonis aber mufs das tonlose -e elidiert oder apokopiert werden, sofern nicht eine Accentverschiebung auf die vorletzte Silbe erfolgt. »Apokope kommt übrigens im Superlativ wie im Positiv auch gelegentlich dem Metrum zu Gefallen vor.« Morsbach SS. **23**, 117 f. folgert aus seinen beschränkteren Beispielen, dafs die Komparative und Superlative auf -er und -est in den Urk. flexionslos sind, da sie auf eine tonfähige Silbe ausgehen.

Dafs auch die Bibel diese Regeln nicht sklavisch befolgt, ist zu erwarten. Einige Beispielsreihen seien angeführt; sie zeigen, dafs am Komparativ sehr oft ein -e antrat, und dafs dieses ebenso oft am Superlativ abfiel. oon heeʒer, *hiʒer* Dan. VIII 3, the beeʒer countrees, *hiʒere* 1 Macc. III 37, heeʒist prince, heeʒest, *hiʒest*, *hiʒesle* 1 Macc. X 20, XII 3, the heeist prest (4 mal, 1 Macc. X 32, XIII 42, XIV 17, 42), heeʒest (1 mal, 1 Macc. X 38), heiʒest (1 mal, 1 Macc. XII 7), heiʒist (2 mal, 1 Macc. XII 6, XVI 12), heeʒist (12 mal, 1 Macc. X 69, XIII 36, 2 Macc. III 9, 10, XV 12), *hiʒest* 1 Macc. X 32, sonst stets *hiʒesle*. the hiʒest prest, *hiʒest* Mark XIV 61, 66. the hiʒeste prestis (12 mal), *hiʒest* (7 mal), *hiʒesle* (4 mal), *hieste* (1 mal) Mark VIII 3, XI 27, XIV 1, 10, 43, XV 3. dcemynge hiʒere to hem silf, *to be heiʒer than hym silf* Phil. II 3, he were maad hiʒer, *hiʒere* Ebr. VII 26. the hiʒeste prest, *hiʒest* Apoc. XXIII 4. — the gretter hous, *grellere* Am. VI 12, 1 Macc. VI 27. *is gretter, grellest* Matth. XVIII 1, XXIII 11, 17, *is a grellere* ebd. XII 6. *is maad gretter, grellest* Mark IV 32, IX 33, X 43. XII 31. I schal make grettere (sc. my bernes), *gretter* Luk. XII 18, *who is gretter* Luk. XXII 27, *is grellere* John XIII 16, XIV 28, XV 20, *grellere werkis* John V 20, XIV 12, *is the grellest* Luk. IX 48. *bi a grellere of* Ebr. VI 16, 13. gretter abhomynaciouns (4 mal), *grellere* (1 mal), *gretter* (1 mal), *gretere* (1 mal) Ez. VIII 6, 13, 15, XVI 47, *sistris grellere* ebd. XVI 61. Sonst wird der Komparativ und Superlativ durch das häufigere alleinstehende more, moost vertreten.

Ben strenger, *strongere* Bar. VI 56, the strenger foundementis Mic. VI 2. is strenger than, *strongere* Matth. III 11. a strengere Subst. Masc. Mark I 7. a strengere, strongere Subst. Masc., *stronger* Luk. III 16, XI 22. is strenger, *strengere* 1 Cor.

I 25, ben strengere, *strenger* 1 Cor. X 22, strengest solace, *strongest* Ebr. VI 16. of the strengest of, Sg., *strongeste* Ez. XXXI 11, XXVIII 7. — Attributivisch steht Sg. ʒunger, *ʒongere* 2 Macc. VII 24, ʒongere, *ʒonger* Luk. XII 12, 13, in substantivischer Rection the ʒongere Masc., *ʒongere* Luk. XXII 26.

Temple holier, *holiere* 2 Macc. V 15, be miʒtier Sg., *miʒtiere* Dan. VII 24, *a miʒtiere* Bar. VI 35. the holyest temple, *hoolieste* 2 Macc. XIV 31. the worthiest and holyest Jauwis, *worthieste and holieste* ebd. VI 28.

Elder men (4 mal), eldre men (6 mal mit 4 Dativen), the elder men (2 mal), the eldre men (2 mal), *eldere*, nur einmal *eldre* 1 Macc. I 27, XI 23, XII 6, 35, XIII 36, XIV 9, 20, 28, XVI 2, 2 Macc. VIII 30, XIII 13, XIV 37. of eldre Subst. Plur., *eldere* 2 Macc. V 13. — elder men (1 Dat.), eldre (7 Dative), the elder men (1 mal), eldere (1 mal), eldre (1 mal), *of eldere men* (1 mal), *elder* (2 mal), *the eldere men* (3 mal), *elder* (2 mal), *eldre* (4 mal) Matth. XV 2, XXVI 3, 47, 57, XXVII 1, 3, 12, 20. of the eldris, a senioribus übersetzend, Matth. XVI 21. — of eldere men (5 mal), the eldere men (2 mal), *of eldere men* (3 mal), *the elder men* (3 mal), *eldre* (1 mal) Mark VII 3, 5, VIII 31, XI 27, XIV 43, 53, XV 1. — thou schalt wexe eldere, *eldere* John XXI 18. the eldere men (6 mal), eldre (1 mal Luk. XX 1), *eldere* (2 mal), *elder* (2 mul), *eldre* (3 mal) Luk. VII 3, IX 22, XV 25, XXII 52, 66, John VIII 9. — an elder man, *eldere* 1 Tim. V 1, eldere bretheren (3 mal), eldre (3 mal), the eldere men (6 mal), eldre (2 mal), *eldre* (13 mal), *eldere* (1 mal) Deeds IV 5, 8, V 21, XV 6, 22, 23, XXV 15 etc. youre eldris, *eldris*, seniores vestri wiedergebend, Deeds II 17. — the eldre man, *eldere* 2 John 1, 3 John 1. eldre men, the eldre men (10 mal), the foure und twenty elder men (1 mal), *eldre* (11 mal), *eldere* (2 mal), eldre Subst. Plur. 1 Pet. V 1, 5, 2 John 1, 3 John 1, Apoc. IV 4, 10, V 5, 6, 8, 11, 14, VII 13, XIV 3, XIX 4. — fro eldre men, *eldre* Ez. VII 26. the eldre men, *eldere* ebd. VIII 12, XX 3. the eldris, seniores, *eldris* (2 mal), *eldere* (1 mal) ebd. VIII 11, XIV 1, XX 1.

Is beter (1 mal), better (1 mal), *betere* (3 mal) Bar. VI 58, Nah. III 8, XIII 5, ben beter Plur. Bar. VI 67, the best rewmes, *beste* Am. VI 2, 1, is best, *best* Mic. VII 4. — is betre, *better* Matth. XII 12, ʒe ben better, *betere* ebd. X 31. — he hadde betere, melius habuerit übersetzend, John IV 52. — is bettere, *betere* 1 Cor. VII 9, betere (4 mal), bettere (1 mal) Adv., *betere* 1 Cor. VII 38, 2 Tim. I 18, Ebr. I 4, XII 25, Deeds XXV 10, betere thing (2 mal), a betre mynysterie (2 mal), the betere testament (4 mal), *betere*

1 Cor. XI 17, Ebr. VII 19, 22, VIII 6, X 34, XI 35, 40, the bettere ʒiftis (2 mal), betere thingis (3 mal), *betere* 1 Cor. XII 31, Phil. I 10, Ebr. VI 9, VIII 6, IX 23, a betere Subst., *betere* Ebr. VII 7, XI 16. — was betere, *betere* 2 Pet. II 21, ech best thing Jam. I 17.

Vergl. ferner zu ae. læsse, læsest: the lesse beiʒt (3 mal), lasse (1 mal), *lesse* Ez. XLIII 14, Am. VI 12, Mic. VI 10, rewme... lesse, *lesse* Dan. II 39, the lasse Subst. Sg. Masc., *lesse* Jon. III 5, fro the leste Subst. Sg. Masc., *leeste* 1 Macc. V 45. — is lesse, *lesse* Matth. XI 11, is leest, the lesle, *the leeste*, leest ebd. XIII 32, II 6, the leste Subst. Sg., *leste* V 19, these leeste (2 mal), leste (1 mal) Subst. Plur., *leeste* (2 mal) ebd. X 42, XVIII 6, XXV 45, these leste maundementis, *leeste* ebd. V 19, XXV 40. — is lesse, *lesse* Mark IV 31, James the lasse, *lesse* ebd. XV 40. — is lesse (1 mal), lasse (1 mal), *lesse, leest* Luk. VII 28, IX 48, lesse (2 mal) Adverb., *lesse* ebd. VII 47, the leeste thing, *leeste* ebd. XVI 16, is the leeste Sg. Neutr. Subst., *leest* ebd. XII 26. — no thing lasse, lesse (2 mal), *lesse* 2 Cor. XI 5, 24, XII 11, is lesse, *lesse* Ebr. VII 7, lasse Subst. Neutr. Sg., *lesse* 2 Cor. VIII 15, XII 13, lasse (2 mal), lesse (1 mal) Subst. Masc. Sg., *lesse* Rom. IX 13, Ebr. VIII 11, Deeds XXVI 22, lesse Adverb., *lesse* 2 Cor. XII 15, a sturblyng leest Deeds XIX 23, XV 2, the leeste thing, *leest* 1 Cor. IV 3, of leeste thingis, *leste* 1 Cor. VI 2, the leeste Sg. Mascul. Subst., *leest, leste* 1 Cor. VIII 9, Deeds VIII 10, leest Adverb. Deeds XX 12. — sister lasse, *lesse* Ez. XVI 46. sistris... lesse, *the lesse sistris* ebd. 61, 47, *make hem lesse* ebd. XXIX 15.

Zu ae. wiersa, wiersta gehören nachstehende Beispiele: the warst tyme, *worste* Mic. II 3, your warst wayes (4 mal), werst (1 mal), *worste* Ez. XXXIII 11, XXXIV 25, XXXVI 31, Zech. I 4, Dan. III 32. — a wors kittyng, *wers* Matth. IX 16, spiritis worse, *worse* ebd. XII 45, ben maad worse je einmal Sg. und Plur., *worse* ebd. XII 45, XXVII 64, this worst generacioun, *worste* ebd. XII 45. — Sed magis deterius habebas wird übertragen in: but more hadde worse, *but was rather the wors* Mark V 26. — ony thing worse, *worse* John V 14, spiritis werse, *worse* Luk. XI 26, ben maad worse, *worse* ebd. — into worse (sc. thing), *worse* 1 Cor. XI 17, 1 Tim. V 8, 2 Tim. III 13, the worste deuel, *worste* Deeds XIX 16 — thingis worse, *worse* 2 Pet. II 20. — the werst abomynaciouns, *worste* Ez. VIII 9, werste beestis (2 mal), werst (2 mal), *worste* Ez. V 17, XIV 15, 21, XX 44, XXX 12.

Von den Adjektiven, welche im Ae. den Superlativ mit dem -m Suffix bildeten, führen wir noch einige Beispiele an, obwohl die Worte zum Teil ja Zerrüttung erfuhren: the former feet 2 Macc. III 25, the formere part Deeds XXVII 41, gegenüber *formere*. — the vtmer porche (15 mal), vtmore (1 mal), *outermore* (7 mal), *outermere* (9 mal) Ez. XL 12, 20, 31, 34, XLIV 1, 19 etc. — the ynner ʒate (14 mal), ynnermer (2 mal), *ynnere* (16 mal), *ynner* (2 mal) Ez. XL 15, 27, 28, 32, 44, XLI 15, 16, 1 Macc. IX 54; the inner man (2 mal), ynnere (1 mal), *ynnere* (3 mal), *ynner* (1 mal) Rom. VII 22, 2 Cor. IV 16, Deeds XVI 24, Eph. III 16, ynner thingis *ynnere* Ebr. VI 19 — the inner dore, innermore, *ynnere* Ez. VIII 3, 16.

Neu zum Positiv let ist me. last gebildet, vergl.: the last spirit (3 mal), laste (1 mal), *laste* Hag. II 10, Ez. XLIII 10, 2 Macc. III 31, VII 9, the laste dayes, *laste* Ez. XXXVIII 16, the last of ʒeeris, *laste* Ez. XXXVIII 8, Dan. VIII 19, Hos. III 5, Mic. IV 1, at the last (2 mal), novissime, *laste, last* 2 Macc. V 8, VII 41. — the last ferthing, laste (2 mal), *last* (1 mal), *laste* (2 mal) Matth. V 26, XX 14, XXVII 64, the last men (2 mal) ebd. XX 16, the laste Subst. Masc. Sg., *laste* ebd. XX 8, the laste Plur. Subst. Masc., *laste* ebd. XIX 30, XXII 27, XX 12, 16, at the laste (1 mal), last (1 mal), novissime, *laste, last* ebd. XXV 11, XXVI 60. — the laste thingis Mark V 23, the laste (sc. sone), *last* ebd. XII 6, the laste Subst. Masc. Sg., *laste* ebd. IX 34, XII 22, the laste Subst. Masc. Plur., *last* (2 mal) ebd. X 31. — the last ferthing (1 mal), laste (6 mal), *laste* (6 mal), *last* (1 mal) Luk. XII 59, John VII 37, VI 39, 40, 44, XI 24, XIII 48, the laste Subst. Masc. Sg., *laste* Luk. XX 31, the last Subst. Masc. Plur. (1 mal), laste (1 mal), *laste* Luk. XIII 30, at the laste, *laste* ebd. XX 31. — the laste Adam, *laste* (2 mal), *last* (1 mal) 1 Cor. XV 45, 52, Deeds XXVII 41, the laste tymes, *laste* 1 Tim. IV 1, 2 Tim. III 1, at the laste, *laste* (2 mal), *last* (1 mal) 1 Cor. XV 8, 26, Ebr. I 2. — the laste tyme (1 mal), last (1 mal), *last* (1 mal), *laste* 1 Pet. I 5, 1 John II 18, the laste tymes, *laste* 1 Pet. I 20, 2 Pet. III 3, Jud. 18, Apoc. XV 1, XXI 9, the last Sg. Masc. Subst., *last* Apoc. II 8. Hier begegnet auch ein Komparativ the later thingis, *lattere* 2 Pet. II 20.

Von den Lehnworten findet sich im Komparativ belegt: the lowere partis (1 mal), lower (1 mal), *lowere* Ez. IV 9, XLI 7.

Von den Personalpronomen nennen wir me, *me,* welches stets mit einfachem -e bis auf ein mee Matth. XXVII 46 erscheint, gegenüber beständigem thee, *thee,* das wohl nur zum Unterschiede vom bestimmten Artikel mit -ee, *-ee* auftritt. Die Urk. S. 120 ff. haben me, Chaucer § 250 schreibt me, the und mee, thee. Ebenso heifst es in der Bibel he, *he,* sche, *sche,* we, *we,* ʒe, *ʒe,* auch wenige

Male im alten Testamente ye Joel II 26 und ȝee Bar. IV 4, Mark II 6, wee 1 Macc. VI 23. Chaucer schreibt diese Pronomina mit einfachem -e und doppeltem -ee. Die Urk. haben he, she und sho, we und ye. Da die Worte aber immer einsilbig sind trotz Doppelschreibung, so gehören sie, im Grunde genommen, nicht an diese Stelle.

Der Dativ Sg. der 3. Person Fem. heifst ständig hir, *hir*, nur wenige Male steht hire Mattb. V 28, 32, Mark V 23 und einmal *on her*. Chaucer § 250 Anm. 3 hat hire, hir, die Urk. S. 121 überliefern here, her.

Ae. seolf kommt in der Bibel nur in Verbindung mit Personalpronominen vor. Bei Chaucer § 255 werden z. B. myself, myselven, hemself, hemselven, hemselve überliefert. Ten Brink urteilt hierüber: »diese Formen beruhen zum grofsen Teil auf einer Vermischung des adjektivischen Gebrauchs von self mit dem substantivischen«, und diese Erklärung dürfte einwandlos sein, denn auch in der Bibel heifst es stets my self, *my silf*, thi self, *thi silf*, — bis auf ein einziges me silf Rom XVI 2. Dieses my, thi ist aber nichts anderes als das Pronomen possessivum, denn das Pronomen personale heifst ja me, thee. Ebenso mufs das seltenere oure self 2 Macc. II 29, your self Ez. XL 8, *youre silf* Luk. XXIII 28, oure *silf* Gal. II 17, oure silf 1 John I 8 neben dem gewöhnlichen vs self, you self etc. erklärt werden, denn oure und youre kommen in der Bibel als Pronomen personale überhaupt nicht vor.

Ae. seolf wird nun als self, *silf* fortgesetzt Bar. VI 57, 2 Macc. III 15 etc. — self, *silf* (14 mal), *self* (1 mal) Matth. IX 21, XII 25. — self (4 mal), silf (4 mal), him silue (1 mal), hem selue (1 mal), *silf* Mark III 24, 26, V 30, VIII 34, IX 9, XI 31, XII 31, 33, XV 30, 32. — Sehr häufiges silf, bis auf selve (Luk. XX 5, 14, XXII 71), self (John XVI 13), *silf* Luk. VII 7, John III 28 etc. — Desgleichen stets silf (wohl an 100 mal), bis auf self Rom. VI 13, *silf*, aber *hym self* Rom. XIV 7, vgl. Gal. V 14, Phil. II 3 etc. — silf, *silf* Jam. I 22, 1 Pet. II 24 etc. Die Urkunden S. 130 f. haben your selve, hym self, hem self etc., wo Morsbach bemerkt, dafs selve auf die flektierte ae. schwache Form seolfa zurückgebe.

Die Pronomina Possessiva sind bei Chaucer § 251 als myn, my; thyn, thy; his, his; hire, hir; oure, our; youre, your; oure, our; here, her, hire, hir überliefert, — my und thy stehen vor den Worten, die mit Vokal oder h anlauten, auch im Plural findet sich myn und thyn vor vokalischem Anlaut. Prädikativ und absolut heifst es: myn, thyn, Plural myne, thyne. Die Urk. S. 125 f. stimmen damit im Wesentlichen überein mit einer Ausnahme, wo my vor Vokalen und h steht. Der Plural vor Vokalen heifst dort myne und häufiger myn, in absoluter Stellung myn, ebenso trifft man in den Urk. oure, our, youre, your, his Sg. und Plur., einmal Sg. hese und einmal Plur. hise. Das Pronomen fem. generis heifst in den Londoner Urkunden überwiegend her, here gegenüber hir. Auf einen Plural bezieht sich here, her, wo gute Chaucerhandschriften § 250 Anm. 3 auch hire, hir schreiben, neben theire, their, ther. Bemerkt werde noch, dafs nach ten Brink hire, oure, youre, here niemals zweisilbig sind (§ 260).

Die Bibel schreibt: Im Sg. und Plur. his, *his*, Fem. hir, *hir*; her, *her* geht auf einen Plur., sie überliefert our, oure, ʒour, ʒoure, doch kommen auch minder zahlreiche ʒoure, oure vor Am. V 10, 26, VI 14, 1 Macc. II 63 etc. und weniger stark vertretene Plurale *hise* Am. II 15, III 7, 1 Macc. II 28 etc. Sonst heifst es in strengerer Übereinstimmung mit Chaucer Sg. und Plur. myn, my, *myn, my*, thyn, thy, *thyn, thy*. Wohl nur Schreibfehler ist *her* Bar. VI 43, auf ein Fem. gehend, für sonstiges *hir*. — his Sg. und Plur., *his*, im Plural meist *hise*, neben *his* Matth. V 2, 35, XIII 55. hir, *hir* Sg. und Plur., ausnahmsweise steht hire modir ebd. X 35. her, *her* Sg. und Plur., ausnahmsweise theire Sg. und Plur. ebd. VI 7, VII 6, there Plur. ebd. III 7. my, myn, *my, myn*, thy, thyn, *thy, thyn*, eine ungewöhnliche Verwechselung, wie sie allerdings auch in den Urk. begegnet, liegt vor in thin neiʒbore ebd. V 43. ʒoure, oure Sg. und Plur. überwiegt ʒour, our, in der jüngeren Version heifst es ʒoure, oure. — my, thy, myn, thyn, ebenso in der jüngeren Version, his Sg. und Plur., *his*, aber Plur. *hise*, hir, *hir*, oure, ʒoure, *oure*, *ʒoure* Mark II 16, XI 10; einmal ist thei bretheren Mark III 32 belegt für thi, also wohl nur ein Fehler. — Im Luke und John trifft man my, thy, myn, thyn (mit einer Ausnahme myne thingis Luk. XV 31) und ebensolche Formen in der jüngeren Version. his Sg. und Plur., *his*, aber Plur. *hise*, hir, *hir* (ausnahmsweise hire Luk. VII 47), her, *her*, oure, ʒoure, *oure*, *ʒoure*. — Ebenso verhält sich der Rest des neuen Testamentes nach »K« und »M«, in dem Teile nach »M« haben wir jedoch noch abweichendes *his men* Apoc. XX 13, XXII 6 wahrgenommen; *her werkis* ebd. XVIII 6, wo das Pron. poss. auf ein Femin. geht, ist wohl nur ein Fehler. Die Hesekielpartie nach »A« stimmt zum übrigen Teile des alten Testamentes myn, my, thyn, thy, *myn, my, thyn, thy*, hir, *hir*, her, *her*, his Sg. und Plur., *his, hise* und *his* Plur. Ez. XII 14, XXII 3, XXVI 10, 11, ʒour, selten ʒoure, ʒoure Ez. VI 5, 6, XXIII 21 etc. Auf das Anführen von weiteren Belegstellen haben wir, wo jede Seite der Bibel zahlreiche Beispiele gibt, verzichtet.

In einigen wenigen Fällen, die wir beobachtet haben, steht das Pronomen possessivum in prädikativer und subst. Fügung und hat einige Besonderheiten. Wir führen an: of hyse 1 Macc. IV 35, that is thine, *thin* Matth. XX 4, ben thyne, *thine* ebd. XXV 31. of myne, de meo glossierend, *of myne* John XVI 14. is myne, ben myne, *ben myne, is myn* Ez. XVIII 3, 4. Cum suis wird 2 Macc. VIII 28 übersetzt with hern, *with hern*. Ob noch ein alter Dativ hier vorliegt? Adjektivisch steht: is heren, herun, *is herne* Matth. V 3, 10, worin wohl ein adjektivisches Suffix zu sehen ist. Vergl. dazu *schal be ourun* Mark XII 7.

Von den Demonstrativpronomen nennen wir nur this und ilk. Ersteres erscheint bei Chaucer § 252 als this, im Plural als thise oder thees, meist freilich thes geschrieben, doch auch these kommt vor. Das Wort ist nach ten Brink stets einsilbig (§ 260). Die Urk. S. 128 f. schreiben this, Plur. this(e) und thes(e). Die Bibel überliefert: this, these, *this, these* Dan. VII 6, 7, 1 Macc. IV 19, IX 10. — Ebenso im Matthäus und Markus, im letzteren XI 28, 29 ausnahmsweise thes. — Im Lukas und Johannes aber begegnet ganz gewöhnlich this, thes und wieder *this, these* Luk. 1 65, 11 18, John VII 10. — Im Reste nach »K« heifst es this, thes und weniger häufig these, *this, these* 1 Cor. VI 11, Deeds II 22, 7, V 24, VII 1 etc. — Im Teile nach »M« und »A« begegnet wieder this, thes (ausnahmsweise these Ez. VII 5), die jüngere Version bleibt sich gleich, vgl. 1 Pet. 1 4, 1 John IV 4, Apoc. II 1, Ez. VI 49, 36, 59 etc.

Ae. ylca erscheint bei Chaucer § 255 als ilke, the ilke kontrahiert thilke, this ilke. Die Urk. S. 129 belegen den Sg. thilk und den Plural thilke. Die Bibel zeigt hier Schwanken: the ylk ariel Ez. XLIII 14, I 2, XXXIII 15, XXXVI 35, aber the ilke man Ez. XXXIII 8, XXXII 18, thilk ymage Dan. II 31, Plur. the ylk Caldeis und the ilke goddis Bar. VI 40, 41, gegenüber ständigem *thilke*. — the ilke fishe, ilk, *thilke* Matth. XVII 26, XVIII 26, XXVI 63, thilke man ebd. IX 6. — the ilke Eroude, thilke Erodias, that ilke man, stets *thilke* Mark VI 10, 22, XIV 21. — the ilke spirit, thilke our, *thilke, thilk* Luk. X 21, John XVI 13, thilke workis, *thilke* John XIV 12. — the ilke spirit, *ilke, thilke* Rom. VIII 26, 29, 30, 1 Cor. II 1. — the ilke citee, *thilke,* 1 mal *that ilke* Jam.

IV 13, 1 Pet. V 9, Apoc. XIV 8, XVI 12. — the ilk volym, 1 mal the
ilke, *thilke* Ez. III 2, X 15, XI 18, XIV 9, XVIII 4, 20, the ilk whee-
lis, *thilke* ebd. X 13, 22.

Vom Relativ bemerkt ten Brink (§ 254), dafs Chaucer
which im Sg., which und whiche im Plural verwende, doch zähle
dieses -e im Verse nur dann mit, wenn das Relativ von the begleitet werde (§ 260); adjektivisch dagegen heifst es bei Chaucer
whiche mit hörbarem -e. Die Urk. S. 25 verzeichnen im Sing.
und Plural which, whiche. In der Bibel in der jüngeren Version
ist der Zug ganz unverkennbar, den Plural durch ein -e gegen
den Sing. auszuzeichnen; vielleicht kann auch das adjektivische
whiche als das gewöhnliche bezeichnet werden, indessen an Ausnahmen fehlt es nicht. Das alte Testament der älteren Version
nach »K« dagegen zieht whiche in allen Fügungen im Sing. und
Plural vor; vergl. Ez. XLII 12, XLIII 3, XLVII 13, XLVIII 8,
Obd. 3, Mic. I 11, 12, VI 1. Im Matthäus kommt nur whiche vor,
freilich auch meistens in Begleitung von the, vergl. XI 16, 20,
XIII 33, 37, XIV 13. Von dem Rest des neuen Testamentes nach
»K« und »M« und der Hesekielpartie nach »A« kann dasselbe gesagt werden, was von der jüngeren Version behauptet ist, die
Ausnahmen, mufs jedoch nochmals betont werden, sind sehr zahl-
reich; und namentlich in der Hesekielpartie nach »A« wird whiche
in allen Fügungen überaus oft getroffen, vergl. Mark II 4, 8,
III 28, IV 16, 22, 31, IX 2, 17, X 18, Luk. VIII 3, 17, 25, 34, John V 28,
Rom. VI 3, 17, VII 6, XVI 7, Ebr. XII 12, 2 Pet. II 2, III 6, 14,
1 John V 13, 2 John 1, Apoc. IV 1, Ez. VIII 13, XIV 22, XVI 5, 17,
XXIII 19 etc.

Zu dem Genetiv whos bei Chaucer § 254 und in den Urk.
S. 130 stellt die Bibel whos, *whos* Ez. XL 3, Dan. IV 17, Matth.
XXII 20, Mark VII 15, Luk. IX 55, Rom IX 4, 5, Ez. XVII 16,
XXIII 9, 20; dagegen whois in »M« 1 Pet. II 24, Apoc. XIII 8, 12,
XVII 8, XX 7, 11. Ausnahmsweise steht whose Dan. VII 27.

Von den sonstigen Pronominen nennen wir som, Plur.
some adjekt. wie subst. bei Chaucer § 138, in den Urk. S. 131
som(e), in den Staatsurk. auch sum. Ten Brink bemerkt jedoch,
dafs das Wort stets einsilbig ist (§ 260). In der Bibel hat sich
dieses Verhältnis völlig verwischt, vergl. sume man (2 mal), sum
(1 mal), *sum* 2 Macc. IV 40, X 37, XI 36; summe Plur. Subst.
(3 mal), sume (1 mal), sum (2 mal), *summe* 1 Macc. I 14, VI 21,
2 Macc. II 19, III 31, IV 41, 42; sume vessels (1 mal), summe (2 mal),
sum men (1 mal), *summe, summen* 1 Macc. II 31, XI 21, 2 Macc.

IV 3, 32. — sumething, *sum* Matth. XX 20; summen, *summen* ebd. XXVII 47; sume Sg. Subst., *summe* ebd. XIII 23; sum Plur. Subst. (2 mal), sume (1 mal), summe (4 mal), *summe* ebd. IX 3, XII 4, 38, XIII 8, XVI 28, XXVIII 11, 17. — summe Plur. Subst., *summe* (10 mal) Mark II 6, VII 1 etc. — sum thing (2 mal), *sum* Luk. VII 40, John XIII 29; sum men (7 mal), summe (3 mal), *sum* (4 mal), *summe* (3 mal), *summen* (2 mal) Luk. VIII 2, IX 1, 8, XIII 1, XXI 5, XVIII 9, XXIV 22, John XII 20; sum Subst. Sing., *sum* Luk. VIII 5; summe Plur. Subst. *summe* (13 mal), *sum* (3 mal) Luk. VI 2, XI 15, XIII 31, John VI 65 etc. — sum tyme (8 mal), sum what, *sum* Rom. I 11, 1 Cor. VI 11, XVI 7, Deeds III 5, XVIII 23, XIX 23, XXI 16; summen (auch in 2 Worten geschrieben, 9 mal), *sum men* 1 Tim. VI 10, I 6, Ebr. IV 6 etc.; summe dayes (13 mal), sum (3 mal), *summe, sum* (4 mal) 1 Tim. V 24, Deeds IX 19, X 48, XV 2, 36, XVII 21; summe Subst. Plur. (44 mal), sum (1 mal), *summe,* bis auf 3 *sum* Rom. III 3, 1 Cor. IV 18, Gal. I 7, Deeds X 23, XI 20, XII 4. — sum tyme, *sum* Jud. 4; summe thinges, *summe* 2 Pet. III 16; sum men 2 Pet. III 9; summe Subst. Plur., *summe* Deeds XXVIII 24, Apoc. II 10.

Many begegnet bei Chaucer § 255 und in den Urk. S. 28 f. ohne -e. Die Bibel, wo das Wort fast nur im Plural vorkommt, hat dagegen in einer Reihe von Fällen ein -e, -e antreten lassen, sowohl wenn das Wort attributivisch, wie substantivisch gebraucht wird. Als Substantiv verhält sich many: manye wie 42:11, in attributivischer Fügung wie 22:15. In der jüngeren Version heifst es in attributivischer Fügung stets *many,* in substantivischer verhält sich *many:manye* wie 6:6; vergl. Bar. IV 12, Dan. XI 41, Dan. VIII 27, XII 2, 2 Macc. I 10, 36 etc. Einmal heifst es auch manye oo wecke Dan. IX 27, aliud tempus umschreibend. — Im Matthäus kommen auf 20 many als Adjektiv 4 manye. In substantivischer Stellung steht many 11 mal, manye 6 mal, dagegen *many* (14 mal), *manye* (4 mal), attributivisch *manye* (8 mal), *many* (4 mal), vergl. ebd. III 7, VII 13, 22, XIII 2, 17, 30, 58, XXIV 5, 10. — many deuelis (6 mal), manye (6 mal), *many* Mark I 34, II 15, IV 33, VII 4, XII 41, als Substantiv many (5 mal), manye (10 mal), *many* (11 mal), *manye* (4 mal) ebd. I 34, II 2, V 6, X 48, XIII 6. — *many good werk* John X 32, many men (18 mal), manye (18 mal), *many* Luk. II 34, 35, V 15, VIII 3, John III 23, IV 39, XX 30, manye Plur. Subst. (13 mal), many (3 mal), *many* (15 mal), *manye* (8 mal) Luk. I 14, 16, IV 41, John II 23, IV 41, VII 31, X 41 etc. — manye folkis (25 mal), many (26 mal), *many,* nur *mony* (2 mal Deeds XIII 30, XXIV 10), *manye*

Rom. V 18, VIII 29, 1 Cor. I 26, XII 14, 1 Tim. VI 10, Deeds II 40, VIII 8, XVI 18, als Substantiv many (4 mal), manye (26 mal), *many* (11 mal), *manye* (16 mal) Rom. V 15, 19, 1 Cor. XII 12, 21, Ebr. XII 15, Deeds IV 4, IX 13. — many antecristes, *many* (9 mal) 1 John II 18, Apoc. V 11 etc., many Subst., *many* 2 Pet. II 2. — manye watris (5 mal), many (5 mal), *many* Ez. XVI 41, XVII 5, 8, XXVII 33 etc., manye subst. Ez. XI 6.

Bei Chaucer § 255 heifst es ecch, Dativ ecche. Die Urk. S. 131 überliefern ech(e), welches Morsbach für die südliche Form erklärt, dann schreiben sie iche, welches vornehmlich dem Ostmittelland angehören soll und zur ac. Nebenform ȳle steht. Die Bibel hat nur die Form mit e, jedoch differieren die verschiedenen Teile in der Schreibung in betreff des End-e. eche adjekt. und subst. Ez. XLII 20, Joel II 8, Mic. IV 5 etc. eche Matth. XII 25, XXV 15, XXVI 32; aber echon ebd. XX 10. ech Luk. II 3, IV 40, XVI 16, John III 8, 1 Cor. VII 17, IX 5, Ebr. II 2, VI 11. ech überwiegend gegen eche Jam. I 14, 19, 1 Pet. IV 10, 17, 24, III 15, 1 John IV 1, Apoc. XXI 21. eche Ez. V 12, 14, IX 6. Die jüngere Version hat *ech*, nur ganz vereinzelt *eche* Luk. V 17, Rom. XV 2, Deeds II 38, 1 Cor. VII 2.

Quantität der Vokale in unbetonter Satzstellung.

Unter dieser Überschrift weist Morsbach S. 27 auf einige Worte mit ac. langem Vokal hin, die infolge ihrer steten Stellung aufserhalb des Satztones gekürzt wurden. Der Vorgang ist gemein mittelenglisch, und es interessieren uns daher nur einige Worte wegen ihrer abweichenden Färbung in den verschiedenen Teilen des Bibeltextes.

ae. būtan, bei Chaucer § 7 und Morsbach but, wird in der Bibel im alten Testamente nach »K« als bot überliefert Zech. II 12, Dan. V 23, 1 Macc. II 16 etc., einmaliges but Ez. XXXVI 22 (ob nur Schreibfehler?). but steht neben seltenerem bot und zweimaligem bote (XVI 12, XXVI 42) im Matthäus, vgl. IV 4, V 13, 17, 19, XVI 23. but Mark I 44, V 19, VI 4, XII 14, 25, 27; Luk. IV 4, V 31, XIX 42, John XI 52, XIX 11; 2 Cor. XIII 5, Eph. V 17, Col. III 11; 1 Pet. III 4, 1 John III 18, Apoc. XIV 3; Ez. III 19, XVII 13. Die jüngere Version hat ständig *but*.

ae. nât, nō(h)t stellt sich in den Urk. SS. 27 u. 75 f. als not und nat dar in unbetonter Satzstellung. Die Bibel schreibt not, *not* Hos.

I 9, Am. I 10, 2 Macc. XI 9; Matth. I 19, II 18, IV 4, V 17, 26, 33;
Mark XII 10, 26, XIII 33; Luk. V 31, XXII 46, John II 24, XIX 10;
2 Cor. XII 2, Eph. V 3, Ebr. X 5; 1 Pet. III 1, Apoc. XII 7; Ez.
XVII 29, XIX 14. Auffallen mufs bei dieser Art Überlieferung,
dafs im Matthäus und in den fünf ersten Kapiteln des Markus
überaus häufiges nat begegnet, welches abgesehen von einem
sporadischen nat Mark VIII 30 sich sonst nicht findet, vgl.
Matth. II 6, V 42, 46, VI 1, IX 12, 13, X 5, 14, Mark II 26, IV 5, 10,
12, 17, 19, V 10, 19 etc.

Hierher stellt Morsbach auch die Pronominalformen von ae.
ǽnig, die die älteren Londonerurk. S. 44 f. als any vornehmlich, neben
seltenerem eny und ony überliefern. Die jüngeren Urk. schreiben
in der Regel eny, welches besonders dem Süden eigen ist, während
ony, any mittelländische Formen sind. Chaucer § 255 hat any.
Die Bibel schreibt eny Dan. II 10, III 6, 50, Ez. XLIV 8, Mal. II 13,
Bar. VI 23, 1 Macc. X 35, XIV 44, Mic. III 5. Diese Form ist weitaus
in der Überzahl gegen vereinzeltes ony Ez. XXXIV 28, Jon. III 7,
1 Macc. IX 7 und gegen ausnahmsweises any Ez. XXXIII 15. Der
Matthäus hat eny ebd. XXI 3, XXII 16, 24, 45, XVI 24, XI 27, XII 19,
welches weit überwiegt gegen vereinzeltes ony ebd. XXIV 17, 23
und any ebd. V 39. Im Markus dagegen ist ony die herrschende
Form ebd. IV 22, VI 5, 36, VII 16, VIII 23, IX 21 etc., aber any
ebd. IX 7, 8, 34 und eny ebd. V 3. Im Luke und John herrscht
ony, an abweichenden Formen können wir nur eny John II 25 belegen, vergl. Luk. VIII 5, IX 23, John VII 4, XVI 23. ony ist auch
im übrigen Teile nach »K« das regelmäfsige Rom. XV 18, 1 Cor.
II 2, III 7, VIII 2, Gal. V 6, Phil. III 15, Deeds XIII 15 etc. etc.
Doch kommt auch ausnahmsweise eny wie Rom V 7, 1 Cor. III 12,
15, 18, any 1 Cor. X 31 vor. ony Jam. I 7, V 13, 1 Pet. IV 12. Die
jüngere Version hat durchgehend *ony*. Abweichungen von dieser
Regel vermögen wir nur in *any* John V 14, 1 Cor. VII nachzuweisen.

Es scheint schliefslich geboten, die Resultate dieser Untersuchung über die Quantität der Vokale zusammen zu fassen und
in der Kürze darzuthun, ob die Bibelsprache gegen die Sprache
Chaucers und die der Urkunden einschneidende Unterschiede
offenbare. Es wird dies um so notwendiger sein, da durch die
Häufung der Belege, namentlich in dem Abschnitte über die
Quantität der unbetonten Silben, diese Vergleichung, welche der

eigentliche Zweck unserer Abhandlung ist, mehr in den Hinter-
grund trat. Indessen wir glaubten dieser zahlreicheren Beispiele
nicht gut entraten zu können. Wenn wir auch an Stelle derselben leicht eine mehr resümierende Darlegung hätten setzen
können, zu welcher wir unsere Beispiele gruppieren mochten,
so hätten wir zwar gleich ein klareres und übersichtlicheres Bild
gewonnen, aber wir mußten uns doch sagen, daß bei der Möglichkeit, die Schreibung in mehr als einem Sinne auszudeuten, dieses
Bild nur einen höchst subjektiven Wert besitzen könne. Wenn
wir jetzt die Resultate zu ziehen versuchen, so kann dies um so
ungefährlicher geschehen, da die vorstehenden Beispiele auch
dem Nachprüfer das volle Material an die Hand geben.

Auffallen wird, — so müssen wir noch bemerken, — die
Vielheit von einzelnen Wortformen in der Bibel und in den Urkunden gegenüber denen bei Chaucer. Der Grund liegt wohl
zum Teil darin, daß die ausschlaggebenden Handschriften für
Chaucers Werke in sich einheitlicher sind, als es die von verschiedenen Schreibern herrührenden Dokumente der Urkunden-
sprache und die untersuchten Teile der Bibel sind. Dann aber
ist bei der Untersuchung der Urkunden- und der Bibelsprache
der Schreibung ein viel höherer, weil ein alleiniger Wert bei-
gemessen, als es bei der Untersuchung über Chaucers Sprachgebrauch der Fall ist, und als es dort nötig war. Ten Brink
hat den Vokalwert der betonten und unbetonten Silben in erster
Linie mit Hülfe des Rhythmus festgesetzt unter Anwendung einer
theoretisch-historischen Betrachtungsweise. Trotzdem wir zugeben
müssen, daß auf diese Weise über den Vokalwert viel gesichertere
Resultate gewonnen worden sind, als es auf Grund der Schreibung
allein möglich gewesen wäre, so scheinen uns diese Ergebnisse
dem Chaucer'schen Sprachgebrauch doch oftmals zu enge Grenzen
zu ziehen. Dagegen wird bei der allein möglichen Begründungs-
weise durch das geschriebene Wortbild dem Munde Wyclifs, wie
der Londoner Schriftsprache entschieden zu viel zugemutet werden. Allein es dürfte hier kaum möglich sein, Scylla und Cha-
rybdis zu entfliehen.

Letzterdings soll hier noch daran erinnert werden, daß die
Urheberschaft verschiedener Persönlichkeiten mit ihrem leicht etwas
differierenden Sprachgebrauch bei den Urkunden in Betracht zu
ziehen ist, welche zweifellos die Vielgestaltigkeit der Formen mit
beeinflußt haben. Ebenso möchten wir in der Bibel, namentlich im
untersuchten Teile der älteren Version, das abweichende der ein-

zelnen Particen von einander nicht nur dem Einfluſs und der
Thätigkeit der rein mechanisch Kopierenden zur Last legen, sondern wir möchten dahinter die Persönlichkeiten mehrerer Mitarbeiter an der Übertragung vermuten. Unsere Gründe dafür
wollen wir am Schlusse des Abschnittes über die Qualität der
Vokale vortragen; ausschlaggebend können dieselben freilich
nicht sein, denn, wie schon bemerkt, die endgültige Lösung dieser
Frage kann nur eine andere Untersuchung bringen. Allein wir
hoffen, zu jener Lösung nicht unwertes Material gesammelt zu
haben, das freilich erst in der Hand des anderen Untersuchers
völlig nutzbar wird. Aber selbst wenn es sich schließlich erweisen sollte, daſs wir ohne Grund an der Einheit der Autorschaft
für den untersuchten Teil der älteren Version zweifelten, so wird
man dann doch zugeben müssen, daſs Angesichts der bereits im
Vorstehenden gebrachten Beispielsreihen es andererseits auch
zwingenderer Gründe, als sie Forshall und Madden gaben, be-
durfte, um diese Einheit darzuthun.

Über die Quantität der betonten Vokale glauben wir in
diesem Resumé kurz hinweg gehen zu können. Die von ten Brink
für Chaucer aufgestellten Regeln sind von Morsbach auch für
die Urkunden als gültig erklärt, und von der Bibelsprache können
wir nur dasselbe sagen. Es ward ja nur gelegentlich die Vokallänge von der Kürze in der Schrift geschieden, eine obligatorische
Scheidung von Kürze und Länge durch die Graphik zeigen unsere
Texte nicht. Indessen es ist ein bemerkenswerter Zug von der
ersten Hand, welche »K« schrieb, daſs sie die Länge der Vokale
vor dehnender Konsonanz im Allgemeinen mehr durch die
Schreibung zum Ausdruck bringt, als es namentlich die zweite
Hand von »K« thut. Der Text der jüngeren Version stellt sich
nahe zur zweiten Hand von »K«. Die Teile nach »M« und »A«
zeigen bald starke Neigung, die Länge graphisch auszuzeichnen,
bald verhalten sie sich hiergegen ablehnender. Wir verweisen
hinsichtlich dieses Punktes auf die oben gegebenen Beispiele von
freend (S. 11), chijld (S. 14 f.), ȝeeld (S. 15 f.), beelde (S. 16 f.),
eende (S. 19), weengis (S. 21), wo die erste Hand von »K« in
auffälliger Weise mit Doppelvokal schreibt, während die zweite
Hand nur die Schreibung mit einfachem Vokal kennt, und die
Stücke nach »M« und »A« bald zur ersten Hand, bald zur Gewohnheit der zweiten Hand neigen. Wiederum herrscht in den
zwei Textteilen nach »M« und »A« gegenüber der Handschrift

»K« der Zug, gewisse Worte mit Doppelvokal zu schreiben, wie
es sich bei moost und preest (S. 11 f.), bei loond, hoond (S. 18),
wijnd (S. 19) zeigt. Die jüngere Version bevorzugt bis auf einige
Fälle wie *i, e* vor *ld, e* vor *nd* etc. (SS. 14—18, 19) die Doppelschreibung. Eine Regel, nach welcher bei dem einen Worte
die Doppelschreibung zu erwarten wäre, bei dem anderen indefs
nicht, gibt es nicht. Es ist lediglich eine zufällige Erscheinung,
wenn stetem zelde der zweiten Hand von »K« überwiegendes feeld
entspricht, oder warum es ende, aber leende heifst. Nur das bleibt
bemerkbar, dafs die einmal gewählte Schreibung dann auch
mehr oder minder streng durchgeführt wird.

Unter diesen Voraussetzungen können wir die für die
Sprache Chaucers und der Urkunden geltenden Sätze für alle
Teile der Bibel acceptieren, dafs nämlich die alten langen Vokale
erhalten bleiben, sofern sie im Wort-, Silbenauslaut und vor
einfacher Konsonanz stehen. Dafs lange Silben unter dem Neben-
tone bisweilen Kürzung erlitten, konnte nur aus der Vokalab-
schwächung des alten -dôm zu -dam (S. 7 f.), welches in der
ersten Hand von »K« und wenige Male im Matthäus und Markus
der jüngeren Version vorkommt, unzweifelhaft gemacht werden.
Im Übrigen liefs sich kein Anhaltspunkt dafür gewinnen, dafs
diese nur gelegentlich in Kraft tretende Regel etwa nicht Giltig-
keit für die Bibel gehabt hätte. Andererseits konnten wir Belege
genug beibringen, dafs die nebentonige Silbe, wohl infolge des
immer wachgebliebenen Zugehörigkeitsgefühls zum Simplex, die
alte Länge erhalten haben mufs.

Ebenso konnte unzweifelhaft gemacht werden, dafs alte
Längen vor gewissen Konsonantengruppen als solche erhalten
bleiben, dagegen vor sonstiger Doppelkonsonanz und schwerem
Suffix der Kürzung unterliegen, wie die Vokalveränderung in
dradde, hosebonde, shiperd, haliday u. s. w. (vergl. oben S. 12 ff.)
gegenüber hous, scheep etc. unzweifelhaft darthut. Verwundern
kann es da nicht, wenn nebenbei durch Beeinflussung vom Simplex
her Formen mit langem Vokal sich trotzdem vor doppelter
Konsonanz etc. finden. Auch bei Chaucer und in den Urkunden
kommen solche leicht zu erklärende Ausnahmen vor.

Bei der Stellung ne. Kürzen vor gewissen Konsonanten-
gruppen war Dehnung eingetreten. Wo ten Brink diese für
Chaucer konstatiert, konnten wir sie auch für die Bibel erweisen.
Für die Urkunden liefs sich dieses bei dem Mangel beweisender
Belege nur mehr oder minder wahrscheinlich machen.

In einigen anderen Fällen nimmt ten Brink (§ 35) aber
»schwebenden« Vokal an, so für das Subst. elde, aetas, weil es
auf anglisches offenes e zurückgehe, gedehnt werde aber nur
altes geschlossenes e vor ld. Desgleichen vermutet er diesen
mittleren Vokalwert in lord, in welcher Schreibung es auch die
Bibel überliefert, ferner bei ae. o vor rd. Schwebend oder lang
können nach ihm berd, yerd, hortus, sein; kurzen aber oder
schwebenden Vokal sieht er in swerd, yerde, virga. Ebenfalls
hält er u vor mb und u vor rn in moruen bisweilen für schwebend,
wie letzteres (§ 36) auch bisweilen lang sei. Morsbach bringt
gegen diese Theorie nicht wenig schwerwiegende Bedenken
(S. 181 ff.) vor und acceptiert sie nicht. Aus den Schreibungen in
der Bibel, wie auch in den Urkunden lassen sich neue Beweise
für das Für und Wider dieser biegsamen Theorie nicht gewinnen.
Bis auf swerd (vergl. oben S. 44, 49), ȝerd, hortus (vergl. aufser
S. 20 S. 45 f.), welche stets nur mit einem Vokal geschrieben werden,
erscheinen die Belege sowohl mit einfachem, wie doppeltem Vokal, in
welchen Formen sie sich auch bei ten Brink verzeichnet finden.
Das Übereinstimmen der letzten beiden Vorlagen dürfte damit
wenigstens im Wesentlichen gesichert sein.

Sporadisch erscheinen daneben noch einige aus der Doppelschreibung der Vokale erschlossene Dehnungen, nämlich ae. a
vor mb, ae. æ und eo vor rn, ferner a, e, o vor ng. Morsbach
glaubt diese Dehnungen für die Urkunden in Anspruch nehmen
zu dürfen; ob sie dem Chaucerschen Mund wirklich ganz gefehlt
haben, mufs dahingestellt bleiben.

Die Dehnung der Vokale im Silben- und Wortauslaut mit
Ausnahme des i, o, u konnten wir zwar nur durch gelegentliche
Graphik beweisen, indessen war es hinreichend, um die Übereinstimmung aller drei Vorlagen darzuthun; ebenso kann es als gesichert gelten, dafs auch die Bibel vor einem l, r, n der Folgesilbe die Dehnung aller Kürzen stets unterläfst.

Die Quantität der unbetonten Silben brachten wir nach
grammatikalischer Anordnung zur Darstellung. Wir haben dort
Fall für Fall gezeigt, wie sich die Bibel zu den von ten Brink
formulierten Regeln stellt, und mufsten die Überzeugung gewinnen,
dafs die Bibelschreiber, — wie die Urkunden, die aber bei den
wenigen Beispielen nicht so beweiskräftig sind, — in der weitaus
gröfsten Anzahl von Fällen von Chaucer abwichen, indem sie im
Gegensatze zum Dichter ein End-e oft antretenliefsen oder aus-

stiefsen. Zwar kann man nirgends sagen, dafs sich ein durch-
gehender oder prinzipieller Unterschied hier gegen den Dichter
kund thäte, und wenn man auch viel der Schreibung in der Bibel
unter Umständen zur Last legen könnte, welche das Wortbild in
dieser Beziehung wenig getreu zur Anschauung brächte, so
würde man doch vollkommen fehl gehen, wollte man mit Hülfe
dieser Erklärung die Chaucer- und Bibelsprache in grösseren
Einklang bringen.

Wir haben aber oben bereits darauf hingewiesen, dafs
ten Brink etwas konstruktiv bei der Formulierung seiner Regeln
vorgeht, indem er die historisch zu erwartenden Formen als die
allein vorkommenden fixiert. Infolge dessen mufs er zugeben,
dafs das Metrum oft seine Regeln durchkreuze, indem es in zahlreichen Fällen eine Apokopierung des historisch berechtigten
End-e heischt. Wenn aber eine solche Freiheit im Verse zu-
gegeben werden mufs, so kann eine Schreibung, welche eine
solche Apokope auch in der Prosa ausdrückt, nicht als eine das
Wortbild ungenau wiedergebende betrachtet werden.

Bei solchen Erwägungen verschwindet eine grofse Zahl
der kleinen Unterschiede, wie sie, oberflächlich betrachtet,
zwischen der Chaucersprache und der Bibel bestanden. Wir verweisen hierbei in Kürze auf den Infinitiv (S. 23), den Imperativ
Sing. und Plur. (S. 23 ff.), den Sing. des Praes. Ind. (S. 25 f.), das
Praesens Opt. (S. 27), den Sing. des Praet. Ind. sw. Verben (S. 29),
welche bei Chaucer und in der Bibel und, soweit belegt, auch in
den Urkunden die Apokope des -e zeigen. Dieselbe Erscheinung
konstatiert ten Brink (§§ 257, 261) für das Nomen, wo Apokope
des berechtigten -e in allen Fällen erfolgen konnte, jedoch nicht
zu erfolgen brauchte. So erklären sich auch in der Bibel die
Formen mit -er und -ere aus altem -ære, die Formen mit -ship
und -shipe (S. 37), die Formen spere und sper (S. 52), dreed und
drede (S. 53), -ness und -nesse (S. 54), help (S. 53), need und
neede, zift und zifte (S. 55), ushe und ush (S. 58), breede und
breed, latitudo (S. 58), lombe und lomb (S. 63) u. s. w. In der adjektivischen Flexion hat diese Apokope weit um sich gegriffen, in
ganz überwiegender Weise erscheint apokopiertes good gegen
goode als Plural und in schwacher Flexion, etwas weniger zeigt
greet (S. 66 f.) in gleicher Stellung den Abfall des -e. In ähnlicher Weise findet dieses sich auch bei old, mehr noch bei heez
(S. 68 f.) bestätigt. Die paroxytonischen Adjektiva haben vorwiegend überhaupt keine Endung angenommen, wie die Beispiele

von golden, hethen, yuel, lytel und silueren (S. 69 ff.) zeigen. Dieselbe Erscheinung wiederholt sich in der Flexion der Komparative und Superlative (S. 77 f). Die Apokope des -e erstreckt sich auch bisweilen auf Adjektive mit stammhaftem -e wie new (S. 73), *green* (S. 73), slow, trew (S. 74). In allen diesen Fällen gibt ten Brink diese Apokope wenigstens im Metrum als erlaubt zu, und ebenfalls bemerkt er solche bei den Pronomen hire, oure, ʒoure, thise, some, whiche, ecche, kurz in allen jenen Fällen, wo wir auch in der Bibel ein Schwanken sehen (SS. 81—86).

Wenn diese Apokopen auch leichter zu nehmen sind, als etwa der Antritt eines historisch nicht berechtigten -e, so könnte man dieses Vorgehen bei einem so sprachgewandten Dichter doch nicht verstehen, würde er nicht auch in seiner Prosa einen solchen Abfall des -e in gewissem Grade gebräuchlich gefunden haben. Andererseits wird jeder zugestehen, dafs in der Bibel diese Formen nicht so sporadisch auftauchen, als dafs sie für Schreiberirrungen angesehen werden könnten. Im Gegenteil, es tritt eine gewisse Regelmäfsigkeit, wenn man so sagen darf, hinsichtlich dieses Abfalls auf. Die erste Hand von »K« liebt die Apokope, so sahen wir es am Infinitiv, am Imperativ, am Singular des schwachen Präteritum; sehr in die Augen fällt das durchgehende -er (S. 37) im ganzen alten Testamente gegenüber sonstigem -ere. Auch die Apokope bei der Flexion des Adjektivs ist vorwiegend der ersten Hand von »K« eigen, aber diese Unterschiede sind nur quantitativ, nicht prinzipiell, denn in allen anderen Teilen, auch in der jüngeren Version, ist diese Apokope wenigstens nicht unbekannt. Solche Erscheinungen scheinen uns zu der Annahme zu berechtigen, dafs wir es mit denkenden Schreibern zu thun haben. Wenn aber dies der Fall ist, und wenn wir für Chaucers Metrik ähnliche Zugeständnisse machen müssen, so wird unserer Meinung nach zu folgern sein, dafs bereits zu Chaucers und Wyclifs Zeit die festen flexivischen Verhältnisse ae. Zeit in einer gröfseren Auflösung begriffen waren, als man für gewöhnlich zu betonen pflegt.

Da nun die alten Kasus- und Flexionssuffixe in ihrer Bedeutung nicht mehr völlig verstanden wurden, so traten diese End-e auch dort an, wo sie ursprünglich nicht berechtigt waren. Wir machten auf Imperative von starken Verben mit -e (oben S. 23) aufmerksam; dann zeigt sich — vor allem in dem Teile der ersten Hand von »K« — nicht nur in der 2., sondern auch in der 1. und 3. Person des Singular Praeteriti Indikativi der starken

Verben (oben S. 28 f.) ein unorganisches -e. Wahrscheinlich durch die gleichlautende Form des Praeteritums kommt auch an das Participium Perfecti schwacher Verben (oben S. 34 f.) ein häufiger belegtes -e. Die Deklination der Substantive und Adjektive ist sehr stark von dieser Analogie beeinflußt. Wir mußten eine Reihe Fälle von vokalischen Masculinen (S. 36) anführen, wo das -e nicht nur im Dativ sich fand, sondern auch im Nominativ und Accusativ Sing. sich zeigte. In einem Worte, in waye (SS. 36 f., 39), ist es sogar durchweg, auch in der jüngeren Version, angetreten. Das Gleiche sehen wir beim vokalischen Neutrum sich wiederholen, und auch hier ragt mit dieser Eigentümlichkeit die erste Hand von »K« hervor, welche sich auszeichnet in dem breede, fleshe (S. 44), fijre, werke (S. 45), wijne, house (S. 47). Die Deklination der vokalischen Femininen hatte im Me. ganz allgemein ein analoges -e im Nominativ angenommen, wie die obliquen Kasus ein solches aufweisen. Die Bibel hat sich zwar diesem Brauche durchaus angeschlossen, jedoch sind zahlreiche Fälle zu belegen, wo dieses im Me. zur Regel gewordene -e fehlt. Wir zeigten es bei sorew (S. 52 f.), dreed (S. 53), ʒouth, ʒongth (S. 53), strength (S. 53 f.), bei häufigem ʒerd (S. 54) und queen (S. 55) Sehr auffällig sind dann die Formen fote, feete und vor allem mehrmaliges *foote*, welch letzteres nur als Stamm mit unorganischem -e erklärt werden kann. Ähnliches findet sich an anderen konsonantischen Stämmen wie monethe (S. 59), boke und nyʒte (S. 60), ferner an loube (S. 63). In der Adjektivflexion hat dieses Schwanken den höchsten Grad erreicht. Die Regeln, welche ten Brink für Chaucer aufstellt, daß unter gewissen Umständen ein -e am Adjektiv erscheinen soll, unter gewissen Verhältnissen nicht, sind nur recht mangelhaft in der Bibel durchgeführt. Um dieses einmal recht ins Licht zu rücken, wollen wir die wohl ziemlich vollständig gesammelten Belege von glad, blak, good, greet, oold, hiʒ und strong (SS. 65—68, 72) für die verschiedenen Teile der Bibel einmal ziffernmäßig zusammenfassen. Es kommen dann für das alte Testament nach »K« auf 21 berechtigte endungslose Formen 35 mit -e und auf 78 Formen mit berechtigtem -e 64 apokopierte. Das Verhältnis ist im Matthäus wie 11:3 für Formen mit berechtigter Flexionslosigkeit zu solchem mit -e und von 9:23 für solche mit regelrechtem -e zu denen, welche dieses -e abstießen. Im Markus ist das Verhältnis wie 7:1, bezw. wie 6:4, im Lukas und Johannes etwa wie 17:1, bezw. wie 27:14 und im Reste nach »K« wie 67:1, bezw. wie 20:46. Im Teile nach »M« und nach

»A« haben wir dagegen bei diesen Worten keine Abweichungen
in den 32 bezw. 15 Fällen gefunden, wo die Flexionslosigkeit zu
erwarten war; aber in »M« kommen auf 21 Fälle mit berechtigtem
-e 50 mit Apokope, für »A« ist dieses Verhältnis wie 14:10.
Dafs die jüngere Version im Grunde nicht abweicht, zeigen die
Zahlenverhältnisse von 193:13 für berechtigte Flexionslosigkeit
zu unberechtigtem -e. Die Fälle mit zu erwartendem -e verhalten
sich zu denen mit Apokope wie 115:269. Wenn diesen Zahlen
auch nur ein bedingter Wert beizumessen ist, so thun sie doch
in überzeugender Weise dar, dafs auch die Bibel einen sehr
starken Zug hat, die Endungslosigkeit des Adjektivs in allen
Stellungen durchzuführen; und dieser Zug ist stärker, als der,
den Wortstamm mit unberechtigtem -e zu versehen. Andererseits
tritt auch hier wieder das alte Testament von »K« mit 35 Fällen
mit unberechtigtem -e gegen 21 der Regel nach unflektiert ge-
bliebene Fälle hervor.

Der Antritt eines unorganischen -e wird, abgesehen von
der Deklination vokalischer Feminina, bei Chaucer nicht in demselben Umfang vorausgesetzt. In der Verbalflexion — beim Imperativ im Praeteritum Sg. st. Verba, Participium Praeteriti
sw. Verba — räumt ten Brink dem unberechtigten -e keine Stelle
ein. Dagegen mufs er Ausnahmen für die Deklination der Sub-
stantiven zugeben; diese werden freilich nicht im Allgemeinen zu-
gestanden, sondern nur für einzelne, besonders aufgeführte Nomen
als bestehend angenommen, ohne dafs ein Grund immer für die
Ausnahmestellung solch einzelnen Wortes ersichtlich wäre. So
wird dem Dichter häufiges weye neben wey, durchgehendes berne
zugeschrieben, was sich auch in der Bibel (SS. 39, 42) findet.
Ebenso findet sich hoole bei Chaucer und in der Bibel S. 51.
Auch an den Adjektiven faire neben fair, tame, lowe, meeke führt
ten Brink analoges -e auf, was durch die Bibel freilich nur in
bedingtem Mafse sich bestätigt findet (S. 76).

Es kann keinem Zweifel unterliegen, dafs diese gröfsere
Regelmäfsigkeit Chaucers zum Teile konstruiert ist. Das Metrum
ist bestimmend gewesen, und so sind manche Formen beim Dichter
nicht zu finden, welche er in seiner Prosa wohl kaum ganz vermieden
hat, als Formen wie goldyne, *billere* (S. 69), hethene, yuele (S. 70)
etc. Darauf ist bei Chaucer auch die Flexionslosigkeit der zweisilbigen Komparative und Superlative zurückzuführen, welche in
der Bibel, wenn auch meist, so doch keineswegs ausschliefslich
dieser Regel folgen (vergl. SS. 77—80). Dabei bleibt zu bedenken,

dafs die Kritik über die Chaucer'sche Metrik noch nicht das letzte Wort gesprochen hat. Freilich ist vielleicht auch in der Bibel in der Schreibung manches Konventionelle, was für die Aussprache nicht immer bindend sein mag. Dies zeigt sich am Klarsten bei so oft überlieferten Worten, wie es die Pronomen sind. Wenn dort dem gewöhnlichen ʒour, our des alten Testamentes gängig ʒoure, oure (S. 82) im neuen Testamente und in der jüngeren Version entspricht, wenn ferner der Plural der jüngeren Version *hise* im Gegensatz zu his der alten Version lautet, auch neben häuflgem whiche which steht (vergl. S. 84), so kann man billig bezweifeln, ob ein lautlicher Unterschied sich darin ankündige, wie ihn auch ten Brink nicht annimmt.

Übrigens darf nicht vergessen werden, dafs die rhythmischen Regeln in der Bibel nicht unbeachtet blieben. Wenn der Vers das Verstummen eines schwachen -e verlangt, welches einem anderen schwachen -e unmittelbar folgt, oder das nach unbetonter aber tonfähiger Silbe steht, so sehen wir ebenfalls in der Bibelsprache die Einwirkungen. Aufser den oben bezeichneten Apokopen von -ere, -schipe (S. 37), verweisen wir auf die Synkopen an fyngris, schenships, keepers (S. 40 f.), neiʒbours (S. 41), an watris, fethers (S. 50), birthins (S. 56 f.), fadris (S. 60 f.), modris, douʒtris (S. 62), sistris, sistren (S. 62 f.), children (S. 63), *litle* (S. 71 f.). Dafs dieses Lautgesetz in der That grofsen Einflufs hatte, geht in sehr klarer Weise daraus hervor, dafs die zweisilbigen, vokalisch auslautenden Adjektive holy, worthy (S. 68 f.) und in der Mehrzahl der Fälle die paroxytonischen Adjektive ebenfalls nicht flektiert werden (SS. 69—72). Indessen diese Synkope ist nicht ausnahmslose Regel, wie die unkontrahierten Formen bei den nämlichen Worten kund thun. Wir möchten nur an dieser Stelle noch auf eine gewisse Konvenienz in der Schreibung hinweisen, die sich vor allen bei oft gebrauchten Worten in der Bibel bekundet. Es heifst z. B. immer mit Synkope fadris, modris, sistris, children etc. und immer unsynkopiert brotheris, britheren etc. So wird die einmal beliebte Synkope der Worte auf -ers in der ersten Hand von »K«, wie im Teile nach »M« und »A« konsequent durchgeführt gegen die -eris, *eris* (S. 40) der übrigen Partieen, und wieder steht regelmäfsiges heuens in der ersten Hand von »K« und im Teile nach »A« sonstigem heuenes, *heuenes* (S. 41) gegenüber.

Doch nicht daran allein erscheint diese Synkope gebunden. Es ist überhaupt die Nachbarschaft silbenbildender Liquiden und auch wohl einer Nasalis, die solche begünstigt. Dies zeigt sich in born der alten Version (S. 34), in berns, boons (S. 48), in einmaligem ȝeers (S. 50), häufigerem horns (S. 51), wommans (S. 60). Doch wird bei einsilbigen Wörtern, der Seltenheit nach zu urteilen, dies immer mehr oder weniger als Härte empfunden sein, wie denn auch nur das alte Testament nach »K« diese Belege in größerer Anzahl bietet, die jüngere Version sie aber ganz entbehrt bis auf ein *wymmens* (S. 60). Wenn noch an anderen einsilbigen Worten, nicht in der Umgebung von Liquiden, eine Synkope erscheint, so muß dies als große Seltenheit gelten, wie *words* (3 mal, S. 49).

Nach Vokal im Inlaut unmittelbar nach dem Hauptton trat bisweilen Contraktion ein, wohl um den Hiatus zu vermeiden, wie regelrecht in saith (oben S. 26), wie in sein neben seyen, bei days in der ersten Hand von »K«. Die zweite Hand von »K«, der Teil nach »M« und namentlich die Wyclif-Purveysche Version zeigen gegen das ganze alte Testament ein jüngeres Ausgleich-bestreben, die 2. und 3. Person Sing. Praes. mit den anderen Formen in Einklang zu setzen und zweisilbig zu machen; vergl. doth gegenüber von doith, goth und goith, auch seyn und seyen, siehe auch shuln und schulen, don gegenüber von *doon, goon* (S. 26 f.), days und daies (S. 40). Im Grunde genommen dürften auf dieses Bestreben auch die Plurale *hise* (S. 82) und *thise* gegenüber his und this zurückgeführt werden; und zweifellos ist es dieser jungen Ausgleichbestrebung ebenfalls auf Rechnung zu schreiben, wenn vor allen die jüngere Version die paroxytonischen Adjektiva, — nicht etwa in schwacher Flexion, — sondern nur im Plural fast durchweg mit -e versieht. Wir wollen auch die oben angeführten Belege von golden, bittir, hethen, yuel, yren und silueren (oben SS. 69—72) der Deutlichkeit halber nach diesen Gesichtspunkten zusammenfassen. Es ist nämlich im alten Testa-ment nach »K« nur ein schwach flektierter Singular goldyne unter 30 Fällen zu belegen. Die 91 Plurale sind immer ohne -e geblieben. Im Matthäus und Markus aber erscheint im Singular bei den ca. 12 Fällen überhaupt kein -e, unter den 20 Pluralen des Matthäus begegnen nur zwei mit -e; im Markus sind dagegen alle 3 Plurale flektiert. Im Lukas und Johannes findet sich ein schwach flektiertes litle unter ca. 10 Fällen im Sg., im Plural stehen 7 flektierte Formen 2 unflektierten gegenüber. Im Reste nach »K«, im Teile nach »M« und »A« sind, obgleich Beispiele durchaus nicht mangeln, keine flektierten Singulare zu belegen.

Für flektierte Pluralformen zu unflektiert gebliebenen besteht im Reste nach »K« das Verhältnis von 42 : 24, im Teile nach »M« von 17 : 7 und im Teile nach »A« 25 : 0. In der jüngeren Version aber stehen ca. 80 unflektierten schwachen Singularen nur 4 mit -e und im Plural 44 apokopierten mehr als 200 mit -e gegenüber.

Wenn wir bisher diesem -e auch eine lautliche Geltung beimaßen, so glauben wir, damit am richtigsten erklärt zu haben. Indessen es wäre nicht ganz ausgeschlossen, diese -e teilweise auch als graphische Dehnungszeichen gelten zu lassen, wenngleich es schwer halten dürfte, einen sicheren Beweis zu bringen. Wenn wir dabei auf zahlreiche Fälle mit unberechtigtem -e wie songe, brethe, beme (S. 36), brede (S. 43), fyre (S. 44), lete (S. 46), fote (S. 59), grete (S. 67) olde (S. 68) u. s. w. hinweisen können, so finden sich doch daneben Beispiele, welche, trotzdem sich bei ihnen die Vokallänge durch Doppelschreibung ausdrückt, ebenfalls dieses unorganische -e zeigen. Nur einem regelmäßsigen meet des Hesekiel nach »A« entspricht gängig mete, *mete* (S. 37), freilich ist das -e hier berechtigt.

Wenn wir diese Sachlage in Rechnung ziehen und vor allem bedenken, daß die Chaucersche Sprache dem Rythmus völlig unterworfen ist, welcher so viel Einfluß auf die Quantität unbetonter Silben ausübt, so werden die anfänglich großen Unterschiede zwischen Bibel und Urkunden gegenüber Chaucer mehr verschwinden. Es scheint freilich, daß dem Dichter ein feineres Sprachgefühl zugemessen werden muß; denn Analogiebildungen durch unberechtigte Annahme oder Abstoßung eines -e, gleichgiltig ob dieses nur von vorübergehender Bedeutung ist, oder ob die Sprachgeschichte diesen Zustand als dauernd schließlich angenommen hat, sind bei ihm weit weniger zahlreich.

Indem wir von der Apokope meist absehen, die für die Prosa Chaucers nicht sicher zu ermitteln ist, heben wir schließlich die wesentlichen Punkte nochmals im Einzelnen hervor. Da weicht in der Bibel gegen Chaucer die erste und dritte Person Sg. des Praeteriti der starken Verben ab, welche ganz überwiegend in der ersten Hand von »K« und sporadisch in der jüngeren Version mit -e, -e erscheinen. Wiederum macht sich in der zweiten Hand von »K« und vornehmlich in der jüngeren Version eine entschiedene Neigung geltend, das Participium und Praeteritum gewisser schwacher Verben (SS. 30—34, 35) nicht zu kontrahieren, sondern möglichst alle Verben uniform mit Mittelvokal im schwachen Praeteritum zu bilden.

Bei der Deklination vokalischer Masculina und Neutra
(SS. 39—52) fällt der häufige Antritt des -e, -e, was im alten Testamente nach »K« besonders üblich ist, auf, doch ist Chaucer hier
wenigstens nicht ohne Seitenstücke. Beachtung verdient, wie das
im alten Testament nach »K« und im Teile nach »M« und »A« zu
-er gewordene -ære im Plural in diesen Texten regelmäfsig mit
Synkope als -ers erscheint. Auffallend sind gegen Chaucer einige
Pluralformen shoone, *schoone* (S. 41). Ob man den alten Gen.
Plur. sceôna direkt für die andern Kasus verwendete? Wenn wir
von heuen, heuene (S. 41 f.) und mynd, mynde (S. 46) u. a. absehen,
wo den verschiedenen Teilen der Bibel verschiedene Stammworte
u. s. w. vorgeschwebt haben mögen, so bieten im übrigen die
Deklinationen nichts Abweichendes gegen den Chaucerschen
Brauch. Ebenso kann bei der Deklination der vokalischen Feminina
und aller n-Stämme im wesentlichen nichts anderes gegen Chaucer
als Differenz angeführt werden, als dafs sich, wie bereits oben gesagt ist, in erhöhterem Mafse eine Apokope des -e findet, die zudem
bei den -n Stämmen recht selten ist, sofern nicht überhaupt,
teils in Übereinstimmung mit Chaucer wie bei might und world
(S. 55), teils selbständig wie bei help (S. 53) eine völlige Flexionslosigkeit in der Bibel durchgeführt ist.

Von den konsonantischen Stämmen fällt fote, feete in der
ersten Hand nach »K« und *foole* auf, zwar hat Chaucer auch
einen »Dativ Pluralis« feete, aber nicht einen Nominativ *foole*
(S. 59). Ebenso findet sich in der Bibel ein -e an *tothe,*
monethe, *monethe,* boke, niʒte (S. 59 f.), wo der Dichter nur
endungslose Formen hat. Wie Chaucer im Sir Thopas einmal ein
childe hat, so hat auch die Bibel namentlich in der ersten Hand
von »K« einige Formen mit -e, dazu tritt von Chaucer abweichendes
lombe, *lombe* (SS. 14, 63).

In einigen germanischen Lehnwörtern wie cros, felawe,
windowe, roote, sighte (S. 63 f.) stimmt die Endung teils mit
Chaucer, teils weicht sie ab.

Mufsten wir bei der Deklination der Adjektiva der vokalischen o-Stämme und der Komparative, wie Superlative die Wahr-
nehmung machen, dafs sich die von ten Brink postulierten Regeln
nur bis zu einem gewissen Grade in der Bibel als befolgt er-
wiesen, so waren andererseits seine Regeln ja selbst mit manchen
Einschränkungen versehen, so dafs sich hiernach kein anderes
Urteil über die Bibel fällen läfst, denn wir schon mehrfach formulierten, dafs sie nämlich in besonderem Grade zu Apokopen

7*

und zum Antritt von analogem -e neige. Bei den zweisilbigen Adjektiven mit vokalischem Auslaut hingegen und zum Teil bei den Paroxytonis erweist sich die Übereinstimmung als eine sehr enge. Desgleichen erscheinen strenger übereinstimmend die jo-Stämme, die i- und wo-Stämme mit erhaltenem -e, -e (SS. 72—76). Die äufserst wenigen Fälle, wo sie ihr stammbildendes -e verloren haben, wie in new, cleen, slow, *slow, narwz*, beschränken sich fast auf die erste Hand von »K« und die jüngere Version. Mehr Störung weist bereits der alte u-Stamm ewicu mit häufigem Abfall des -e, -e auf (S. 76). Einige an. Lehnworte, welche bei Chaucer regelmäfsig analoges -e angenommen haben, schwanken in der Bibel. (S. 76.)

Auch bei Chaucer ist bei den einzelnen Pronomina nicht nur eine Form zu finden, wie in self und seluen, oure und our, this, these u. s. w. (SS. 81 f.). Dieses Schwanken teilt gleichfalls die Bibel, nur haben die verschiedenen Hände bei so häufig vorkommenden Worten eine Schreibung endgültig bevorzugt. Bemerkt mag nur noch werden, dafs im Gegensatz zum Dichter das ganze alte Testament und der Matthäus, wie die Partie nach »M« bisweilen das -e in ilke apokopieren (S. 83f.). Ebenso ist in der Bibel der Unterschied für Singular und Plural zwischen wbich und whiche, som und some, ech und eche, der bei Chaucer statt hat, verwischt (SS. 84, 85, 86).

Im Teile nach »M« kommt whois vor, welches mit Chaucerschen Formen nicht übereinstimmt (S. 84), auch häufige manye, *manye* der Bibel stehen ohne Nebenformen Chaucers und der Urkunden da (S. 85).

Was die Quantität der Vokale in unbetonter Satzstellung betrifft, so herrscht keine Abweichung.

Die Qualität der Vokale in betonter Wortstellung.

Die Quantität der Vokale kam, wie wir oben gesehen haben, durch die Schreibung nicht immer zum unmittelbaren Ausdruck. Es rechtfertigte sich daher von selbst, eine gröfsere Anzahl Beispiele zur steten Nachprüfung zu geben. Hier bei der Untersuchung über die Qualität der Vokale, wo die Schreibung in bestimmterer Weise den Vokalwert verbürgt, sollen nur die Abweichungen der Bibelsprache gegenüber den Urkunden und der Sprache Chaucers durch Beispiele belegt werden, die Übereinstimmungen der drei Texte jedoch unter Hinweis auf die Paragraphen der beiden in Frage kommenden Grammatiken nur namhaft gemacht werden.

ae. a

vergl. Urk. SS. 27 ff., 61 f., 72 f. und Chaucer §§ 12, 13, 16, 44, 48.
In offener Silbe erhält sich altes a; über die Dehnung vergl.
oben S. 21 f. Wenn in smalle Matth. XV 34 die Doppelkonsonanz
Vokalkürze verbürgt, so wäre die Dehnung in offener Silbe hier
ausnahmsweise nicht erfolgt.

In geschlossener Silbe aufser vor Nasalen bleibt ae. a gleichfalls erhalten. — Abweichend von den Vorlagen hat jedoch die
Bibel vor allem so das a bisweilen zu ai fortgebildet; so begegnet aische im Lukas und stets *aische* in der jüngeren Version,
während die anderen Bücher asche haben, vergl. oben S. 58. Ae.
wascan wird als washiden, *waischiden* Ez. XL 8, washen, *waische, waisschen* Matth. VI 17, XV 2, XXVII 24, III 6, 11 überliefert
und im Mark als waisschen, waischingis, *waisschen* (4 mal), *was-
schynyis* (3 mal) ebd. VII 2, 3, 4, 8, X 38, 39; vergl. waischiden
(13 mal), wayschen (1 mal), *waischeden* (10 mal), *waisschun* (2 mal),
wasschide (2 mal) Luk. XI 38, John IX 7, 15, XIII 5, 6, 8, 10, 12, 14;
waischyn (6 mal), wayschun (1 mal), *waischun* Eph. V 26, 1 Tim.
V 10, Ebr. IX 10, X 22, VI 2, Deeds IX 39, XX 16; waschide, *waischide* Apoc. I 5, VII 14; wasshide, *waischide* Ez. XVI 9. Wir
bemerken, dafs wir bei den Belegen die Übereinstimmung hinsichtlich der Endung aufser Acht gelassen haben.

ae. a vor nd wurde in den Londoner Urkunden bald zu o,
bald zu a; das Verhältnis ist wie 24 : 11, in den Staatsurkunden gar
wie 20 : 26 und in den Parlamentsurkunden wie 18 : 31. Chaucer
hat bis auf einmaliges hand im Reime, und dies im Sir Thopas,
stets o. Die Bibel mufs hier wohl näher zu Chaucer stehen,
denn sie schreibt o, oo, *o, oo* bis auf ein einziges hand (vergl.
oben S. 18 f.), sofern nicht eine schwere Nebensilbe wie in handmayden etc., oder ein schweres Suffix wie bei sandy Deeds
XXVII 17, oder eine Liquida der folgenden Silbe wie in candil
die Dehnung und damit auch die Verschiebung des alten a zu
o hinderte. Nebenformen wie hondmayden, *sondi* u. s. w. erklären
sich durch Anlehnung an das Simplex (vergl. SS. 13, 48, 54,
wandre, *wandriden* Bar. IV 19, Matth. XI 5, Eph. II 1, 2 Thes. III 6,
1 John I 6 etc.). and, *and*, als in unbetonter Satzstellung stehend,
bleibt in allen drei Vorlagen fest. Weil das »d« in ae. andswaru
früh assimiliert wurde, heifst Substantiv und Verb answere, *answere* (vergl. S. 52) bis auf ein *aunswere* Matth. II 12.

Vor ng schreibt Chaucer stets o, die Urk. bevorzugen zwar
o, doch kommen einzelne u vor, und zwar in den Londoner Urk.

aufser in einem einmaligen belangyng nur in hange, welches auch mit dem ne. hang übereinstimmt. Die Bibel hat o, o (vgl. SS. 20 f., 39 f.), aber wie die Urk. regelmäfsig hange, *hange* Matth. XVIII 6, XXII 40, Luk. XXIII 39, Gal. III 13, Deeds I 18, V 31, XXVIII 4, Ez. XXVII 1, XV 3 bis auf einmaliges *hongide* Matth. XXVII 5.

Vor mb erscheint ae. a in den Urk. als o und a und ebenso bei Chaucer §§ 16, 217. Die Bibel, sofern nicht ein r der Folgesilbe wie in lambren die Dehnung und Verschiebung von ae. a zu o hinderte, hat o, o (vergl. oben SS. 20, 63).

Vor nk bleibt ae. a bei Chaucer erhalten; in den Londoner Urk. ist einmaliges thonked, in den Parlamentsurk. einmal thanketh belegt. In der Bibel heifst es in den zahlreichen Belegstellen stets thank, *thank* 2 Macc. I 11, III 33, Matth. XXVI 27, Mark VIII 6, Luk. VI 52, John VI 11, XI 41, Rom. I 8, Col. I 3, Deeds XXIV 3, Apoc. XI 17 etc., nur einmal thonkyngis Matth XV 36.

Vor einfachem und doppeltem Nasal in offener und geschlossener Silbe heifst es in allen drei Vorlagen: a, nur in einer Parlamentsurk., welche auch sonst südliche Formen zeigt, steht monnys. Ae. manig tritt übereinstimmend als many auf, nur in den Parlamentsurk. findet sich auch noch einmal meny und in Deeds zweimaliges *mony* (vergl. oben S. 85).

Ae. hwanon, þanon findet sich in den Londonerurk. als thanne, than und einmal als thenne, als whan, whanne und als häufiges when. In den Parlaments- und Staatsurk. tritt then, thenne und when, whenne häufiger auf. Die Formen mit e gehen auf die spät ae. whænne, þienne zurück. Ten Brink gibt nichts darüber an. Die Bibel schreibt nicht ganz gleichmäfsig in den verschiedenen in Frage kommenden Teilen. Im Ganzen überwiegt whan im alten Testament nach »K«, vgl. Bar. VI 41, Ez. XXXIV 12, 18, 27, XXXVIII 16, Dan. I 19, V 19, Am. VIII 5, Obd. 11, Mic. VII 8, 1 Macc. XII 9, 2 Macc. III 5. Daneben ist gleichstark vertreten whanne Bar. VI 41, Ez. XXXVI 23, Dan. XIV 27, Hos. VII 6, 12, Am. IV 7, Jon. II 8, 2 Macc. III 7, whan ist nur selten Bar. VI 43, Ez. XXXV 6, XLV 1; whenne, when, — ein whenn ist Ausnahme Ez. I 19, Dan. II 2, — bleiben gegen die Formen mit a weit in der Minderheit, im Baruch und im I. Kapitel des Ezechiel, soweit diese nach »K« sind, überwiegen sie jedoch bedeutend, vergl. Bar. VI 10, 41, 48, 50, 54, 60, 63, Ez. I 1, 9, 15, 17, 19, 24, 25, XXXV 12, 2 Macc. III 9. — Im Matthäus gibt es neben häufigem when und etwas weniger zahlreichem whenne (I 19, II 1, 9, 13, V 1, 11, VIII 8,

IX 9, 23, XXI 10, 23, XXVII 57, XVII 24, XIX 1, 15, 22, 28, XX 7, 9), Formen mit a: whanne ebd. IV 2, XVII 18, 23, XXI 1, XXIII 15, XXVIII 11, whan ebd. VI 6, 17, VIII 28, IX 33, einmal whane ebd. I 18; aber die Formen mit a bleiben in der Minderheit gegen die mit e. — In den ersten vier Kapiteln hat der Markus 8 mal whenne und 9 mal whanne, 1 mal whann ebd. IV 31, der Rest des Markus bietet bis auf ein when V 18 nur whanne vergl. I 32, II 3, 4, 5, 20, 23, IV 6, 10, 16, 29, V 27, VII 58, XIV 67 etc. — Ebenso begegnet im Luke und John nur whanne, bis auf ein whenne Luk. II 27, vergl. sonst ebd. II 42, IV 20, XII 58, John V 40 etc. — Aus dem Reste des neuen Testamentes nach »K« vermögen wir neben dem gewöhnlichen whanne Rom. III 4, 56, 1 Cor. IX 19, 1 Thes. II 6, nur ausnahmsweises whenne Rom. V 10 zu belegen. — whan Jam. I 15, 1 Pet. I 8, II 23, V 4. — whanne Ez. I 8, III 16, V 16, XIII 12 etc. — Die jüngere Version schreibt durchgängig *whanne.*

Ae. þanon begegnet in der Bibel jedoch stets mit a: thanne Dan. II 29, 35, IV 16, Hab. I 11, 1 Macc. IX 9, 2 Macc. III 10, ausnahmsweise thann Dan. II 19, V 8; thanne Matth. IV 1, 5, V 24, XVIII 31, XX 20, seltener than ebd. II 17, III 16, IV 11, VII 5; thanne Mark III 27, XIII 14, 21; Luk. V 35, XIV 23, John II 10; 2 Cor. XII 10, 1 Thes. V 3, Deeds VI 10; 2 Pet. III 6. Die jüngere Version hat ständig *thanne,* nur Dan. XIV 4 weicht ab mit *than.* — Dem ae. þonne, quam beim Komparativ, entspricht regelmäßig thun, *than.* Belege bedarf es dafür nicht.

Ae. a + g erscheint wie bei Chaucer und in den Urk. als aw, *aw,* und im an. felugi tritt auch ow, *ow* auf (vgl. oben SS. 37 f., 64).

An. kasta findet sich bei Chaucer als casten. Die Bibel schreibt ebenfalls caste, *caste* Ez. XXXIX 3, Jon. II 4, Am. IV 3, 2 Macc. XII 15, Matth. V 29, 30, XXV 30, Mark IV 24, X 50, Luk. XVII 2, XIX 35, 1 Cor. VII 35, Deeds XVI 37, 1 Pet. V 7, Apoc. XII 9, Ez. V 4, XVIII 31 etc., einmal auch kasten 2 Macc. IV 41. In der ersten Hand von »K« begegnet jedoch auch die gemein me. Nebenform keste, freilich nur selten, vergl. Zech. V 8, XI 13, Matth. XXI 12, 39, vereinzelt trifft man auch *keste* Matth. XIII 48, Deeds XXII 23, XXVII 28, Apoc. XVIII 21.

ae. æ

vergl. Urk. SS. 30 f., 67 ff. und Chaucer §§ 12, 18, 27, 35, 41, 48.

In offener und geschlossener Silbe ward ae. æ zu a.

Während jedoch ae. gædrian, gaderian bei Chaucer und in

den Urk. nur mit a gefunden wird, hat die Bibel zu diesem Etymon Doppelformen mit a und e. Im alten Testamente nach »K« erscheint gadere, gadre, gedre, gedere. Das Verhältnis dürfte sich in Zahlen wie 14:45:10:2 (Hos. IX 6, Mic. IV 6) ausdrücken. Die jüngere Version hat *gadere*, ausnahmsweise *gadre* 1 Macc. III 31, Zeph. III 20; *gedere* begegnet nur 2 Macc. XI 2. An Belegen vergl. Ez. XXXVII 13, XXXIX 27,28, Hos. VIII 10, X 10, Joel I 14, II 16, 1 Macc. XI 1,20, XIV 30, Mic. II 12, IV 6, wobei bemerkt werde, daſs der Rest des Ezechiels nach »K« auffällt durch die unsynkopierten Formen: gadere. — Im Matthäus verhält sich gedre:gedere:gadre wie 16:4:2. Das Überwiegen des e ist hier gegen das alte Testament bemerkbar. Die jüngere Version hat gewöhnlich *gadere*, einmal *gadir* mit apokopiertem -e als Inln. und zu *i* getöntem unbetontem Vokal, daneben *gedere* 2 mal ebd. XXIV 31, XXII 41. Vergl. Matth. III 12, VI 26, XII 30, XIII 29, XXIII 37, XXIV 28,31, XXV 52, XXVII 27, XXII 10,41. — gaderid Mark I 33, VIII 1, gadrid ebd. III 23, gedrid ebd. IV 1, XIII 27, dem steht gegenüber *gaderid* und einmal *gedere* ebd. XIII 27; — Im Luke und John kommt gedre 10mal, gedrith 3mal vor, gadere nur 1mal John XV 6, die jüngere Version hat überwiegend *gadere* Luk. XII 18, John VI 12, Inf. *gadir, gadre* Luk. XIII 34, John VI 13, XI 47, *gederid* Luk. XV 13. Vergl. noch Luk. III 17, XII 17, John XX 19 etc. — gadere 1 Cor. V 4, gedere Ebr. X 25, Deeds IV 5,31, XX 8, gedriden Deeds XIV 26, XV 25,30, Rom. XV 26 und einmal gidre Rom. XII 20, was kein Schreibfehler zu sein scheint, da auch ein *gidre* der jüngeren Version diesem gegenübersteht. Sonst hat die Purveysche Version *gadere,* bis auf ein *gadirid* Deeds IV 5. Der Rest des neuen Testamentes nach »M« bietet auffallender Weise nur gedere (9mal) Deeds XXVIII 3, XXIII 12, Jam. II 2, Apoc. XVI 14,16 etc., gegenüber *gadere* (4 mal), *gadre* (2 mal), *gedere* (1 mal). Der Hesekiel hat gadre (7mal), gedre (4mal), gegenüber *gadere* Ez. XI 17, XVI 37, XXIX 5,13 etc.

Zu ae. *tögædre* findet sich in den Urk. togidre, togydere, seltener togeder, in den Staatsurk. erscheint dagegen nur e. Chaucer hat ebenfalls beide Formen (i kann natürlich mit y wechseln). Die Bibel hat durchweg i, ein togedere kann nur John XIII 34, Rom. XII 20, ein togedire nur Deeds XXV 17 belegt werden. Das alte Testament hat togydre, togidre mit Ausstoſsung des e, nur in togidere Bar. V 5 und togider Zeph. III 14 abweichende Formen, vergl. noch Ez. XXXIX 17, Dan. IX 10, Zeph. I 11 etc. Die jüngere Version hat *togidere*. — Ebenso be-

gegnet im Matthäus immer togidre, *togidere* bis auf *togidre* ebd.
II 4 und *togidir* ebd. XIII 37. — Der Markus hat togidere (3 mal),
togidre (4 mal), *togidre* und 4 mal *togidir* ebd. III 20, 23, II 2,
V 21, VI 30, XIV 53, XV 16. — Dagegen togidere (11 mal) und
togidre (3 mal), *togidere*, aber *togidir* (6 mal), *togider* (1 mal),
togidre (1 mal), vergl. Luk. XI 23, XV 6, 13, XVII 37, XXIII 12,
XIII 35, John IV 36, XIII 34. — togidere, *togidere* (20 mal), *togidre*
(6 mal), *togidir* (4 mal) 2 Cor. XI 17, Ebr. X 25, Deeds IV 26, XIII 44,
XX 8 etc. — togydere Deeds XXVIII 17, Jam. II 2, Apoc. XIX 19,
wo ein y auftritt, das sonst nur, wenn auch häufig im alten
Testament begegnete, ohne dafs wir es in den Beispielen besonders hervorhoben; *togidir* Deeds XXVIII 17. — togydre Ez. XXIX 14,
togidre (4 mal), togider (1 mal), *togidere* ebd. VI 11, XXII 21, 13, XXI 12.

In Übereinstimmung mit Chaucer und den Urk. erscheint
das e auch in whether, *whether* Dan. IV 4, Matth. VII 26, Mark II 19,
Luk. VI 39, Rom. III 5, Jam II 4, Ez. VIII 6 etc. etc., und ebenfalls
in bern, was in den Urk. allerdings nicht belegt ist (vergl. oben
SS. 20, 46).

Ae. æ. + 3 ward zu ay, ai in den Urk. und in den besten
Chaucerhandschriften. Die Bibel hat indessen auch ey, vergl. oben
SS. 37, 39, 48. Zu ae. sægde begegnet auch in den Urk. wie bei
Chaucer neben sayde oft seyde. Die Formen des Verbs, welche im Ae.
e aufwiesen, sollten ei ergeben, wie diejenigen, die im Ae. æ hatten,
ai erwarten lassen; wie indessen nahe lag, traten Vermischungen
ein. Die Bibel hat nun den Ausgleich dahin getroffen, dafs sie
im alten Testamente nach »K« alle Formen von secgan mit ay,
ai schreibt, selten findet sich ein ei wie Hos. I 10. Im Matthäus
tritt das ei im Worte sehr häufig auf und ist ebenso oft zu
finden, wie Formen mit ai, namentlich seit dem Kapitel XI begegnen die Formen mit ei in gröfserer Überzahl, vergl. II 5,
III 3, XI 9, 11 etc. Im Markus kommt say IV 16, 18 nochmals vor,
sonst treten die Formen mit ei im Markus und, wenn man von
einem sayd Luk. XVIII 20 absicht, auch im übrigen Teil des neuen
Testamentes, wie im Ezechiel durchweg auf. Die jüngere Version
schreibt *sei, seyde etc.*, ausnahmsweise *say* Matth. IV 16, 18. Weiterer
Belege bedarf es für dieses häufig vorkommende Wort nicht.

ae. e

vergl. Urk. SS. 31 f., 68 ff. und Chaucer §§ 11, 16, 23, 35, 40, 48.

In offener und geschlossener Silbe bleibt ae. e in allen drei
Texten: e, nur zu ae. wergjan und tergan erscheint in Übereinstim-

mung mit Chaucer a, vergl. warie, *warie* Matth. XXVI 74, sonst nur
wenige Male in der älteren Version, aber stets mit a John IX 28,
Rom. III 14, XII 14, 1 Cor. V 11, VI 10; ebenso tarie, *tarie* Dan.
IX 19, Hab. II 3, Luk. I 21, XII 45, Ebr. X 37, 2 Pet. III 9. Über
die Dehnungen vergl. oben SS. 7, 15, 19, 21, denen wir noch seale Dan.
XII 4, 9, XIV 13, 16 zu an. seli, epiredium, und eat Luk. XIV 24 an-
reihen mit ihrer offenbare Vokallänge anzeigenden Schreibung.

Eine Kürzung liegt in peny, *peny* vor Matth. XX 2, 13,
XXII 19, X 29, Mark XII 15, Luk. XX 24, Apoc. VI 6, dem bei
Chaucer (§§ 199, 202) ein peny und in den Urk. peny und pany
gegenübersteht. Im Plural findet sich bei Chaucer pens und
ebenso pens, *pens* in der Bibel, bis auf *pans* Matth. XXVI 15,
Luk. VII 41, X 35, John VI 7; vergl. sonst Matth. XVIII 28, XX 9,
Mark XIV 5, John XII 5, Apoc. XIX 19.

Vor sc hat sich abweichend von Chaucer, — die Urk. geben
keine Auskunft darüber, — ein ei entwickelt, nämlich zu ae.
þerscan, þrescan steht: thresshyng, threshe (2 mal), aber *threische*
Hos. X 11, Am. I 3, Mic. IV 13; threischinge, *threischynge* 1 Cor.
IX 9, 10, 1 Tim. V 18. Es ist also dieselbe Erscheinung, wie wir
sie oben (S. 101) bei waische u. s. w. darlegten.

Unerklärt ist zu ae. besma: bismes Matth. XX 4 und bees-
mes Luk. XI 25 gegenüber *besyms*.

Schon im Ae. mit e und y erschien steile. Die Bibel hat
beide Formen, die Urk. belegen nur solche mit e. stedfastli,
stidfastli Luk. XXIII 10, Rom. IV 9, X 3, 2 Cor. VII 10, Eph. IV 27,
Deeds XXVI 26, stide Deeds XIII 35, 1 Cor. XV 58.

Vor gedecktem n zeigt sich altes e bisweilen als i. Wenigstens
entspricht einem sprengynge der älteren ein *springyng* der
jüngeren Version 1 Pet. 1 2, sonst lautet es auch dort *sprengyng*
Ebr. XII 24; und zu ae. menegan erscheint myngede, *myngide*
Luk. XIII 1, wenn nicht diese Formen als Analogiebildungen
oder durch andere Etyma richtiger erklärt werden. So ist auch
wohl *brenke* der jüngeren Version zu an. brekku zu stellen,
und brynke, *brynkis* (letzteres Ez. XLVII 11 und Dan. III 36)
mit ten Brink (§ 10) aus dem Mittelniederdeutschen zu erklären,
vergl. Ez. XLVII 11, Dan. XII 5, Matth. XIII 2, 48, John XXI 4,
Rom. IV 18, Deeds XXI 5. In der Bibel und in den Urk. fehlen
wenigstens sonst Analogieen zu einem Übergang von e zu i.

Vor ngd und nct wurde in der Bibel ae. e: ei. Die Urkunden geben nichts an die Hand, bei Chaucer (§ 168) sehen wir
den gleichen Vorgang. Vergl. meynt, *meynd*, *meynt* (1 mal)

Dan. II 43, 41, Hos. VII 8, 2 Macc. VIII 9; meyngid (eine unkontrahierte Form, mit dem herübergenommenen Vokal der kontra-
hierten Form), *meynd* Matth. XXVII 34; dreynt Mark V 13; meynt,
meynd, *meynd* Ebr. IV 2, 2 Cor. V 9, spreynd, *spreynd* Ebr. IX 3,
spreyngde Ebr. IX 19, 21; spreynt, *spreynt* Apoc. XIX 13, *meynd*
Apoc. XV 2, VIII 8; spreyned (mit unberechtigtem ey), *spreynt*
Ez. XXVII 30, meynd ebd. XVI 37. Daneben kommt noch mengid
vor Apoc. XV 2, VIII 7, wie überhaupt ja die unkontrahierte Form
immer mehr Platz griff, so bis auf eben angeführtes dreynt
durchgängig in drenchid,' *drenchid*, quenchid, *quenchid,* (vergl.
oben S. 35 f.)

Einflufs des w zeigt ae. wermod, welches als wermod, wormod,
wermod Am. V 7, VI 16, wermod, *wormod* Apoc. VIII 12 erscheint.
Zum ae. Verbum swelgan gehört swelow, *swolowe* Jon. II 1,
swolowynge, *swolewynge* Matth. XXIII 24 und Subst. swelowis,
swolowis, gurgites Jon. II 4 übersetzend. Ten Brink hat hierüber
keine Angaben.

ae. e + ʒ erscheint in den Urkunden als ei und ai, die
besseren Chaucer Hss. halten mit der Schreibung ei den Unterschied gegen ai aus æ + ʒ fest. Die Bibel steht im alten Testamente nach »K« zu den Urk., da es ai und ei schreibt, ersteres
überhaupt bedeutend in der Überzahl. Ein recht sprechendes
Beispiel ist oben (SS. 36 f. u. 39) in waye, wei gegeben. Die
übrigen Teile der alten Version und die jüngere Version haben
regelmäfsig ei. Über saide, seide vergl. S. 105 f.

In den Urkunden treten Doppelformen auf: aycin zu ae.
ongegn, aʒen zur ae. Nebenform ongên. Chaucer hat ayeyn.
Die Bibel schreibt im alten Testamente fast durchaus ey, vergl.
überwiegendes aʒeinus Dan. V 23, VIII 12, Am. VII 10, VIII 7, Obd.
1, Mic. IV 3, Zeph. XII 2, 3, 1 Macc. III 29 etc., ausnahmsweise
aʒeines, aʒeinys Dan. XI 36, Zeph. VIII 17; aʒeins bleibt stark in
der Minderheit Ez. XXXVIII 21, XXXIX 1, Dan. VIII 25, Mal. III 13,
1 Macc. IX 9, 2 Macc. XII 32. aʒein Dan. VII 21, 1 Macc. XIII 16.
Abweicht davon aʒens Obd. 13, 2 Macc. V 6. — Im Matthäus heifst
es vorwiegend aʒeins ebd. V 11, 23, X 20, XII 32, 11, weniger häufig
aʒeinus ebd. XII 30, XXI 2 etc., aʒeinys ebd. X 35, aʒeinis ebd.
VIII 34, aʒein ebd. II 8, 12, XXI 8, aber aʒens nur ebd. XXVIII 9.
— Im übrigen Teile des neuen Testamentes und im Ezechiel nach
»A« heifst es aʒens, aʒen, vergl. Mark IX 40, XIV 40, 55, Luk.
VII 10, XI 23, John XVIII 29, XIX 20, Rom. VIII 31, Ebr. XII 3,
Gal. I 17, Jam. III 14, Apoc. II 4, Ez. IV 7, XX 46 etc. etc. Ab-

weichend davon können wir aʒein John III 4, 7, Rom. XI 18 belegen. Die jüngere Version hat durchgehend *aʒens, aʒen*, abweichend ist *aʒenus* Hos. VII 13.

ae. i

vergl. Urk. SS. 32 f., 63 ff., 68 ff. und Chaucer §§ 8, 9, 10, 16, 21, 22, 35, 48.

Über die Dehnung vergl. oben SS. 14 f., 19.

In geschlossener und offener Silbe wird ae. i in der Regel zu i, y, *i, y*. Ten Brink bemerkt hier, dafs die Hss. gern nach oder vor m, n und ebenso im Anlaut i durch y ersetzen, und zwar aus rein äufserlichen Gründen, um falsche Lesungen zu vermeiden. Morsbach fügt noch hinzu, dafs in offener Silbe gern i geschrieben wird. Diese von vornherein ja nur bedingt auftretende Regel bestätigt sich auch in der Bibel, und wir verweisen kurz auf fish, disch (S. 38 f.), auf ship (S. 50 f.), widewe, wille (S. 57 f.), nyʒt, niʒt (S. 60), wyndow siʒt (S. 64), yuel (S. 70 f.). Ten Brink sagt (§ 37), dafs allerdings in einigen Hss. für ae. i auch e erscheine, allein die Reime bestätigen dies nicht als eine Chaucersche Form. Gleichfalls weisen die Urkunden seltene e auf.

Dafs im alten Testamente nach »K« und »A« das i zuweilen zu e wurde, zeigt oben (S. 24) angeführtes reng, wozu wir noch reng Dan. VI 17 stellen, gegenüber sonstigem i, *i* 1 Macc. VI 15, Luk. XV 22, Jam. II 2. Das ebenfalls (S. 24) angeführte weengis, wozu noch ein weingis Ez. I 25 kommt, mufs wohl auf an. vengr und nicht auf ae. hring zurückgeführt werden. Sonst findet sich e für altes i nur sporadisch in mente Matth. XXIII 23 zu ae. minte, mentha, gegenüber *mynte*, und auch mynte Luk. XI 42; in leue Joel II 4, sweftly Rom. XVI 20, brenge Hos. VIII 13, Bar. V 6, Dan. XIII 13, 1 Macc. VII 2, Matth. XII 35, Ez. XXVIII 24, in welchem Worte im ganzen alten Testament dieses -e auffallend häufig erscheint. Auf einer Analogie zu ae. þyncan beruht thinken in der Bedeutung von ae. þencan, welches im alten Testamente nach »K« ebenso häufig wie thenken vorkommt. In dem übrigen Teile der alten Version, wie in der jüngeren Version herrscht ausnahmslos thenken, *thenken*; vergl. Dan. II 29, Zech. VIII 17, X 10, Hab. VII 10, Nah. I 9, 11, II 5, Mal. III 16, 1 Macc. II 51 etc., Matth. IX 4, Mark II 6, John XVI 21, Phil. IV 8, Ez. VI 9, XX 43. Ae. þynken, videri, findet in der Bibel keine Fortsetzung. Die Bibel steht also hinsichtlich der Vertretung eines alten i durch e zu den Urk. Bemerkt mag noch werden, dafs in den Urk. auch ein candelsteke begegnet,

welches in der Bibel stets candelstike heifst (vergl. die Stellen
nach S. 54, oben).

In den Urk. scheint das vorhergehende w einen grofsen
Einfluſs auf die Färbung des i in offener Tonsilbe gehabt zu haben,
indem es dieses zu e abtönte. Die Bibelsprache, wie der Chaucersche Gebrauch hat hier eine bessere Bewahrung des i vorgesehen,
vergl. wyndowe, widewe, whiche (oben SS. 57 f., 64, 84). Dagegen
kommt zu ae. wicu mit den Nebenformen weocu, wucu in der
Bibel vor: weeke, *wouk* Dan. X 2, weekis (5), wekis (1), *woukis*
Dan. IX 24, 25, 26, X 2, 3; woke, *woke* Matth. XXVIII 1; woke, wouke,
woke Mark XVI 2, 9; woke, *woke*, *wouke* Luk. XVIII 12, John XX 1;
woke, *wouke* 1 Cor. XVI 2. Bei Chaucer erscheint wike, handschrift-
lich auch weke (§§ 35, 37) und im Sir Thopas wowke, von welcher
Form ten Brink vermutet, daſs sie keine Chaucersche sei. Die
Urk. schreiben mit e und y.

Das ae. swylc war in den Londoner Urk. zu suche geworden,
in den Staats- und Parlamentsurk. kommen auch Formen mit i
vor. Chaucer (§ 255) hat swich und such. Die Bibel hat siche,
siche Dan. II 10, XI 15, Mic. II 7, 1 Macc. IV 27, 2 Macc. X 4, Matth. XIX
14; in der zweiten Hand von »K« hält sich siche und suche, *siche*
und *suche* die Wage, vergl. Mark VII 14, IV 33, Luk. XIII 2, Tit. III
11, Rom XVI 18, I 32, II 3, 2 Thes. III 12, Ebr. VII 26, VIII 1 etc., siche,
siche 3 John 8, Apoc. XVI 18.

Das früh zu wimmen gekürzte ae. wifman tritt bei Chaucer
(§ 214) als womman, wommen auf, die Urkunden stimmen damit
überein, wenigstens die ausschlaggebenden Londoner, während
die Parlamentsurkunden einmal wymmen überliefern. Hier sticht
nun die Bibel stark ab; sie schreibt zwar auch im Sg. womman,
womman, vergl. Ez. XXXVI 17, Hos. III 1, Zech. V 7; Matth. V 28,
IX 20, 22, XIII 33 etc.; Mark V 25, 33, VII 25, 26, XIV 3; Luk. VII
37, 44, XI 27, John IV 25, VIII 3 u. s. w.; Rom. I 27, 1 Cor. VII 1,
2, 4, Gal. IV 4; 1 Pet. III 7, Apoc. II 20, XII 1, 4 u. s. w.; Ez.
XVIII 6, XXIII 44. Nur im Reste des neuen Testamentes nach
»K« vom Römerbrief ab kommt auf 12 maliges *womman* 6 maliges
wymman Eph. V 23, 1 Thes. V 3, 1 Tim. II 11, 12, 13, Deeds XVI 14.
Der Plural lautet jedoch allgemein wymmen, *wymmen* Bar. VI 27,
Hos. XIV 1, 2 Macc. XV 18; Mark XV 40; Luk. VII 28, XXIV 22;
Eph. V 22, 1 Tim. II 9; 1 Pet. III 1, Apoc. IX 8; Ez. VIII 14,
XVI 34 etc. etc. Im Matthäus jedoch kommen auf 2 wymmen
XXVII 55, XXVIII 5, 2 wemmen XIV 21, XV 38 und ein wommen
XI 11.

Gegenüber dem Substantiv, das in allen drei Vorlagen übereinstimmend wille lautet (vergl. oben S. 56 f.), tritt beim Verb in
den Urkunden neben dem gewöhnlichen will, vereinzelt e, o, u auf.
Bei Chaucer (§ 197) erscheint i und o. Unbestritten vorherrschend
sind bei diesem Verb in der Bibel, — natürlich mit Ausnahme des
Präteritums, welches übereinstimmend in den drei Vorlagen o
hat, — Formen mit o, *o* im ganzen Präsens, im Infinitiv und
Imperativ, vergl. Bar. VI 45, Dan. IV 14, 2 Macc. VII 16, Matth.
VII 12, VIII 2, XIII 28, Mark I 40, III 13, VI 22, XIV 17 (wo Infin.
mit zwei l: wolle ausnahmsweise überliefert wird), Luk. IV 6,
IX 54, John III 8, XXI 22, Rom. VII 15,19, Gal. IV 21, Tit. III 8,
Jam. III 4, IV 15, Ez. III 7 u. a. m. Ganz vereinzelt erscheint ein
i: wilt Dan. XIII 21, willynge, *wyllinge* 2 Macc. II 25 (das Partic.
Präs., sofern es vorkommt, erscheint stets mit i), *will* Mark XIV 12.
Vom Lukas ab werden die Belege mit i zwar häufiger, bleiben
aber doch weit in der Minderheit: willynge, *willynge* Luk. X 19,
wilne Luk. IX 24, John VII 17, XV 7; willinge Rom. IX 16, Deeds
XXV 9, XVIII 21, vergl. 1 Cor. IV 19, 2 Cor. VIII 10, Phil. II 13,
willinge, wilne Rom. IX 16, Gal. III 2, Phil. II 13, willinge 2 Pet.
III 9. Wenn das Wort mit der Negation kontrahiert wird, was
in der Bibel nicht gerade das gewöhnliche ist, so steht nyle,
nyle, nil vergl. Matth. XXI 29, III 9, I 2, Luk. IX 14, 1 Cor. X 20,
2 Tim. I 8, Gal. V 1, Ez. III 7 etc. etc. Die Urk. S. 149 schreiben
einmal nel. Ten Brink gibt nichts darüber an.

ae. i + ȝ erscheint als: y, .i, vergl. lyeth, *lijth* Matth. VIII 8,
sonst liggist, *liggist* Ez. XXIX 3, eine Analogieform zu ligge, *ligge*
etc. mit berechtigtem gg Ez. XXIX 3, Joel I 13, Deeds XXVIII 8.

ae. i + ht wird zu i, y, das Morsbach (S. 69) mit Länge
ansetzt im Gegensatze zu ten Brink (§ 10). Aus der Schreibung
kann weder für die Urkunden, noch für Chaucer, noch für die
Bibel (vergl. oben SS. 55, 60) etwas Sicheres ermittelt werden.

ae. o

vergl. Urk. SS. 33 f., 72 f. und Chaucer §§ 13, 16, 29, 35, 45, 46, 48.

ae. o erscheint in offener und geschlossener Silbe als o, *o*,
übereinstimmend mit Chaucer und den Urkunden. Dem einmaligen
werd (oben S. 44) dürfte kein Gewicht beizulegen sein. — Über
Dehnungen vergl. oben S. 18 ff. — Einen u Laut trotz der Schreibung mit o vermutet ten Brink (§ 15) durch Einfluß des w in
world, wie auch die Bibel stets schreibt. (Vergl. oben S. 55.)

ae. o + ȝ (bzw. h oder ht) erscheint bei Chaucer und, soweit
belegt, auch in den Urk. als ou, ow, ebenso in der Bibel; vergl.
mouȝte oben S. 58, wozu noch der Plural mouȝtis, *mouȝtis* Jam.
V 2 kommt, douȝter oben S. 62, wo jedoch abweichend auch ein
doȝter und ein *doȝtris* im Ezechiel nach »A« belegt ist. Wir
fügen dann noch die Beispiele zu ae. boga an: bouwe, *bouwe* Ez.
XXXIX 3; *bouwe* begegnet ferner Ez. XXXIX 9, Hab. IV 9, Apoc.
VI 2, während sonst die Form *bowe* Hos. I 5, 7, II 18, VII 16, Am.
II 15, Zech. IX 13 lautet und immer einem bowe entspricht.

In den Urkunden begegnet dann noch though, — in den
Staatsurkunden auch thogh und thofe, — bei Chaucer though.
Morsbach plädiert im Gegensatze zu ten Brink, der im Worte
eine Entlehnung aus dem Mittelniederdeutschen vermutete, für
die Herkunft aus dem Altnordischen. In der Bibel heißt es:
thouȝ, *thouȝ* John IV 2, 2 Cor. XII 12, 15, Ebr. VII 5, XII 17, Ez.
XIV 21.

ae. u

vergl. Urk. SS. 34 ff., 72 f. und Chaucer §§ 14, 15, 16, 33, 35, 37, 48.

Das ae. u, soweit es nicht Dehnung (vergl. oben SS. 18, 19 f.)
oder Diphthongisierung erlitt, blieb u, allein die Hss. verzeichnen
oft o. Ten Brink sagt, daß namentlich nach w und vor nn dies
o erscheine; in offenen Silben jedoch und da, wo die Dehnung des
u vor nd infolge eines r oder n der Folgesilbe unterblieb, zeige
sich immer o. Ten Brink erkennt hierin einen anderen Vokalwert, einen »schwebenden« Vokal. Morsbach, welcher dieser Meinung nicht beipflichtet, erläutert die Schreibung der Urk. dahin,
daß sich u, selten o vor m, n, mm, nn, — in offener Silbe aber
regelmäßig o finde. In anderer Umgebung überwiege sonst das u
gegen das o, welches nur noch nach w gewöhnlich ist. Ein
großer Unterschied gegen Chaucer kann indessen hierdurch
nicht begründet werden. Ten Brink resümiert nur im Allgemeinen, während Morsbach sorgfältig die handschriftliche Überlieferung berücksichtigt; ten Brink richtet jedoch seine Schreibung
nach der ihm in den besten Hss. aufstoßenden Übung ein. Die
Bibel stimmt mit dieser Gewohnheit in den beiden Vorlagen nur
teilweise, so pflegt sie z. B. vor dem n oder m, resp. nn, mm das
o nicht zu bevorzugen, wie die Belege von sunne, lunge (S. 57),
von sum (S. 84) darthun. Wir führen noch einige andere Belege
an, um den Unterschied teils gegen die Urkunden, teils gegen
Chaucer zu dokumentieren: stetes hungre, *hungre* (38 mal) Am.

VIII 11, Matth. XII 1, Mark XI 12, John VI 35, 1 Cor. IV 11, Apoc. VI 8, Ez. V 12 etc., stets bygunnen, *bigunnen* Matth XII 1, Mark II 23, V 17, XIV 65, Luk. V 21, VII 49, XI 53, XIV 18, Deeds II 4, Ez. IX 6. Wenn neben Formen wie runnen Dan. XIII 19, sprungen Mark XIII 5 solche mit o wie *sprongen* vorkommen, so mufs man noch zweifelhaft sein, ob hier nicht Formenübertragung vorliegt. Dagegen heifst es wieder huntith, *huntith* Mic. VII 2, 1 Macc. III 4, thundir, *thundir* John XII 28, Apoc. VIII 1, VIII 5, X 3, 4, XIV 2, XVI 18, XIX 6, nur einmal thondrynge Mark III 17 und einmal *thondris* Apoc. XI 19.

Dagegen kommt auch in der Bibel nach w das o entschieden zum Übergewicht, so heifst es stets wondre, *wondre,* was überaus oft belegt ist, vergl. Dan. III 99, Matth. XXIV 24, Mark VII 37, Gal. I 6, 1 Pet. II 9, Ez. V 15 etc. — wollis, *wollis* Ez. XXXIV 3, Dan. VII 9, Hos. II 5, 9, Ebr. IX 19, aber wullis Ez. XXVII 18, wulle Apoc. I 4, wolues, *woluys* Hab. I 8, Zeph. III 3, Matth. VII 15, X 16, Luk. X 3, John X 12, Deeds XX 29, und wieder im Ez. XXII 27 wulues.

Desgleichen und noch regelmäfsiger erscheint altes u in offener Silbe als: o, wie ständiges dore, *dore,* loue, *loue,* sone, *sone* beweist (vergl. oben SS. 56, 52, 38), vergl. ferner wode, *wode* Ez. XXXIX 10, Hos. II 12, Am. III 4, VII 14, 1 Macc. IV 38, Jam. III 5. Ez. XV 2, 6 begegnet woodis, *woodis* und Mic. V 8 wodis, *woodis,* welches in dieser Schreibung auch in Hss. Chaucerscher Werke vorkommt (vergl. Morsbach S. 65). Vergl. noch somer, *somer* Zech. XIV 8, Dan. II 25, Am. III 15, Matth. XXIV 32, Luk. XXI 30. — Nur ae. cuman macht eine bemerkenswerte Ausnahme. Es erscheint nämlich im alten Testamente nach »K« im Praesens und den davon abgeleiteten Formen gewöhnlich mit u und überwiegend mit mm, also als cumme, vergl. Ez. XXXIII 3, 4, Mal. IV 1, 5, 6, Bar. IV 36, 2 Macc. III 18, VIII 12 etc. Die Formen mit einfachem m sind Regel, wenn das Verb im Infinitiv, im Imperativ, im Optativ etc. Apocope des -e erlitten hat, wenn also das m im Auslaut steht; vergl. Joel I 7, 15, II 8, Am. IV 2, Mic. I 15, IV 2, 10, Bar. VI 48, Mal. III 1 etc. Jedoch kommt auch nicht auslautendes einfaches m vor; vergl. Mic. IV 8, Hab. I 9, Hag. II 8, Zech. IX 9, 1 Macc. XI 22 etc. Die Formen mit o jedoch commynge und häufiger mit einem m come sind seltene Ausnahmen Dan. IX 26, Joel III 11, Bar. IV 25, Zech. II 10, 1 Macc. X 56, 2 Macc. VIII 20. Auch im Matthäus geht dieses Verhältnis durch, jedoch tritt das o ungleich häufiger auf. In Zahlen wird sich das Verhältnis von cumme : cume : come : comme ungefähr wie

27:15:16:2 verhalten, vergl. ebd. II 2, 8, 23, III 11, 7, 14, 16, VI 10, VIII 7, 9, 11, XXV 6, 34. XXIV 48 etc. etc. In den vier ersten Kapiteln des Markus, welche noch die erste Hand schrieb, begegnen nur come ebd. I 7, II 20, IV 15, — und einmal ein sonst ungewöhnliches Particip Perfecti cummen ebd. I 24. Im ganzen übrigen Teile des neuen Testamentes findet sich ausnahmslos come Mark VIII 38, Luk. VI 17, John IX 4, 1 Thes. V 2, 2 Pet. III 3, 10 etc., ebenso heifst es im Ezechiel nach »A« gewöhnlich come (vergl. ebd. VII 2, 5 etc.), aber hier begegnen doch auch zwei Formen cumme und cummeth ebd. XXI 7, XXII 3. In der jüngeren Version heifst es ausnahmslos *come*.

In sonstiger Umgebung erscheint das alte u auch in der Bibel als u, wie in ful, *ful*, thus, *thus*, curse *curse* etc. etc.

Ae. þurh findet sich in den Urkunden als thurwʒ, thorwʒ, thorw, thourgh; eine ähnliche Vielgestaltigkeit trifft man auch in der Bibel, wo überliefert wird: thorou, thoru, thorow, *thorouʒ*, *thorou* Zech. I 11, 10, VI 7, Ez. XLVII 3, 4; thorw, *thorou*, Matth. IX 31, XIX 24; thurʒ, thorw, *thorou* Mark X 25, XI 16, thorw, thurʒ, *thorou, thorow* Luk. II 35, IV 14, 30, V 30, VIII 39, XVII 11, XVIII 25, XIX 1; thorw, thorwʒ, *thorou, thorouʒ* Rom. V 17, VII 4, 13, Deeds X 37, XVIII 23.

u + ʒ wurde übereinstimmend in den drei Texten zu ou, ow; vergl. ʒouthe (oben S. 53), foulis, fowelis (oben S. 40).

An. Lehnwort ist trust, welches nur in dieser einzigen Form in den Londoner Urkunden erscheint, in den Staatsurkunden auch als trist. In der Bibel überwiegen fraglos die Formen mit i in Subst. und Verb., indessen fehlt es in einzelnen Teilen nicht an Formen mit u. Vergl. tristen Mic. VII 4, 2 Macc. VIII 18, VII 11, IX 27, X 34, XII 14, Ez. XXXII 13, Hos. X 13, *trist* und *truste* Mic. VII 4; trust Matth. IX 2, 22, XIV 27, *trist, trust*; tristinge, *tristen* Mark X 24, VI 56; tristide, *tristide* Luk. XI 22, triste; *truste* John XVI 33; triste 2 Cor. II 3, I 9, X 7, Ebr. III 6, X 35, XIII 6, 2 Thes. III 4, truste Gal. V 10, 1 Thes. II 2, Phil. 8, gegenüber *triste, truste;* tristen, *tristen* 1 John. II 28, IV 17; trust, *trist* Ez. XVI 15.

ae. y

vergl. Urk. SS. 38 ff., 65 f., 66 f., 68 f., 153 und Chaucer §§ 10, 11, 15, 16, 21, 35, 41, 48.

Als Vertreter des ae. y gilt bei Chaucer in erster Linie e, weniger häufig begegnet bei ihm i, dieses steht jedoch bei ihm regelrecht vor gh und meistens vor n und n-Combinationen mit Ausnahme von nt; u tritt nur in wenigen bestimmten Worten auf. In den Londoner Urkunden ist unbestritten i die gewöhnliche Vertretung des ae. y, weit seltener e und noch seltener u.

Was Morsbach von den Urkunden gesagt hat, kann mit voller Geltung auch auf die Bibel bezogen werden. Zum oft belegten yuel, *yuel* (siehe oben S. 70 f.) begegnete nur im Baruch, Matthäus und Lukas ein euyl. Ausnahmslos erscheint kyn, *kyn* (siehe oben S. 9 und S. 51), flrst, *first* Mic. VI 7, Matth. XXVIII 1, Mark IX 34, Luk. XIII 30, Eph. VI 2, Ez. X 11 etc., synne, *synne* Dan. VIII 12, Matth. XII 31, Mark IV 12, John IX 34, 1 Thes. II 16, Apoc. I 5, Ez. XVIII 14 etc., fllle, *fille* Bar. III 32, Matth. XIII 14, Mark XIV 49, John III 29, 2 Cor. VII 4, Jam. II 23 etc., mirth, mirthe, myrthe, *mirthe, myrthe* Bar. III 35, IV 11, V 9, Deeds II 28; fliʒt, *fliʒt* 1 Macc. XI 72, XVI 8, 2 Macc. XI 12, XII 27, 37, kisse, *kisse* Matth. XXVI 48, 49, Mark XIV 44, 45, Luk. VII 38, 45, XV 20, XXII 47, Deeds XX 37, mynde, *mynde* (vergl. oben S. 46), birthins, *birthins* (vergl. oben S. 56), bryggis, *bryggis* 2 Macc. XII 13, mylne, *mylne* Matth. XVIII 6, Mark IX 41, Luk. XVII 2, Apoc. XVIII 21, 22, kyng, king, *kyng, king* (welches Wort freilich in nach Alfredscher Zeit festes i annahm), gylt, gilt, *gilt* u. s. w. Matth. V 21, Mark III 29, 1 Cor. XI 27, Jam. II 10 etc., hil, *hil* Hos. IV 13, Matth. IV 8, Mark XI 23, Luk. IV 29, Gal. IV 25, Apoc. VI 15, Ez. XX 28 etc., kitchenys, *kichenys* Ez. XLVI 24 zu ae. cycene, molina, birthe, *birthe* 2 Macc. VI 7.

Zu ae. þyrstan, þyrst findet sich thrist, *thirst* Hos. II 3, Am. VIII 11, 13, thristen, *thristen* Matth. V 6, XXV 35, 37, 44, thirste, *thirste* John IV 13, 15, VI 35, VII 37, XIX 28, Rom. XII 20, 1 Cor. IV 11, Apoc. VII 16, XXI 6, XXII 17, thristie, *thristi* Ez. XIX 13.

Indessen bisweilen erscheint doch auch ein e und ein u neben dem gewöhnlichen i. Fraglich mag es ja sein, ob nicht die Fortbildung des ae. scyttan von anderer Seite her beinflufst wurde, wenn neben shitten, *schittiden* 1 Macc. X 75, XII 48 im Ez. XLVI 12 schette steht; vergl. noch schet, *schet* Matth. VI 6, schette Gal. III 23, schit, *schit* Matth. XXV 10, Luk. XI 7, III 20, John XX 19, 26, Deeds V 23, Apoc. V 6. Zweifellos aber ist es bei gurd Deeds XII 18, gegenüber sonst stets erscheinendem gyrdel, girdil, gyrde, girde, *girdil, girte* Joel I 13, Dan. X 5, Ez. XLIV 18, Matth. III 4, X 9, Mark I 6, VI 8, John XXI 7, 18, Deeds XXI 11, 1 Pet. I 13, Apoc. I 13, XV 6, Ez. VII 18, XXIII 15.

Vor allem erscheint in offener Silbe in den Urkunden das e für ae. y. Auch in der Bibel findet sich für ae. y in solcher Stellung etwas häufiger die Vertretung durch e und u als sie sonst zu beobachten war. Wir führten schon die wenigen euyl oben an. Zu ae. hype ferner erscheint ein hupis John XIX 31, gegenüber *hipis* und hipe, *hipe* Ez. XXI 12. Ae. byrigean, sepelire, byrigels, sepulcrum, finden sich durchweg mit y, i, *i*, vergl. Ez. XXXIX 11, 12, 13, 14, Hos. IX 6, Matth. XXVII 7, 52, 53, Mark V 2, 3. 5, VI 29, Luk. XI 47, XVI 22, John XII 7, Rom. VI 4, 1 Cor. XV 4, Deeds V 6 etc. etc. und nur burie Mark XIV 8, Luk. IX 59, 60. Zum ae. bÿsig. das der schweren Nebensilbe halber freilich früh gekürzt wurde, erscheinen zwar auch in der Regel bysi, bisi, *bysi*, *bisi* etc. etc. (vergl. 2 Macc. II 31, XV 18, 19, Matth. XIII 22, VI 31, Luk. VIII 14, X 41, Rom. XIII 14, 1 Cor. VII 32, Tit. III 8. Phil. IV 6, 1 Pet. I 22, V 7, Ez. XII 19 etc.), aber es begegnet im Matthäus VI 25, 27, 34 doch auch dreimaliges besie.

Ae. cyrice wird bei Chaucer als cherche überliefert, in den Londoner Urkunden begegnet das Wort mit e, i und u. Die Bibel hat bis auf ein einziges churche Matth. XVI 18 sehr oft belegtes chirche, *chirche* Joel II 16, Matth. XVIII 7, Rom. XVI 1, 4, 5, 1 Cor. I 2, IV 17, Jam. V 14, Apoc. 14, 11, 20 etc.

Hierher wird auch litel, *litil* (oben S. 71 f.) zu stellen sein, wobei die stete Schreibung mit i, *i* bis auf zwei lytil im alten Testament nach »K« und ein korrespondierendes lytil, *lytil* im Deeds einigermafsen verwundert.

Ae. -scipe, welches wie alle i in nebentoniger Silbe in spätae. Zeit zu unfestem y wurde, findet sich in den Urkunden mit i, e und u, eine Vokalfärbung, die vielleicht mit der folgenden Labialis zusammenhängt. Bei Chaucer § 199 scheint nur eine Form mit i vorzukommen, wie in der Bibel (vergl. oben SS. 37 f., 40, ausnahmsweise worshepe S. 126).

An dieser Stelle mag auch ae. micel, später mycel, besprochen werden, welches bei Chaucer mit u, in den Urkunden als moche und muche auftritt. In der Bibel erscheint es als myche, miche, *myche* Dan. XI 3, 5, 13, Joel II 13, Am. VII 4, 1 Macc. III 10, VII 38 etc., *mychel* 1 Macc. IV 9. — myche Matth. II 18, VII 11, X 25, häufiger moche ebd. VI 7, XIII 5, XII 12, VI 30, IX 37, XXIV 30, ausnahmsweise muche ebd. XXI 8 gegenüber *myche*, indessen *miche* ebd. XX 29, XXIV 30 und *moche* ebd. II 18. — myche Mark III 7, IV 1, V 24, moche ebd. VIII 1, XII 37, X 48, 46, XIV 43, gegenüber *myche* bis auf *miche* ebd. XIV 43. — Im Luke und John hält sich myche und moche die Wage, vergl. Luk. VII 12, 41, VIII 4, IX 37, XII 48, 28, XI 13, John VI 10, XII 9, 12, 25 etc. gegenüber *myche*. — Vom Römerbrief ab begegnet in der zweiten

Hand von »K« nur moche 2 Cor. VI 4, VII 4, VIII 22, Eph. II 4, Col. IV 13, 1 Thes. 1 5, II 2, Deeds VI 7, Ebr. XI 4 etc. etc., dem wieder in der jüngeren Version *myche* bis auf *miche* Deeds XXVII 9 entspricht. — Im Teile nach »M« tritt miche auf Deeds XXVIII 29, Jam. V 16, 1 Petr. I 1, 7, Apoc. XVIII 7.

Bei Chaucer endlich erscheinen Formen beyest, abeyest und nach diesen gebildet beyen etc. Die Urkunden verzeichnen biyng, bying und zwei Mal Infinitiv bey, nach Morsbach sind die ersten mittelländische, die zweiten südliche Formen. Die Bibel hat nur Formen mit i, vergl. bye, bying, *bie, biyng* etc. 1 Macc. XIII 49, 2 Macc. VIII 25, Matth. XIII 44, XIV 15, XX 9, 10, Mark VI 36, 37, XV 45, Luk. IX 13, John VI 4, XIII 29, 1 Cor. VII 30, Apoc. XIII 17, III 18, XVIII 11. Einige Male kommen auch die regelrecht zu ae. bycgan gebildeten Formen Inf. bigge, Part. biggynge vor, vergl. Matth. XIV 15, Mark XI 15, Luk. XIX 45 und einmal *bigge* Luk. XXII 36.

Ae. wyrcean erscheint in der Bibel meist mit o, obwohl nicht in allen Teilen übereinstimmend. Ob dieses o eine Analogiebildung zum Substantiv work ist, oder nur infolge der Einwirkung des w erscheint? Bei Chaucer findet sich werken (§ 169). Vgl. worche Ez. XLVIII 19, aber wirche Ez. XXXVI 27, Mic. II 1; worche Matth. VII 23, XIV 2, XXI 28, XX 12. In der zweiten Hand von »K« heißt es in sehr zahlreichen Fällen immer worche bis auf wirche Luk. XIII 14, vgl. Mark XVI 20, John IX 4, V 17, VI 27, 1 Cor. IV 12, XII 6, 11, Phil. II 13 etc., ebenso worche Ez. XVIII 24 und stets *worche,* aber in »M« begegnet werche Jam. 1 3, II 6, Apoc. XVIII 17.

ae. â

vergl. Urk. SS. 42 f., 73 f., 75, Chaucer §§ 12, 16, 27, 29, 44, 46, 49.

Der regelrechte Vertreter des ae. â in allen drei Vorlagen ist o, oo, *o, oo*. Die erste Hand von »K« bevorzugt für gewöhnlich die Schreibung mit einfachem o, die zweite Hand von »K« und die jüngere Version haben für gewöhnlich dem oo den Vorzug gegeben. Die Teile nach »M« und »A« erscheinen noch weniger fest geregelt, vergl. goost (oben S. 11 f.), stoones (S. 40), boones (S. 48), hooly (S. 68 f.). — Vor schwerem Suffix (vergl. oben S. 14) oder doppelter Konsonanz wie bei a x e, *a x e,* ward altes â jedoch zu a.

In den Londoner Urkunden begegnet nur from, nicht das aus dem An. stammende fro. Beide Formen finden sich aber bei Chaucer (§ 58). Die Bibel hat regelmäßig in allen Teilen fro, *fro* Joel III 6,

Matth. IV 4, Mark III 22, XV 21, Luk. XVIII 21, Eph. V 14, Jam. III 15, Ez. XI 15 etc., nur in der ersten Hand von »K« begegnen wenige from Dan. IV 10, Matth. I 17, VIII 30, Mark II 20, IV 25.

Bei Chaucer trifft man beide Formen moost und meest (vergl. über die Herleitung des Wortes die bei Morsbach S. 43 angegebene Litteratur und ten Brink § 49), in den Londoner Urkunden kommt nur moost, most vor. Durchgehend o, o weist auch die Bibel auf (vergl. S. 11), nur in Zusammensetzungen begegnet neben o häufigeres e, vergl. almest, *almest, almeste* 1 Macc. V 22, 13, X 85, 2 Macc. IV 40, almest, almoost, almest, *almest, almost* Luk. IX 14, XXIII 43, Rom. IV 19, Ebr. IX 22, Deeds I 15, IX 22, XIII 44, IX 7, 26, almest, *almest* Ez. XVI 47.

û + w und â + g, letzteres in an. lâgr, gibt in allen drei Vorlagen ou, ow, vergl. oben SS. 53, 75, 76.

â vor gedecktem h wird in allen drei Vorlagen zu au, vgl. strauʒt, tauʒt oben SS. 32, 35. Nur infolge einer Anlehnung an den Infinitiv âgan wurde altes âhte gewöhnlich zu oughte, sowohl bei Chaucer, wie in den Urkunden, als in der Bibel, vergl. 1 Macc. XIII 15, Matth. XVIII 24, 28, Luk. XVII 10, Gal. VI 3 etc., ausnahmsweise einmal auʒt Luk. VII 41.

ae. æ

vergl. Urk. SS. 43 ff., 70 f. und Chaucer §§ 11, 12, 24, 25, 26, 41, 46, 49, 50.

ae. æ erscheint in allen drei Vorlagen übereinstimmend als e, ee, *e, ee*; vergl. darüber die Beispiele von heeris (S. 50), dreed (S. 53), see (S. 55), breede, latitudo (S. 59), cleene (S. 74).

Abweichend von Chaucer und den Urkunden erscheint in der zweiten Hand von »K« und in der jüngeren Version überwiegend fleisch, *fleisch* für flesch (oben S. 43). Umgekehrt dagegen findet sich in der ersten Hand von »K« und im Teile nach »A« heythen, das den anderen Partieen der Bibel fehlt (oben S. 70). Das ei in heythen mufs man wohl als an. Einflufs ansehen. während wir das ei in fleisch, als durch das »sc« hervorgerufen, erklären, und es auf eine Stufe mit dem oben (SS. 101, 106) erwähnten nische, threische u. s. w. stellen möchten. Wenn zu ae. hære, cilicium, nur ein heer Luk. X 13 belegt ist, sonst aber ausschliefslich Formen mit ei, ai, *ei, ai* (1 Macc. II 14, 2 Macc. III 19, X 25, Matth. XI 21, Apoc. VI 12, Ez. VII 18) erscheinen, so dürfte darin das afz. haire als Etymon zu sehen sein.

Wie in den Londoner Urkunden begegnen auch in der Bibel there, where u. s. w., während thar u. s. w. in den Staats- und Parlamentsurkunden sich findet.

Vor Doppelkonsonanz trat Kürzung des ae. æ ein, und es erscheint in der Bibel a wie in allen drei Vorlagen, wenn nicht e, freilich gekürztes, durch Analogie gewahrt wurde; vergl. radde, redde etc. (oben S. 12), lasse, lesse etc. (oben SS. 12, 79).

Über ony vergl. oben S. 87.

æ + ʒ wurde zu ey, *ey,* vergl. keye (oben S. 53). Das an. fæger findet sich aber in der Bibel auch mit ai, *ai* (S. 76). Nur in siʒe, *siʒen* zum ae. Plural sægon ist auch eine Abweichung zu belegen (vergl. unten S. 124 f.).

·   Doppelformen begegnen zu ae. æghwæðer, ægðer, utrum, an bezw. næghwæðer, nægder neque. Meist heist es nether, *nether,* ether, *ether* Dan. V 10, XIV 6, Obd. 12, Jon. III 7, Zech. XIV 7, 1 Macc. IV 35, Matth. V 34, VII 18, IX 17, VI 24, Mark II 2, III 20, VIII 18, XIII 33, Luk. II 14, XV 8, John III 1, IV 15, Rom. IV 19, VIII 38, IX 11, Eph. VII 8, 1 Thes. II 5, 1 Cor. VIII 5, Apoc. III 15, 16, IX 20, Ez. XIV 16, 18, XVI 47. Im neuen Testamente nach »K« begegnen aber fast ebenso viele neither Matth. V 34, VI 20, XXII 30, Mark XIII 15, 19, XI 26, 33, Luk. XII 33, 27, Rom. VI 1, 1 Cor. III 7, VI 9, XI 11, VIII 1. Ausnahmsweise findet sich auch nother Mark XII 24. In der pronominalen Bedeutung dagegen steht either, *eithir* Ez. XV 4. Eine Abweichung gegen die Urkunde (S. 83) und Chaucer (§ 255) ist hier nicht vorhanden.

ae. ê

vergl. Urk. SS. 46 f., 70 f. und Chaucer §§ 11, 23, 25, 26, 41, 49.

ae. ê erscheint als ee, e, *ee, e,* vergl. queen (S. 55), Plural feet (oben S. 59), green, swete (S. 73).

Eine Vermischung zwischen ae. blêtsian und dem sinnverwandten blissian fand in den Urk. statt, so dafs für ae. ê, welches aufserdem vor der doppelten Konsonanz gekürzt wurde, bisweilen i eintritt. Die Bibel hat aufser sehr oft belegtem blesse, *blesse* Zech. VIII 13, Matth. XIV 19, Mark XI 10, Luk. VI 28, Rom. XII 15, 1 Pet. III 9, Ez. XXXIV 26 etc., nur einmal blisside Matth. XXVI 36 und *blisside* Mark X 16.

ae. ê + ʒ wurde in allen drei Vorlagen zu ei, ey, vergl. nur twey, *trei* zu ae. twêgen. Bemerkt sei dazu, dafs der ae. Unterschied nach dem Genus zwischen ae. twâ, me. two, und twêgen, me. twey, tweyne, bei Chaucer (§ 247) nicht mehr existiert. Auch die Urkunden (SS. 70, 118) und die Bibel kennen diesen Unterschied nicht mehr. Bezeichnend aber für die Überlieferung der Bibel ist es, dafs bei diesem Worte in weitestem Mafse ein Ausgleich versucht ist. Im alten Testament nach »K« begegnet nämlich nur two in 70 Fällen. — Im Matthäus finden sich zwar auch 35 Fälle two, aber daneben gibt es 5 mit ey, twey adjekt. Matth. VIII 28, IX 27, X 29, tweyne, tweyn subst. ebd. V 11, IV 21. -- Im Markus erscheinen 4 two, worunter eines in substantivischer Stellung, ebd. VI 38, 41, 37, XI 1, sonst findet sich twey 3 mal als Adjektiv, tweye 2 mal in gleicher Fügung und 6 mal tweyne, von denen das eine ebd. V 13 in einer Zahlverbindung steht, die übrigen in sub-stantivischer Rektion gefühlt werden (ebd. X 18, XIV 13, XV 27, 38). — Bis auf 2 two hundrid (John VI 7, XXI 8) begegnet im Luke und John nur ey und zwar in adjektivischer Fügung twey 11 mal, tweye 14 mal, tweyne 1 mal (Luk. XII 6), als Substantiv tweyne 9 mal, tweye (1 mal, ob Substantiv? John XIX 18). — Ebenso ist das Verhältnis im Reste des neuen Testamentes nach »K«. Auch hier findet sich two hundrid Deeds XXVII 37, sonst treten twey 8 mal, tweye 3 mal als Adjektiv und tweyne 10 mal als Substantiv auf. Daneben trifft man noch tweyn und tweyne hundrid Deeds XXIII 23. — Im Teile nach »M« kommt ohne Ausnahme 13 maliges two vor, — und Ez. XXI 19, XXIII 2 steht gleichfalls two. — Die jüngere Version hat Formen mit *ei* ganz entschieden bevorzugt, nur in Zahlenverbindung verwendet sie gern, obwohl nicht ausschliefslich, *two*; vergl. Dan. VIII 14, XII 11, 1 Macc. VI 30, IX 3, Mark VI 37, John XXI 8, Deeds XXVII 37, Apoc. XI 3, XII 6, XIII 5 etc. Formen mit *ey* in Zahlenverbindung sind: *twei* Ez. XLV 15, 1 Macc. IX 4, XV 26, Mark V 13, Deeds XXIII 23, vergl. auch Apoc. XI 2, und einmal *tweyn* John VI 7. Im adjektivischen Gebrauch bevorzugt die jüngere Version ganz überwiegend *twei* (114 mal), was da-gegen abweicht sind 12 maliges *tweyne* (Ez. I 11, Zech. IV 12, Am. III 12, IV 8, VI 3, 1 Macc. XV 2, Dan. VIII 7, XII 5, Matth. XVIII 8, XX 21, 1 Tim. V 19, Apoc. XI 4), 1 maliges *tweye* (2 Macc. X 22), 3 maliges *tweyn* (Matth. VI 24, XVIII 9, XXVII 21) und 9 maliges *two* (2 Macc. X 23, Mark XII 42, VI 38, Luk. IX 3, 30, John V 2, Gal. IV 22, 24, Apoc. XIII 11). Als Substantiv ver-wendet die jüngere Version meist *tweyne*, selten *tweyn*, noch seltener *twei*, ein Verhältnis, das sich in Zahlen wie 31 : 6 : 1 ausdrückt, vgl. Am. III 3, Matth. XI 2, Mark XI 2, XIV 3, Luk. XII 52, XVII 34, XXVII 19, John I 35, XX 4, XIX 18, Deeds I 23, II 4 etc. etc. Auch in dieser Scheidung von *twey* für Adjektive und *tweyne* für Sub-stantive, die aller historischen Berechtigung entbehrt, dokumentiert sich wieder der oben (S. 97) schon hervorgehobene Zug der jüngeren Version, Formen nach allgemeinen Gesichtspunkten zu

differenzieren oder auszugleichen. Einen Zug, den in etwas
weniger hervorstechender Weise, auch bei diesem Beispiel, die
zweite Hand von »K« teilt. Der Vollständigkeit halber führen
wir noch *altro* Mark XV 38, in duo übersetzend, an.

Doppelformen erscheinen in dem Lehnworte: deie, dye bei
Chaucer und in den Urkunden. Über die Herleitung des Wortes
welches Mätzner und andere nach ihm zu an. döeja stellen, vgl.
die Kontroverse zwischen ten Brink § 41 Anm. und Morsbach S. 70 f.
Die Bibel schreibt im alten Testament nach »K« dye (20 mal), nur 2 mal
die Ez. XXXIII 14, 9, 11, Am. VI 9, 1 Macc. I 16, IV 35 u. s. w. und
2 mal deye Ez. XXXIII 8. Im Matthew heifst es XV 4, XXVI 35
dye, im Mark XIV 31 dye und 3 mal deie ebd. IX 44, XV 44,
XXVII 10. Im Luke und John kommt auf ca. 17 Fälle deie nur
ein dye John VIII 24, vergl. Luk. VII 2, VIII 42, John XI 16, 26 etc.
Im Reste nach »K« herrscht ausschliefslich die Form mit ei,
wohl 30 mal, vgl. Rom. V 6, 7, Phil. I 21, Col. III 3 etc. diynge begegnet Apoc. III 2, XIV 3 und dye ebd. IX 6. Im Ezechiel nach
»A« heifst es 15 mal die (III 18, VII 15, XVIII 4 etc.) und 2 mal
dye (XII 13, XVIII 24). In der jüngeren Version heifst es ausschliefslich in allen Belegen *die*.

ae. î

vergl. Urk. S. 47 und Chaucer §§ 10, 16, 21.

Altes î erscheint in allen drei Vorlagen als ij, i, y, *ij, i, ij*,
vergl. wyf (S. 44), wyn (S. 45 f.). Über die Quantitätsänderungen
S. 13, über wifman vergl. S. 109.

ae. ô

vergl. Urk. SS. 47 f., 74, 75 f. und Chaucer §§ 13, 16, 30, 31, 32,
33, 45, 46, 49.

Ae. ô erscheint in allen drei Vorlagen als oo, o, *oo, o,* sofern
nicht Kürzung unter dem Nebenton und damit Vokaländerung
stattfand wie in -dôm zu -dam (vergl. oben S. 7 f.). Über die
Schreibung vergl. sonst shoon (S. 41), blood (S. 46), moone (S. 56),
foot, toth (S. 59), book (S. 60), good (S. 65 f.). Eine Regel über
die Schreibung mit o oder oo für die verschiedenen Teile gibt es
nicht. Man kann nur sagen, dafs die jüngere Version durchweg
der Schreibung mit *oo* den Vorzug gibt, die Teile der älteren
Version bevorzugen bald o bei dem einen, bald oo bei einem
anderen Worte. Nur moder, welches ten Brink trotz des r der Folgesilbe mit langem Vokal ansetzt (§ 18), ist stets mit einfachem o geschrieben (S. 62). Auch stetes moneth zu ae. mônađ (S. 59) fällt auf.

Ae. ô + ht ward übereinstimmend zu ou, ow, vergl. souȝte, thouȝte, wrouȝte (S. 32). Ae. nôht wird als nouȝt, *nouȝt* Am. IV 13, 2 Macc. I 24, VII 20, 1 Pet. IV 19, Apoc. IV 11, X 6, Ez. XXVI 21 überliefert, aber in der zweiten Hand von »K« heifst es fast immer noȝt, vgl. John VIII 38, Rom. I 25, Eph. II 10, III 9, IV 24, Col. I 16, 1 Tim. IV 3 etc. — Über nat, not in unbetonter Satzstellung vergl. oben S. 86 f.

Ae. ô + w und ô + ȝ (h) findet sich als ou, das auch ow geschrieben wird. Ten Brink (§§ 33, 46) nimmt für das ou, sofern es altem ôg im Auslaute entspricht, monopthongische Geltung an, während er dem anderen ou diphthongischen Charakter zulegt. In den Urkunden und in der Bibel findet sich dieselbe Schreibung; vergl. plouȝ, *plouȝ* Luk. IX 62, growe, *growe* Matth. XIII 26, Luk. XII 18, Ez. XVII 6, slouȝ, *slowe* Luk. XIII 4. Zu ae. bôh, ramus, findet sich bouwis, *bowis* Ez. XVII 6, 8, 23, XXXI 3, 6, 8, 9, 14, bowis Dan. IV 9, Matth. XIII 32, *bowis* Ez. XXXI 3, Matth. XIII 32, bouȝ Matth. XXIV 32. Im übrigen Teile des neuen Testamentes kommt nur braunchis vor, was allerdings auch im alten nicht fehlt. Ae. genôh tritt in den Urk. als ynowȝ, ynogh und bei Chaucer (§§ 33, 46 Anm.) als ynow, ynowe, ynough auf. Die Bibel hat aufser den nämlichen Formen noch 2 mal auffallendes ynewȝ Ez. XXXIV 18, XLV 9; vergl. sonst ynow Obd. 5, 2 Macc. VII 42, Matth. X 25, Mark XV 15, ynowȝ Nah. II 12, 2 Macc. X 19, Luk. XXII 38, 1 Pet. IV 3. In der jüngeren Version überwiegt *ynow* gegenüber von *ynowȝ* (Matth. X 25, Luk. XXII 38) und gegenüber einmaligem *enowȝ* Ez. XXXIV 18.

ae. û

vergl. Urk. S. 48 und Chaucer §§ 15, 16, 33, 34, 49.

Sofern keine Kürzung eintrat unter dem Nebenton (wie in -hore, oben SS. 9, 41) oder in unbetonter Satzstellung (wie bei but, oben S. 86) oder vor Doppelkonsonanz (wie bei hosbond, oben S. 13), findet sich ae. û in allen drei Vorlagen als ou, ow überliefert, vergl. hous (S. 47), mouth (S. 57).

ae. ŷ

vergl. Urk. S. 49 und Chaucer §§ 10, 11, 21, 41, 49, 50.

Bei Chaucer wird ae. ŷ fast immer durch i wiedergegeben, nur bisweilen wird es durch ee wie in feer zu ae. fŷr vertreten. Häufiger findet sich schon kurzes e für ae. ŷ in Position, wie in hed. Die Urkunden haben nur y, i. Die Bibel schliefst sich den letzteren an.

Zu ae. fŷr haben die Urkunden zuweilen ein fyer mit gleitendem e entwickelt. Diese Form zeigt auch die Bibel regelmäfsig in allen Teilen mit Ausnahme der ersten Hand von »K« und des Teiles nach »M« (oben S. 44). Als weitere Belege führen wir an: fljrid, *firid* 2 Macc. X 3, fljrs, *fleris* 1 Macc. XII 29, flry, *flry* Eph. VI 16, fljrid Apoc. III 18, fljry Ez. XXVIII 14, flry ebd. XXVIII 6. Sonst zeigen auch sie ohne Abweichung i, y, *i*, *y*, oder wohl einmal ij, wenn keine Kürzung eingetreten ist, wie in: bid, *hid* Bar. VI 48, Ez. XXXIX 23, 24, Matth. XI 25, Mark IV 22, Luk. X 21, John VII 4, Eph. III 9, 1 Pet. III 4, Ez. XXVIII 3 etc., pryde, *pride* Dan. IV 34, V 20, Zeph. III 11, Jud. 16, Ez. VII 10. Zu ae. hŷr, -e, f., merces gehören: hijre Hos. II 12, Mic. III 11, Matth. XX 8, hyre Luk. X 7, John IV 36, 1 Cor. III 8, IX 18, Deeds I 18, hijre Jam. V 4, 2 Pet. II 13, 15, Apoc. XI 18 gegenüber stetem *hire*.

ae. ea

vergl. Urk. SS. 49 ff., 68 f., Chaucer §§ 11, 12, 16, 27, 29, 35, 44, 48.

Brechung. — Vor ld ward ae. ea in den Londonerurkunden zu o, vor anderen l-Verbindungen hielt sich das a. Die Staatsund Parlamentsurkunden zeigen jedoch neben o auch häufigeres baldyng etc. Chaucers Sprache steht im Wesentlichen zu den Londonerurkunden, doch hat der Dichter auch ausnahmsweise helde, bihelde mit kurzem Vokal, was südlich sein mufs, da ae. ea im Süden nicht gedehnt wurde. Ten Brink glaubt, dafs diese Formen dem eigenen Dialekte Chaucers fremd gewesen seien. Daneben finden sich Formen wie weelde, heelde, welche auf anglisches offenes e zurückgehen (vergl. ten Brink §§ 35, 48, Morsbach S. 154).

In der Bibel findet sich o, oo, *o*, *oo* regelmäfsig in cold, fold, bold (oben S. 17). In allen anderen Worten aber kommen neben Formen mit o auch solche mit e vor, welche, nach der Schreibung zu urteilen, wohl alle als lang anzusetzen sind. Eigenartig ist zum Teil die Weise, wie bei den nämlichen Worten die Formen mit o und e sich in den verschiedenen Teilen der Bibel zeigen. Zu ae. eald finden sich in der älteren Version nur Formen mit o, bezw. oo, in der jüngeren nur solche mit e (oben S. 17). Ae. sealde wird in der ersten Hand von »K« bis auf eine Ausnahme mit o, oo, bezw. ou, worin wir auch nichts weiter als Zeichen für die Dehnung sehen möchten, überliefert. Die zweite Hand von »K« hat neben o häufigeres e und im Luke und John erscheint nur e, was vielleicht nicht nur zufällig ist. Im Ezechiel nach »A« findet sich zweimaliges ou. Die jüngere Version schreibt bis auf ein *solde* nur mit e, ee (oben S. 17 f.). Das ae. tealde lautet überwiegend telde, *telde*; sporadisch tauchen jedoch in allen Teilen seltnere tolde, *tolde* auf (oben S. 17). Zu ae. healdan heifst es meist holde, *holde*; ein helde ist selten (oben S. 18). Ae. wealdan dagegen findet sich nur mit e, *e* (oben S. 18).

Vor allen anderen l-Combinationen wurde ae. ea übereinstimmend zu a in allen drei Vorlagen.

Vor r-Combinationen ergab das ae. ea bei Chaucer aufser in yerd und berd, wo Dehnung stattfand, a. Morsbach vermeint in diesem gedehnten e bei Chaucer anglischen Einfluſs zu erkennen, da für die Londonersprache wohl Kürze angenommen werden müsse, weil dieses e später zu a überging. Die Londonerurkunden schreiben yerd, nur einmal yard. Das Wort begegnet übrigens nur als zweiter Teil eines Kompositums. Sonst findet sich bis auf ein hermes der Staatsurkunden nur a; ae. beard ist in den Urkunden nicht belegt.

Die Bibel schliefst sich im Allgemeinen an. Es findet sich ae. geard, hortus, nur 1 mal (bezw. 2 mal) in der ersten Hand von »K« und infolge dessen auch dort in der jüngeren Version mit a, *a* (vergl. oben SS. 20, 45 f.). Ae. beard, barba, begegnet dagegen nur mit e (oben S. 20). Sonst tritt das a, *a* fast durchgehend auf; vergl. weiward, *weiward* Matth. XVII 17, Luk. XI 34, XIX 22, Phil. II 15, Deeds XX 30, freilich weywerd Hab. I 4; hard, *hard* Matth. XXV 24, 2 Cor. XIII 10, Deeds IX 5, Ez. II 4, III 7; wardyng, *wardide* 1 Macc. IV 61, Ez. XXXVI 35; mark, *mark* 2 Macc. II 6, Ez. IX 4, aber *merkid* Eph. I 35; warmyden, *warmyden* Mark XIV 54, 67, John XVIII 18, 25; sharp, *scharp* Apoc. I 16, II 12, XIV 14, Ez. V 1; arm, *arm* Dan. II 32, X 6, Hos. VII 15, Luk. II 28, John XII 38, Deeds XIII 17; sparwis, sparowis, *sparowis* Matth. X 29, 30, Luk. XII 6, 7. Indessen zu ae. mearh, medulla, steht merewis, *merewis* Ebr. IV 12, und ae. eart heifst in der zweiten Hand von »K« ebenso häufig ert, wie art, welch letztere Form mit a, *a* in den anderen Teilen der Bibel sonst allein vorkommt, vergl. Nah. III 8, 1 Macc. X 19, XIII 8, Matth. XIV 8, XVI 16, Mark VIII 29, XII 34, XIV 16, Luk. IV 34, XXII 58, John I 42, 49, 21, IV 12, Rom. II 1, XIV 4, Gal. II 14, Deeds XXI 31, Jam. II 11, IV 11, Ez. XVI 45, XXI 30 etc. Die Urk. (S. 149) belegen die 2. Person dieses Verbs nicht, bei Chaucer heifst sie art (§ 197).

Vor h und h-Combinationen ist bei Chaucer ae. ea zu e, a, ei oder au fortgebildet. Aus den Urk. ist nur wexe und waxe zu belegen. In diesem Worte begegnen auch in der Bibel in allen Teilen beide Vokale, wenngleich die Formen mit e namentlich von der jüngeren Version entschieden bevorzugt werden, vergl. Ez. XXXVI 11, XXXVII 6, 8, Dan. IV 30, VIII 3, Matth. VI 28, XIII 10, Mark IV 8, 27, Luk. XII 27, I 80, John III 10, 2 Cor. X 15, Col. I 10, II 19, Deeds VII 17, XII 24, XIX 20, 2 Pet. III 18, Ez. XVI 7, XVII 6, XIX 10 etc. Zu ae. eax steht dagegen nur axe, *axe* Bar. VI 44, Matth. III 10, Luk. III 9. Eine zwiefache Entwickelung machte der Vokal, gerade wie bei Chaucer, vor h und ht durch, indem er nämlich zu ei und au wurde; vergl. stetes eiȝte, *eiȝte* Ez. XL 9, 31, 34, Mic. V 5, Luk. I 59, II 21, John XX 26, Phil. III 5, Deeds VII 8, 1 Pet. III 20, 2 Pet. II 5 etc., nur einmal eȝte 1 Macc. V 20; streiȝt 2 Macc. XV 15, Matth. XII 13, XXVI 15, Mark I 41, Rom. X 21, strauȝte Ez. IV 7, XX 33, 34. In der jüngeren Version heifst es *streiȝte,* nur 2 Macc. XV 15 *streȝte* und Matth. XII 13 *strauȝte.* Vergl. ferner fouȝten, *fouȝten* Dan. VII 2, 1 Macc. VI 31, XI 55, Deeds XXIII 9, fauȝte, *fauȝte* Gal. I 13, 23, fauȝten, *fouȝten* Apoc. XII 7; leiȝe, *leiȝe* Hab. I 10, Luk. VI 21, Jam. IV 9 und einmal auch lauȝten Luk. VI 25.

Bei Chaucer (§§ 41 Anm., 145) finden sich dann die Formen saugh, seih, saygh, zu ae. seah und sy zum ae. Plural sǣgon, da frühme. ô + ȝ entweder ei oder î werden. Diese Vielheit der Formen findet sich auch ungemindert in der Bibel. Im alten Testamente trifft man meist sawȝ, sauȝ, auch sawe, selten saw (Hos. VI 10) geschrieben, Plural sawen, vergl. Ez. XXXVII 8, XLIV 4, Dan. IV 2, X 7, Zech. V 9, 1 Macc. II 24 etc. In den beiden Maccabäern findet sich jedoch häufiger seeȝ, das sonst seltener begegnet, vgl. 1 Macc. III 4, IX 14, 57, 2 Macc. III 36, IV 6, Ez. I 4, Hos. IX 10 etc. In der jüngeren Version kommt ganz überwiegend *siȝ, siȝen, sien* (Dan. X 7, 1 Macc. IV 12, 30) vor. Seltener trifft man *sai, saiȝ, sayn* Hab. III 10, 7, Hag. II 4, Zech. I 8, 18, 1 Macc. XI 73, XIII 2. Wie man sieht, kommen die Formen mit *ai* in einander nahestehenden Stellen vor. Ob dieses nur Zufall ist? — Der Matthäus schwankt stark. Die Formen mit *ay* als say, saien, seien überwiegen, dann folgen solche wie saw, sawen, seeȝ (ebd. IX 23, XXII 11) ist selten, auch ein syȝen ebd. XXV 37 findet sich. Die jüngere Version hat *saie, say, sair, sayn, saien,* ausnahmsweise *siȝe, siȝen* und einmal *sawen,* vergl. IV 16, 18, VIII 14, IX 2, 11, XIII 17, XIV 17, XVII 8, XXI 8, XXV 37, 38, 39. — In den ersten vier Kapiteln des Markus steht sayʒ, say, sayen, seyen, *saye, say, seyen*, ausnahmsweise *siʒ* ebd. I 10, 16, 19, II 5, 12, III 11. — In der zweiten Hand von »K« heifst es fast regelmäfsig syʒ, siʒ, syʒen, siʒen; seen (Mark V 15), sayʒ (Gal. I 18) und sayen (Mark V 16, Luk. XIX 7, Col. II 1) sind Ausnahmen. Auch die jüngere Version zeigt gröfsere Regelmäfsigkeit in den Formen *say, saiʒ, sayn, saien*, selten *seiʒ, seien, seizen*. Vereinzelt stehen *siʒ, siʒen* (John I 47, Ebr. III 9, Deeds XXVIII 4), *sien* (Deeds XXVIII 6), *sawʒ* (John I 50). Vergl. Mark V 38, VI 38, 49, 50, Luk. V 2, VIII 34, IX 32, John XI 31, Ebr. III 9, Deeds III 3, 9 etc. — Im Reste des neuen Testamentes nach »M« findet sich nur siʒe, siʒen. Die jüngere Version gibt sich wie in der zweiten Hand nach »K«, vergl. 1 John I 1, 2, 3, IV 12, 14, Apoc. I 20, XI 11, XVIII 1 etc. — Im Teile nach »A« heifst es seeʒ, wenige Male sauʒ, sawʒ gegenüber *siʒ* Ez. I 27, III, 9, VIII 4, XVI 6, XXIII 13 etc.

Durch vorhergehenden Palatal aus ᴁ oder a hervorgerufenes ae. eá erscheint ständig als a in allen drei Vorlagen, — nur in den Parlamentsurk. zeigt sich ein chestre, — wie in ʒaf, gate, shal, shame (oben S. 52), shadewe (oben S. 54) u. s. w.

ae. eo, io

vergl. Urk. SS. 53 ff., 65 f., 67 und Chaucer §§ 12, 15, 48.

Brechung. — Das durch Brechung entstandene eo ergab in allen drei Vorlagen e, vergl. nur herte, erthe (oben S. 57), sterre (oben S. 56).

Schon im Ae. fand sich ie neben eo in seolf, was bei Chaucer und in den Urkunden nur mit e, in der Bibel aber nur in der ersten Hand von »K« mit e vorkommt, sonst überwiegt i, i (vergl. oben S. 81).

Während nur swerd, *swerd* (SS. 44, 49) vorkommt, hat offenbar das w den Vokal in anderen Worten beeinflufst, so in dem steten worthy, *worthy* (oben S. 69). Sowohl e wie o erscheint in ae. weore, und zwar steht im ganzen alten Testament nur werk, *werk*, welches für die jüngere Version überhaupt Regel ist. Im Matthäus kommen auf 4 werk 2 work. Der Markus hat nur 2 maliges work und einmal *work*. Für Lukas und Johannes ist das Verhältnis von werk : work wie 9 : 19, und für den Rest des neuen Testaments nach »K« wie 36 : 42. Im Teile nach »M« und »A« findet sich wieder nur werk. Die jüngere Version hat auch hier bis auf *work* Rom. XIII 3 regelmäfsig e (vergl. oben SS. 44 f., 49). Die Urkunden haben neben dem gewöhnlichen werk auch einige

Male warkes, wie sie zu worthy auch wurthy haben. Chaucer hat worthy und auch werk.

In den Urkunden kommt dann worship und wurship vor. In der Bibel findet sich freilich zu weordscipe nur worshipe, aber indem das Wort an die adjektivische Nebenform wyrðe anlehnt, auch wirshipe. Die Verteilung ist derart, dafs in der ersten Hand von »K« im alten Testament wirship überwiegt, vergl. Ez. XLVI 9, Dan. II 46, III 5, 6, 7, Mic. V 13, Zeph. II 11, Zech. IV 16, 17, Bar. VI 5. 1 Macc. IV 55, dagegen ist worship Ez. XLVI 2, 3, Dan. III 12. Zeph. I 5, Bar. VI 5 seltener. In den übrigen Teilen der Bibel herrscht worshipe, worschipe Matth. II 11, IV 9, 10, VIII 2, Mark XV 19, Luk. XXIV 52, John IV 20, 23, 1 Cor. XII 25, Ebr. I 16, Deeds X 20, Apoc. III 9, XIII 4, Ez. XX 32 etc. (Apoc. XX 4 steht einmal worshepiden) bis auf wenige wirshipe im Matth. II 2, 8.

Hier bespricht Morsbach auch das im Vokal in ae. Zeit schwankende betwix, welches sich in den Urkunden mit i und y findet. Die Bibel hat ebenfalls nur diesen einen Vokal. Bitwixe überwiegt gegen bitwix, seltener findet sich bytwix. Die jüngere Version hat regelmäfsig bitwixe, einmal betwixe (Luk. XVI 26), vergl. Ez. XXXIV 17, 20, 22, XLIV 23, Dan. VIII 5, 21, XI 45, Zech. V 9, VI 13, Luk. XI 51, 1 Cor. VI 5, Deeds XII 6, XV 9.

Das regelmäfsige sister, sister der Bibel (oben S. 62 f.) knüpft an das an. systir an. Zu ae. sweoster gehört nur das einmalige suster des Matthäus. Die Londonerurkunden haben für gewöhnlich suster und nur einmal sister. Chaucer dagegen hat bis auf einmaliges soster die Form mit i (§ 15).

u- und o-Umlaut. — Das ae. eo, sofern es durch u- und o-Umlaut hervorgerufen ist, gab in allen drei Vorlagen: e, wenn nicht wie in world, world (oben S. 55) w-Einflufs vorliegt, aber eine Abweichung gegen Chaucer, — die Urkunden belegen das Wort nicht, — findet nicht statt. Vgl. oben angeführtes heuen (S. 41 f.), seuen, seuene Zech. III 9, Matth. XII 45, Mark VIII 5, Luk. XX 29, Deeds VI 3, Apoc. I 4, Ez. III 16, hertis, hertis, cervi, Hab. III 19.

Für ae. io, welches durch den u-, o-Umlaut aus altem i entstanden ist, haben die Urkunden meist i, selten e wie in zuweilen vorkommendem seluer, clepe. Chaucer hat i in milk, siluer, silk, bei dem letzteren Wort nimmt ten Brink Einflufs des an. silki an. Die Bibel weist meist i auf. Sie schreibt syluer, nur wenige Male siluer im alten Testament nach »K« Ez. XXXVIII 13, Dan. II 32, Bar. VI 7, 58, Zeph. I 18 u. a. m.; gleichfalls syluer Matth. X 9,

XXVII 9, aber hier auch zweimal seluer XXVII 3, 6. Sonst heifst es überall siluer und stets *siluer* 1 Cor. III 12, Deeds III 6, XVII 29, Jam. V 3, 1 Pet. I 18 (vergl. oben S. 72). Zu ac. seoloc findet sich silk, *silk* Apoc. XVIII 12, silk, *seelk* Ez. XVII 16. Regelmäfsig aber trifft man mylk, *mylk* Joel III 18, 1 Cor. III 2, IX 7, Ebr. V 12, 13, 1 Pet. II 2, Ez. XXV 4. Dagegen heifst es durchweg clepe, *clepe* Bar. III 33, Am. IX 6, Matth. IV 21, Mark VII 14, Luk. XIII 12, Rom. IV 17, Apoc. XII 9, Ez. X 13 etc., das Wort ist sehr oft zu belegen. Nur einige Male lautet es cleepe im alten Testament nach »K«, vgl. Am. V 16, VII 4, 2 Macc. VIII 1, Mal. I 4. Ebenso findet sich nur e in hennes, *hennes* 2 Macc. XI 19, Matth. XXIII 39, XVIII 9, Luk. III 31, John VII 3, Deeds XVIII 6, Phil. III 1 etc.

Palatal + o, u. — Es sind nur wenige Worte, die hier in Frage kommen. Morsbach führt ʒong an, das bei Chaucer sich ebenfalls findet, ferner scholde, selten schulde, welches bei Chaucer (§ 35) mit o erscheint. Dann macht er noch auf beyond aufmerksam und auf -shop in bisshop. Auch bei Chaucer trifft man ʒond. Die Bibel schreibt shulde, *schulde* (vergl. oben S. 24). In der ersten Hand von »K« findet man ʒung Joel II 28, Am. II 11, VIII 13, 2 Macc. VII 12, Matth. XIX 20, 22 u. s. w., in den übrigen Teilen regelmäfsig ʒong, wie auch *ʒong* Mark XIV 51, Luk. VII 14, 1 Tim. V 1, 1 Pet. V 5, Ez. XXIII 6 etc. Vergl. ferner ʒoc Ez. XXXIV 27, Hos. XI 4, Matth. XI 29, 30, ʒok, wie auch stets *ʒok* Luk. XIV 19, 2 Cor. VI 14, Gal. V 1, 1 Tim. VI 1, Deeds XV 10. Dagegen wird beʒonde, byʒondes, *biʒende, biʒendis* Matth. IV 24, 2 Cor. X 16 und biʒendis, *biʒondis* Mark III 8 überliefert.

Übereinstimmend mit den Urkunden heifst es in nebentoniger Silbe bischop, *bischop* 1 Tim. III 1, 2, Tit. I 7, Phil. I 1, Deeds XX 28, 1 Pet. II 25.

ae. ie, i, y

vergl. Urk. SS. 55 ff., 65, 155 und Chaucer §§ 10, 35, 37, 48.

Die Urkunden haben für den i-Umlaut von ae. ea, eo Formen mit e, nur worst zu ae. wierst weicht ab mit der Vokalveränderung infolge des w. Dasselbe findet bei Chaucer statt (§ 48 V).

Die Bibel stimmt damit nicht ganz überein; sie schreibt selle, *sille* Ez. XLVIII 14, Joel III 8, 1 Macc. XII 36, XIII 49, 2 Macc. VIII 11, und ebenfalls im Matthew und Mark selle, *sille* Matth. XIII 44, XIX 21, XXI 12, Mark X 21, XI 15, aber im Luke kommen auf zwei selle zweimaliges sille und auf einmaliges *sille* dreimals *selle* Luk. XII 33, XVIII 22, XIX 45, XXII 36. sille, *sille* Apoc. VIII 17, selle, *sille* Ez. VII 12, 13. Sonst findet sich aber in der Bibel durchgängiges e in elde, (vergl. SS. 18, 91), im Komparativ elder (S. 78). Ae. hierde, welches nur in Kompositionen begegnet, ist bis auf zwei Fälle *hirdis* im Lukas nur mit e, e in der Bibel zu belegen (SS. 13, 37).

Der Einfluß des w zeigt sich in wyrcean, welches wir bereits unter »y« (S. 116) besprachen, dann in ae. wiersa, wiersta. Das alte Testament nach »K« bevorzugt Formen mit u, warst, der Ezechiel nach »A« hat nur werst. Die übrigen Teile schreiben mit o, wie auch die jüngere Version bis auf ein *wers* im Matthäus nur Formen mit o hat (S. 79).

Sofern das ae. ie, i, y durch Palatalumlaut entstand, belegen es die Urkunden in häufigem six und seltenem sex. Bei Chaucer findet sich six, right, lighte, myghte, night und highte. In der Bibel steht zu Chaucer miȝt (S. 55), niȝt (S. 60), riȝt, *riȝt* Dan. III 27, Matth. XX 4, Mark VII 35, John VII 24, 2 Tim. II 15, 1 John II 29, Ez. XVIII 5 etc., fiȝte, *fiȝte* Zech. X 5, 2 Tim. II 5, Apoc. XIII 14, Ez. XXVII 10, 27 etc. Zu ae. ȝiex begegnen freilich auch sehr oft zu belegende six, *six* 1 Macc. VI 42, Matth. XIII 23, Mark IV 8, XV 33, Luk. XIII 14, John IV 6, Deeds XI 12, Jam. V 17, Ez. IX 2, indessen im Matthew kommen auf 3 sixte u.s.w. 2 Formen mit e sexe, sexti ebd. XIII 8, XVII 1, und auffälligerweise findet sich Deeds XXVII 37 ein *sexe*.

iȝ durch Palatal + æ entstand in gestis, *gestis* Eph. II 16.

ie, y, i aus Palatal + e erscheint vor dehnenden Konsonantengruppen in den Urkunden und bei Chaucer als e bis auf ein ȝyld in den Urkunden. Die Bibel weicht im Grunde genommen nicht ab, sie hat ȝelde, *ȝelde* bis auf ein ȝilde im Baruch (S. 15 f.), stets sheld, *scheld* (oben S. 16), ȝerd, *ȝerd,* virga (oben SS. 20, 54. 56).

Außer vor diesen Konsonantenverbindungen haben die Londonerurkunden meist e in ȝeue, seltener ȝiue, ausschließlich aber yeten, ȝeten und yet, dagegen durchgehend i, y in ȝif, if. Chaucer hat ȝiue, doch die Hss. schreiben auch ȝeuen, was allerdings die Reime als eine Chaucer'sche Form nicht bestätigen (§ 37), aber es findet sich beim Dichter gete (§ 145). Morsbach sagt (S. 155), daß ȝiue aus dem Anglischen in die Londonersprache eingedrungen sei, denn die älteren Londonerurkunden hätten meist e. Das i in if etc. sei nur eine Folge davon, daß das Wort in unbetonter Satzstellung stehe.

Die Bibel schreibt in diesen Fällen: in der ersten Hand von »K« ʒeue Ez. XXXIV 27, XLVI 5, Hos. XIII 10, Joel II 30, Mic. I 14, Matth. IV 9, V 31, XIX 7, Mark II 7; ʒiue ist seltene Ausnahme Ez. XLVI 16, Hos. IX 14, Matth. X 42. Die zweite Hand von »K« schreibt ʒyue, recht selten ʒiue Mark V 43, VI 22, Luk. IV 6, IX 13, XI 3, John IX 24, X 28, 1 Cor. III 7, Eph. I 17, Ebr. X 6, Deeds XVII 25. Die Partie nach »M« schreibt ʒiue Jam. I 5, IV 6, Apoc. II 7, 10, 17, VIII 8, wenige Male ʒeue 1 Pet. III 7, 2 Pet. I 19. Im Teile nach »A« halten sich ʒyue und ʒeue die Wage, vergl. Ez. II 8, III 3, VII 21, XI 9, 17, 19, XVI 39, 61, XX 42, XXV 10 etc. etc. In der jüngeren Version findet sich ʒyue; einzelne ʒeue Hos. II 5, Luk. I 32 sind überaus seltene Ausnahmen.

Dagegen heifst es stets gete, ɡete Matth. V 7, Rom. XI 7, 2 Thes. II 13, 2 Tim. III 10, Ebr. IV 16, Jam. IV 2, Ez. XVII 5, wenn nicht das Wort wegen des »g« überhaupt richtiger auf das an. geta zurückzuführen ist, als auf das ae. gietan. Das letztere findet sich aber auch stets mit e, vergl. forʒete, forʒete Hos. IV 6, Am. VIII 7, 1 Macc. I 51, Phil. III 13, Ebr. XIII 16, VI 10, Jam. I 25, Ez. XXII 12, XXIII 35 und einmal forʒete Hos. IV 6. Vergl. auch ʒelle Hos. V 8, Joel II 1.

Sonst erscheint stets mit i: ʒit, ʒit Dan. XI 27, Mic. I 15, Matth. XVII 15, XXVII 63, Mark IV 40, V 35, Luk. I 15, John IV 35, 1 Cor. III 2, 2 Thes. II 5, 1 John II 9, III 2, Ez. VII 13, VIII 13, 15. Zu ae. gief findet sich in der ersten Hand von »K« ʒif Ez. XXXIII 6, 8, Dan. X 10, Matth. IV 3, 6, X 10, Mark III 2, if ist sehr selten Ez. XXXIII 13, Matth. XXVIII 14, Mark III 24, 25. Alle übrigen Partieen haben if Mark VII 11, 16, IX 21, Luk. IV 3, XIII 5, John VI 52, Rom. XI 24, 1 Cor. III 14, Eph. III 2, Jam. II 16, 1 Pet. II 20, Ez. II 7, XVIII 5. Ebenfalls hat die jüngere Version stets if, an Ausnahmen können wir nur ʒif Matth. IX 21 nennen.

ae. êa

vergl. Urk. SS. 58 f., 71 f., 74 f. und Chaucer §§ 11, 21, 23, 24, 43, 44, 49, 50.

ae. êa, gleichgültig ob es westgermanischem au entspricht oder durch Kontraktion entstanden ist, und ws. eá, durch Palatalvorschlag aus altem â entstanden, in geár, wurde in allen drei Vorlagen zu ee, e, ee, e. Die etymologische Schreibung ea, welche auch die Urkunden einmal aufweisen, ist namentlich dem Matthäus eigen (vgl. ebd. II 20, V 21, VIII 22, Am. IX 1). Vergl.

breed (S. 43), leefe (SS. 46, 48), heed, heued (SS. 47, 49 f.), greet (SS. 67, 77), eere (S. 58), teeris, *leeris* (als durch Kontraktion entstanden) 2 Macc. XI 6, Mark IX 24, Luk. VII 38, 44, 2 Cor. II 4, 2 Tim. 14, Ebr. V 7, XII 17, Deeds XX 19. 31, Apoc. VII 17. XXI 4, Ez. XXIV 16; einmal nur heifst es teris Mal. II 13.

êa + h wird in den Urkunden »entschieden überwiegend« mit dem Diphthong ey, ei3, eigh, egh überliefert, welch letzterer Schreibung Morsbach ebenfalls diphthongischen Wert beimifst, während sich viel seltener der Monophthong mit dem Lautwert i findet, der auf anglisches ê + h (bez. 3) zurückgeht. Chaucer hat im Reime nur Formen mit i, doch führt ten Brink, wie Morsbach anmerkt, im Index auch Formen wie neigh etc. an.

In der Bibel haben wir ständiges *i3e, i3en* zu ue. êage in der jüngeren Version, und in der zweiten Hand von »K« und im Teile nach »M« tritt dieses ebenfalls auf, während im alten Testamente nach »K« ee3e, e3e und im Matthäus meistens ei3e, seltener ee3e, e3e steht. Die Partie nach »A« hat ei3e (oben S. 58). Ähnlich steht es mit der Überlieferung von ue. bêah, es heifst in der gröfsten Mehrheit der Fälle *hi3*, nur im neuen Testament nach »K« begegnet auch je einmal *hei3, hei3er* (oben SS. 68, 77), wozu wir noch *hei3nesse* 1 Cor. II 1 stellen. In der ersten Hand nach »K« finden sich Formen mit ee hee3, hee3er, hee3ist, auch heeist und dreimal hei3est. Indessen es findet sich Am. II 9 auffälligerweise bienesse und hyenesse wie hi3e Hos. X 8. In der zweiten Hand von »K« kommen nur Formen mit i vor, desgleichen im Teile nach »M« (vergl. aufser den oben angeführten Beispielen noch Luk. I 78, II 14, V 5, XXIV 49, 2 Cor. X 5, Eph. III 18, IV 8, Ebr. I 3). In der Partie nach »A« findet sich nur hei3 bis auf zweimaliges hi3nes Ez. XXXI 10, sonst hei3nes ebd. XXXI 5, 10, 14, XIX 11.

Ein eigenartiger Ausgleich existiert in der Bibel zwischen dem Adjektiv ue. nêah, nêh und dem Verbum nêhwan, eine me. Neubildung. Während nämlich das Adjektiv und Adverb fast durchweg ni3 (so in der ersten Hand von »K«), ny3 (in der zweiten Hand von »K« und im Teile nach »A«), *ny3, ni3* heifsen, lautet das Verbum ausnahmslos nei3e, *nei3e.* — An Ausnahmen können wir für das Adjektiv nur nei3, *nei3* Am. IX 10 belegen und zweimaliges *nei3* John VI 19, VII 2: aber in Komposition heifst es stets nei3bore, *nei3-bore* (oben SS. 9, 41). An Belegen vergl. für das Adjektiv: Dan. IX 7, Joel I 15, III 14, Zeph. I 7, 14, Obd. 15, Matth. IV 17, XXI 1, XXIV 32, 33, Mark X 2, XI 1, Luk. VII 12, X 11, XXI 30 (ausnahms-

weise niʒ), 31, John II 13, VI 4, XIX 20, Rom. X 8, Eph. II 13,
17, 18. Phil. IV 5, Ebr. VIII 13, Apoc. 13, XXII 10, Ez. VI 12,
VII 7, XXX 3, — für das Verb: Ez. XLIV 13, Matth. III 2, X 7,
Luk. X 9, XXI 8, XXII 47, Ebr. VII 19, X 25, Deeds X 9, XXII 6,
Jam. IV 8, V 8. Ez. VII 12.

ae. êaw, das wir allein im Inlaut belegen können, wurde
bei Chaucer und auch in den Urk. zu ew, obwohl in letzteren
auch eine Form mit aw begegnet. Die Bibel hat fast nur ew. vgl.
fewe, *fewe* oben SS. 76, shewe, *schewe* 2 Macc. VI 11, Matth. VIII 4.
Mark XIV 15, Luk. XX 24, 1 Tim. VI 15, Jam. II 18, Ez. XI 25.
Zu ae. strêawian vermutet ten Brink (§ 49) habe auch Chaucer
die Form strawen. Die Bibel schreibt hier strewe, *strewe* Matth.
XXI 8, Mark XI 8 und strowe Matth. XXI 8.

ae. êo, îo

vergl. Urk. SS. 59 f., 71 f., 74 f., 155 und Chaucer §§ 10, 11, 21,
23, 43, 46, 49.

ae. êo, îo ist in den Urkunden gewöhnlich zu e geworden,
i findet sich vereinzelt in frynd, prist, aber überwiegend in syk
und durchgängig in tythes. Chaucer stimmt hiermit überein, er
hat sik neben häufigem seek, ständiges tithes, auch fil zu ae. fêol,
sonst aber herrscht e.

Die Bibel weicht nicht ab. Wir verweisen auf freend
(SS. 11, 37 f.), feendis (S. 11) mit ständigem e. Zu ae. prêost be-
gegnet auch einmal *preist* (S. 12), doch mag man zweifeln, ob
darin sich ein Diphthong zeige. Regelmäfsig e, e findet sich sonst
noch in tree (S. 51 f.), free (S. 73), theef, thef, *theef, theues*
Hos. VII 1, Joel II 9, Zech. V 3, 4, Matth. VI 19, 20, Luk. XII 39,
John X 1, XII 6, 1 Cor. VI 10, 1 Thes. V 2, 4, 1 Pet. IV 15, 2 Pet.
III 10, Apoc. III 3, XVI 15, fel, felle, *felle* Dan. VIII 17, Matth.
VII 27, Mark V 22, Luk. VI 49, Deeds X 44, Apoc. VI 13, Ez. VIII 1,
XI 5, three (in der ersten Hand von »K«), thre (in der zweiten
Hand von »K« und in »M«; im Teile nach »A« finden sich beide
Formen), *thre* Dan. III 91, Matth. XII 40, Mark VIII 32, Luk. IV 25,
1 Cor. X 8, Jam. V 17, Ez. IV 5, XIV 14, XVI 16, vergl. auch
meeke (oben S. 76).

Regelmäfsig i, y aber findet sich in den Urkunden und
bei Chaucer zu ae. têoða als tithes, tythes, *tithes* Am. IV 4,
Mal. III 8, 10, 1 Macc. III 49, X 31, XI 35, Luk. XVIII 12, Ebr.
VII 2, 4, 5, 6, 8, 9.

Dagegen finden sich Doppelformen zu ae. sêoc auch in der
Bibel. Man trifft seeke, seke (in sekenesse 2 Macc. IX 21) im

alten Testament nach »K«. Im Matthew begegnet seek 1 mal, seke 2 mal, sike und syke 4 mal, seik 2 mal. Die zweite Hand von »K« überliefert ganz überwiegend Formen mit y, selten solche mit i. Diese letzteren sind Mark II 3, 4, 5, 10, was also noch zum Teile der ersten Hand gehört, und Mark XVI 18, Luk. IV 40, Deeds V 15, wo auch ein seltenes *sike* korrespondiert, zu belegen. In Wortkompositen findet das i sich relativ etwas häufiger (vergl. oben S. 13 f.). sijk ist Jam. V 14, 15 zu belegen. Die jüngere Version hat bis auf ein *sekenesse* im Matthew meist die Form *sijk* und *syk*. Die Form *sik*, sofern sie nicht im Wortkompositum steht, wo sie etwas häufiger anzutreffen ist, ist selten (Mal. 1 8, Matth. IX 2, XIV 14, X 8, Deeds V 15). Vergl. aufser oben S. 13 f. Bar. VI 27, Ez. XXXIV 4, Mal. 1 13, Dan. VIII 27, Matth. XXV 36, 39, 44, Mark VI 56, Luk. VII 10, IX 2, John IV 46, V 7, VI 2, XI 1, 2, 2 Cor. XI 30, Phil. II 16, 2 Tim. IV 20, Deeds IV 9, V 15, VIII 8 etc.

Vor ȝ und h wird ae. ēo bei Chaucer aber zu i und vor gedecktem h zu i. Die Urkunden geben hierzu nur das Beispiel liȝt. Die Bibel schreibt ebenfalls liȝt, selten lyȝt (2 Cor. IV 6, XI 14, 1 Thes. V 5), *liȝt* Bar. III 20, 23, IV 2, Ez. XXXII 7, Hos. V 15, Hab. III 7, Matth. IV 16, V 14, 15, Luk. VIII 6, XI 33, John III 19, 20, VIII 12, Eph. V 8, 9, Phil. II 15, Col. 1 12, 1 Tim. VI 16, 1 Pet. II 9, 2 Pet. 1 19, Apoc. XXI 11, 24 etc. Wie bei Chaucer, so erscheinen auch in der Bibel zu ae. lēogan bis auf ein leeȝing Matth. V 11 nur Formen mit i-Laut, als lye, *lie,* weniger *lye* Rom. IX 1, 2 Cor. XI 31, Col. III 9, 1 Tim. II 7, 2 Thes. II 9, Tit. 1 2, Ebr. VI 18, Deeds V 4, liȝen Apoc. III 9. Hingegen zu ae. flēogan, welches bei Chaucer ebenfalls mit i überliefert wird, stellt die Bibel in Anlehnung an flēon: fleeȝinge, flee, *fleynge, flee* Dan. IX 21, Hab. 1 8, Zeph. V 1, 2, fleynge, flee, *fleynge, flee* Apoc. IV 7, IX 13, XII 14, XIV 6, aber auch einmal *fliynge* Apoc. XIV 6.

Ae. ēo + w im Auslaut wurde in den Urkunden und bei Chaucer nur in you u. s. w. zu ou, welcher Schreibung ten Brink und Morsbach den Lautwert eines monophthongischen û beilegen. In allen anderen Fällen ist es zum Diphthong ew geworden. Im Inlaut dagegen hat Chaucer in einer Reihe von Worten neben dem Diphthong ew auch ow, er schreibt foure, routhe, sowen, trouthe, trowen, aber trewe, rewen etc., wie überhaupt die Formen mit ew beim Dichter überwiegen. Die Bibel weicht nicht ab, sie hat ȝou, *ȝou,* für das es keiner Belege bedarf, foure, *foure* Am. II 1, Matth. XV 38, Mark VIII 9, John XI 17, Deeds XII 4, Apoc. VI 1,

Ez. VII 2. Sonst aber begegnen nur Formen mit eu, ew: rewthe, *reuthe* Matth. IX 36, XIV 14, XV 32, Mark VIII 2, Luk. VII 13, X 33 etc., rewe, *rewe* 1 Macc. XI 10, 2 Cor. VII 8, Ebr. VII 21, trewthe, *treuthe, trewthe* Mic. VII 20, 1 Macc. VII 18, Hos. IV 1, trewe, *trewe* oben SS. 54, 75, sewe, *sewe* Matth. XIII 24, 25, 31, Luk. IX 22, knewe, *knewe* Jon. I 10, Mark VI 33, John I 31, Deeds III 10, Apoc. XIX 12 etc., newe, *newe* S. 73.

ae. ie, ȳ (i)

vergl. Urk. SS. 61, 155 und Chaucer § 23.

ws. ie als i-Umlaut vor ëa war aufser ws. ê. der i-Umlaut von ëo findet sich in spätae. Zeit überhaupt selten und lautet nur im Ws. ie. Infolge dessen zeigt Chaucer für dieses ws. ie nicht den i-Laut, sondern den ê-Laut. Auch die Urkunden haben den e-Laut, doch zeigen die späteren auch zweimal nyxte. Die Bibel hat nur e, ee, vergl. heere, heere, here (letzteres im Teile nach »A« und »M«), *here* Am. III 13, Matth. XXIV 6, Mark IV 18, VI 11, Luk. XVI 2, 2 Cor. XII 6, Apoc. III 20, Ez. XII 2, byleeue, byleue, *bileue* Jon. III 5, Mic. VII 5, Matth. IX 28, Mark XI 23, Luk. VIII 30, Rom. X 4, 1 John III 23. Auch neede, nede, *nede* S. 55, neer, *neer* Rom. XIII 8, Ebr. VI 9, next, *next* 2 Macc. VI 11, Zech. XIV 5, Mark I 38, XIII 28, 29, John VI 19, VII 7, Ebr. VI 8, ist zu vergleichen, obwohl neben ae. nied auch ein nëad existierte und neer, next eine Analogie zum Positiv sein mag.

Zum ae. tiegan, týgan, têgean gehört bei Chaucer (§ 41) teyen, was in der Bibel als tye, *tie* vorkommt Matth. XXI 2, Mark XI 2, Luk. XIX 30.

Neben ae. driege drȳge findet sich ein ae. drêge. Chaucer hat daher zwei Formen: drye und dreye. In der Bibel erscheint durchgängig der i-Laut, in der alten Version bis auf einen einzigen Fall mit y, in der jüngeren Version immer *i* (oben S. 75).

Hier ist auch ae. hȳhðu aus älterem hëahðo zu erwähnen. Die Bibel hat meist diphthongisiert, vergl. heizt, *heizthe* Ez. XLIII 14, Dan. III 1, IV 7, 17, Hab. II 9, III 19, 1 Macc. XII 36, heizthe Ez. XL 42, hizthe, *heizth* Rom. VIII 39, Col. I 4, Apoc. XXI 16, heizthe Ez. XXXI 3. Die Formen mit ei lehnen sich offenbar an das Adjektiv aus ae. hëah an.

—

Qualität der Vokale in unbetonter Wortstellung.

Die meisten Fälle, welche Morsbach an dieser Stelle (SS. 77ff., 157) nochmals anführt, sind bereits im Vorstehenden bei den einzelnen Beispielen mit aufgeführt. Da sie dort leicht zu finden und zum Teil auch schon besprochen sind, und andererseits sie kein größeres Interesse scheinen beanspruchen zu können, so führen wir die in Frage kommenden Fälle hier nicht nochmals an. Wir erwähnen nur, daß in der gesamten Flexion sowohl in den Londonerurkunden, wie bei Chaucer (§§ 61, 62) der unbetonte Vokal in den Endungen, sofern er nicht im Auslaut steht, meist durch e wiedergegeben wird, während in der Bibel, wenn ein dunkler Geräuschlaut folgt, unbestritten das i, *i* die gewöhnliche Vertretung ist. Belege dafür bietet fast jede Seite des Abschnittes über die Quantität der Vokale. Die weniger zahlreichen e, *e* finden sich namentlich mit e schließendem Stamme, wie bei seien, seiede etc. (SS. 26 f., 30, 32, 33), weies, dayes (S. 40), während es stets doith, goith etc. heißt. Vor einfachem auslautendem n stellt sich nicht gern ein y ein, vergl. deyen, schulen (S. 26), boruu (S. 34), britheren (S. 61), eȝen (S. 58), children (S. 63), wie auch in stammbildenden Suffixen golden (S. 69), hethen (S. 75), mayden (S. 48). Aber dieses Fehlen des i, y ist hier nicht völlig, es ist nur ein relativ seltenes, wie überhaupt diese Mittelvokale in der Schreibung sehr schillern und einer engeren Zusammenfassung nach Gruppen entschieden widerstreben. Angemerkt soll hier nur werden, daß in der Partie nach »M« auffälligerweise das -es im Plural der Substantive mit einer größeren Vorliebe, als in den übrigen Teilen auftritt, vergl. fremdes (S. 11), wordes, swerdes, tokenes (S. 49), hornes (S. 51), eres (S. 59).

Im Schlußworte über die Behandlung der ae. Vokale in qualitativer Hinsicht können wir uns größter Kürze befleißigen, da es möglich war, im Vorstehenden diesen Abschnitt knapp und übersichtlich genug zu halten. Wir wollen an dieser Stelle nur die durchgehenden und größeren Unterschiede der Bibelsprache gegenüber der Sprache Chaucers und derjenigen der Urkunden nochmals hervorheben, um zugleich an der Hand von Hermann Römstedt's Schrift: Die englische Schriftsprache bei Caxton. Eine gekrönte Göttinger Preisschrift 1891. zu zeigen, welche Formen der Bibel die Caxton-Sprache des XV. Jahrhunderts, welche mit mehr Recht als eine allgemeine »Schriftsprache« bezeichnet werden kann, angenommen habe.

Das ai, ei, *ai, ei* vor se aus ae. a, e, *ę*, welches sich in der revidierten Version, wie in der zweiten Hand von »K« und dort besonders im Luke und John findet, ist weder bei Chaucer, noch in den Urkunden, noch bei Caxton zu treffen (SS. 101, 106, 117). Das ae. a, o vor nd wurde in den älteren Londonerurkunden durch o wiedergegeben, in den späteren öfter durch a, welches »aus dem Mittellande und Norden allmählig eindringt«, Caxton (S. 10) teilt dieses Schwanken. Chaucer hat o und die Bibel (S. 101 f.) schreibt o, o und in gleicher Weise nur dann a, a, wenn Nebenumstände die Dehnung und Verschiebung des alten a zu oo, oo unmöglich machten. Ebenso liegt die Sache mit der Vertretung von altem a, o vor mb. Vor ng bevorzugen die Urkunden und auch Caxton (S. 10) das o; nur in einzelnen Worten haben sie a, ein Brauch, dem sich die Bibel (S. 101 f.) anschliefst, während Chaucer o hat. — Einige Male vorkommendes keste der ersten Hand von »K« und *keste* der jüngeren Version (S. 103) scheint Chaucer zu fehlen.

Von den Doppelformen der Urkunden und Chaucers togedre, togidre hat Caxton (S. 53) dem i zum Siege verholfen, welches i, i auch fast ausnahmslos in der Bibel erscheint.

Vielleicht ist der Bibel (S. 106) vor Nasal ein Übergang des alten e zu i, i eigen, ein Vorgang, den die Urkunden, Caxton und Chaucer nicht aufweisen. — Die Form aʒen, welche in der zweiten Hand von »K« und im Teile nach »M« wie in der jüngeren Version fast ausnahmslos vorkommt (S. 107 f.), scheint dem Dichter zu fehlen, der nur ayein hat, während die Urkunden und Caxton (S. 23) beide Formen bewahren.

Namentlich im alten Testamente der älteren Version ging altes i häufiger zu e über (S. 108), was auch in den Urkunden und auch bei Caxton (S. 13 f.) häufiger vorkommt. Nach w ist Schwanken bei Caxton noch in demselben Mafse vorhanden, wie es in den Urkunden der Fall war, während Chaucer und die Bibel (S. 109) das i, i fester hielten. Das weke des alten, das woke des neuen Testamentes und *wouke* der jüngeren Version (S. 109) findet nur in einmaligem wouke bei Chaucer und häufigerem weke in den Urkunden und bei Caxton (S. 14) eine Entsprechung. Caxton (SS. 13, 53) hat such bevorzugt, welches in der Bibel (S. 109) nur in der zweiten Hand von »K« und in dem damit korrespondierenden Teile der jüngeren Version begegnet, sonst heifst es sich, *sich*. — Dem Sprachgebrauch der Bibel hat sich Caxton (S. 38) mehr genähert, indem er im Plural ganz überwiegend wymmen schreibt, welches fast ausschliefslich in der Bibel sich findet (SS. 20, 109).

Die oben angegebene Schreibung von ae. u als u, *u* und
o, *o* in der Bibel (S. 15 f.) hat bei Caxton (S. 15 f.) noch keine
wesentlich andere Regelung gefunden, als in den Urkunden, so
dafs man sagen mufs, die Bibelsprache theoretisiere hier noch
immer klarer als Caxton. Einen verschiedenen Lautwert darf man
diesem o und u wohl nicht beilegen.

Hinsichtlich des ae. y hat Caxton (S. 13 f.) keine andere
Übung eintreten lassen, als wir sie in den Urkunden und in der
Bibel (S. 113 f.) fanden, während ja Chaucer abweicht. Ae. micel
lautet bei Chaucer moche, ebenfalls in den Urkunden, wo auch
muche sich findet. Caxton (SS. 14, 53) hat moche in der Mehrzahl der Belege, während dieses nur in der zweiten Hand von
»K« (S. 115) vorkommt.

In den Urkunden fehlte noch das nördliche fro, welches in
der Bibel (S. 116) ganz überwiegend steht. Bei Caxton (S. 31)
finden sich aber bereits beide Formen, welche auch bei Chaucer
begegnen.

Der Bibelsprache hat sich Caxton (S. 53) wieder genähert,
indem er vorwiegend ony schreibt, welche Form auch im neuen
Testament vorherrscht und in der jüngeren Version ausschliefslich ist.

Dagegen stimmt das alte Testament nach »K« mit der ständigen
Form two zu Caxton (S. 53), durch welchen diese Form die Ober-
hand gewann, gegen tweyne etc., welches sich neben two in den
Urkunden, bei Chaucer und bisweilen in den übrigen Teilen der
Bibel (S. 118 f.) fand. Abweichend von der gewöhnlichen Bibel-
form die, *die* (S. 119 f.) hat Caxton (S. 23) meist deie, welches
mit der zweiten Hand von »K« übereinstimmt; deie haben ja auch
die Urkunden, und es fehlt bei Chaucer ebenfalls nicht.

Wenn ae. ŷ bei Chaucer, wenn auch selten, durch e vertreten wird, so ist das in der Bibel (S. 121 f.) und in den Urkunden nicht zu belegen. Bei Caxton (S. 20) findet sich aber
einmal kene (die Bibel hat i vergl. S. 60).

Vor ld hat die Bibel (S. 122 f.) ae. ea öfter zu e, ee, *e, ee*
werden lassen, neben welchem sich auch das gewöhnliche o, oo,
o, oo zeigt, wie es Chaucer, die Urkunden und auch Caxton (S. 20 f.)
haben. Immerhin aber bleibt die Erklärung möglich, dafs e in selde,
telde etc. sei eine Analogieform zum Infinitiv und in elde sei
eine Analogieform zum Komperativ. Weelde, *weelde* ist überhaupt
wohl richtiger auf wieldan zurückzuführen; aber Praes. helde

dürfte nicht leicht durch solche Nebenformen oder Analogien zu erläutern sein, aufser durch Heranziehung des Praeteritums.

Abweichend von Chaucers und von Caxtons (S. 50): art, 2. Pers. Sg., lat. es, ist das häufige ert in der zweiten Hand von »K« (S. 123 f.); und in demselben Teile der Bibel wie im Matthew (S. 125 f.) findet sich oft work, welches sonst als werk, *werk* vorkommt, in welcher Form es auch bei Chaucer und Caxton (S. 12) begegnet. Wirshipe im alten Testament nach »K« anstatt worshipe, *worschipe* der übrigen Partieen der Bibel (S. 126) findet sich mit i nicht bei Chaucer und Caxton (S. 12). Die seltenen seluer, *seelk* der Bibel (S. 127), welche auch in den Urkunden nicht ganz fehlten, hat Caxton (SS. 13, 53) zu Gunsten des i gemieden.

Für ws. ie, als i Umlaut von eo finden sich in der Bibel seltene sille, durchgängiges *sille* und ein zweimaliges *hirdis* (S. 128), Formen, die bei Chaucer, in den Urkunden und bei Caxton keine Entsprechungen haben. Das durch den w-Einflufs hervorgerufene warst in der ersten Hand von »K« (S. 126) hat ebenfalls keine Entsprechung bei Chaucer, in den Urkunden und bei Caxton (S. 12); es erscheinen vielmehr dort nur Formen mit e und o, wie sie auch in der Bibel vorkommen, aber gesondert in den verschiedenen Teilen.

Bemerkenswert ist dann die bei Caxton (S. 12) auftretende Scheidung von ȝeue und giue, während Chaucer nur ȝiue im Reime hat und die Urkunden zwar beide Vokale schreiben, aber mit demselben Anlaut: ȝ. Die Bibel hat beide Vokale und ȝ, überliefert jedoch zum Teil in den einzelnen Partieen nur einen Vokal (S. 192).

Die Vertretung des æ. ěo. io. ie geschieht durchweg in der Bibel durch e, selten nur findet sich ein i. Das nämliche Verhältnis teilen Chaucer und die Urkunden, aber Caxton (S. 17) hat dieses i in erhöhterem Mafse verwendet.

. . . .

Diese Angaben mögen genügen, mehrere und detailliertere Vergleiche zu machen, würde nur zu gröfseren unfruchtbaren Wiederholungen zwingen. Auch ist eine einheitliche Vergleichung des gesamten untersuchten Teiles der Bibel nicht möglich. Die Teile der Bibel, jeder für sich, schreibt viel zu konsequent, selbst in den nebensächlichsten Dingen, als dafs es angängig wäre, die einzelnen Wortformen auf eine Stufe zu stellen. Unser Vorgänger in der Untersuchung der Bibelsprache, Hermann Fischer, ist diesem Fehler verfallen. Dadurch haben aber seine an und für sich ungenügenden Beispielssammlungen auch nur den Wert einer Musterkarte von me. Formen. Wer die strenge Scheidung in den einzelnen Bibelpartieen z. B. von ony, *ony* und eny (S. 87), asbe und *aische* (S. 101), azeins und azens (S. 107 f.), cumme und come (S. 112 f.) heythen und hethen (S. 117 f.) und vieles andere vergleicht, wird diesem rückhaltlos zustimmen. Zwar kann man auf Grund des bisher Untersuchten nicht sagen, daſs die einzelnen Partieen dialektisch von einander zu trennen wären; so groſs sind die Unterschiede nicht. Jeder dieser Teile hat, mit den Londoner Urkunden und mit Caxton verglichen, wenn wir diese einmal als Maſsstab gelten lassen, viel Verwandtes und zugleich wieder Abweichendes gegen diese beiden Vorlagen. So stimmt unter anderem allein das alte Testament mit dem weke (S. 135), werk (S. 137), two (S. 136) zu Caxton, während in suche, moche (S. 136), worshipe (S. 137) die zweite Hand von »K« sich Caxton anschlieſst, wo sie bei weke, werk, two abweicht.

Unter solchen Umständen muſs jede Hand für sich mit den Vorlagen verglichen werden, will man im Einzelnen Abweichungen und Übereinstimmungen feststellen. Welchen Teil von der älteren Version, soweit sie Wyclif verfaſst haben soll, man aber bei dieser Vergleichung zu bevorzugen hätte, wüſsten wir nicht zu sagen. Wenn es sich überhaupt bewahrheiten wird, daſs Wyclif das alte Testament von Baruch ab und das ganze neue Testament übertragen hat, so wird kein anderes Urteil über die Hss., nach denen Forshall und Madden den untersuchten Teil der Bibel drucken, übrig bleiben, als daſs sie nur in einer höchst unvollkommenen Weise, ja in einer völligen sprachlichen Überarbeitung die Sprache Wyclifs überliefern, denn die »Schreiber« sind, wie schon oft hervorgehoben, recht konsequent in der Fassung des Wortbildes. Wyclif hätte, so wäre denn anzunehmen, in fester und einheitlicher Weise seine Wortbilder niedergeschrieben; und dem viel schreibenden, geschulten Manne ist dieses wohl zuzutrauen, eher als dem Dichter Chaucer, den mannigfache, rein äuſserliche Gründe, z. B. des Reimes, zu Wortvariationen zwingen konnten. Über diese Wyclifsche Niederschrift müſsten dann Schreiber gekommen sein, welche, indem sie ähnlich federgewandt und geschult waren wie der groſse Reformator, in die Wyclifübersetzung die ihnen geläufigen Schreibungen und Wortformen in recht einheitlicher, konsequenter Weise einführten. Was sie aber von Erneuerungen an der Wyclifsprache

vornahmen, ging nicht über den Rahmen der Londonerurkunden-
sprache, der sich eben entwickelnden Schriftsprache, hinaus, denn
Abweichungen gegen die Urkunden oder gegen Caxton finden sich
so gut wie nicht. Dafs aber die Sprache Londons, wo sich vielerlei
dialektische Färbungen mischten, in der That die Grundlage der
Schriftsprache ist, kann nach Römstedts Untersuchungen über
Caxton, wo die Schriftsprache zum ersten Mal greifbarer wird,
nicht länger bezweifelt werden. und es scheint uns zweifellos bei
der engen Zusammengehörigkeit mit den Urkunden und Caxton,
dafs es gerade die in den Wortformen schillernde und Einflufs
gewinnende Sprache der Hauptstadt war, an die sich die »Schreiber«
der Bibel hielten.

Wie also auch immer das Urteil über die Urheberschaft der
älteren Version ausfallen wird, das bleibt jedenfalls sicher, dafs in
allen Partieen der Bibel auch die ältere ne. Schriftsprache mit
central-mittelländischen Tendenzen oder richtiger der central-
mittelländische Dialekt mit starken Einsprengungen aus der
Sprache der Hauptstadt vorliegt. Wir verweisen auf ony, any,
eny gegenüber südlichem der ersten Hand von »K«, auf: schulde,
schulde (S. 21) in allen Teilen, miche, *myche* gegen südliches
und mittelländisches *moche* der zweiten Hand von »K« (S. 115).
mittelländisches und nördliches siche, *siche* gegen südlicheres
suche, *suche* an Stelle der zweiten Hand von »K« (S. 109), vergl.
(die auf an. Einflufs zurückgehenden) sister, *sister* (S. 126), fro,
fro (S. 116); heythen (S. 117), weengis (SS. 21, 108) des alten
Testamentes, bzw. der ersten Hand von »K« u. s. w. Ausgesprochene
südliche Färbungen, wie etwa Participium Präsens. -inde, häufiges
Präfix y im Participium Präteriti, Erhaltung des Ableitungssuffixes
in makien, swerien u. s. w.. gängiges e. u für y, ee für ŷ fehlen in
allen Teilen der Bibel.

Kommen wir schliefslich auf die Urheberschaftsfrage der
älteren Version zurück! Forshall und Madden drucken, um dieses
zu rekapitulieren, den Teil von Baruch III 20 bis zu Deeds XXVIII 16
nach der Hs. »K«, die von zwei Händen in dieser Partie her-
rührt und noch dazu im Ezechiel auf mechanische Weise defekt
geworden ist. Warum Forshall und Madden gerade diese defekte
Hs. ihrem Drucke zu Grunde legen, ist unerfindlich, da sie keine
Auslassungen darüber haben, dafs diese Hs. dem Archetypus
näherstünde, als einige andere vollständig erhaltene Hss., welche
sie mit dieser Hs. »K« auf eine Stufe stellen. Der wahrscheinliche
Grund für diese Wahl mag jedoch gewesen sein, dafs diese Hs.

im alten Teile eine direkte Kopie von der »Originalhandschrift«
des alten Testamentes bietet und daher für besonders wertvoll
auch für die nicht Herfordsche Übersetzung in dieser Hs. angesehen wird. Da nun die englischen Herausgeber, — sie haben
1850 ihre Ausgabe hergestellt, — in den Varianten nur die syn-
taktischen und flexivischen Abweichungen angeben, so sind wir
des Mittels beraubt, zu kontrolieren, wie weit andere Hss. in
gleicher Weise das Wortbild überliefern.

Wenn wir dagegen die Hss. »A« und »M«, welche in die
Lücken von »K« einspringen, prüfen, so finden wir, dafs immerhin in der Hs. »K« noch eine leidlich getreue Überlieferung vorliegen mufs. Indem wir annehmen, dafs die Ezechielpartie nach
»A« mit dem übrigen Teile des alten Testamentes nach »K« zu-
sammengehen müfste, führen wir, um diese Übereinstimmung zu
illustrieren, eine Reihe von Belegen an, in denen die übrigen
Teile der Bibel abweichen, das alte Testament nach »K« mit »A« aber
übereinstimmt. Beide Teile schreiben not (S. 87), washe (S. 101),
whanne (S. 103), ziemlich im gleichen Verhältnisse gadre, gedre
(S. 104), beide myche, miche (S. 115), two (S. 118 f.), eeʒen, bzw.
eyen (S. 58), heeʒ, heiʒ (wohl ein Lautwert S. 130 f.), heithen
(S. 70), cumme (S. 113). Indessen fehlt es dort nicht an einer statt-
lichen Zahl von Beispielen, wo beide Partieen von einander abweichen: bot in »K«, but im Ezech. (S. 86), saide, bezw. seide
(S. 105), aʒeins, bezw. aʒens (S. 107 f.), thinken und thenken in
»K«, aber nur thenken in »A« (S. 108), fljr, bezw. ller (S. 122),
wirship, bezw. worship (S. 126), ʒung. bzw. ʒong (S. 127), ʒif, bzw.
if (S. 129 f.).

Diese Differenzen, so hoch sie auch immer angeschlagen
werden mögen, müssen jedoch noch nach anderer Seite hin be-
leuchtet werden. Im Baruch, Ezechiel und teilweise im Daniel,
aber auch im 2. Maccabäer und einigen anderen, scheinbar festen
Stellen, wie im Zechariah, — eine genauere Abgrenzung vermögen wir nicht vorzunehmen, — finden sich häufiger Formen,
die sonst nicht im alten Testament nach »K«, wohl aber teilweise
in »A« begegnen. Wir verweisen in Kürze auf ausnahmsweises
but in diesen Teilen nach »K«, auf whenne (S. 102), ony, any
(S. 87), than, gadere (S. 104), logydere (S. 104), aʒens (S. 107),
wullis, wulues (S. 112), come (S. 112), euyl (S. 114), schel (S. 114),
seeʒ (S. 124 f.), worship (S. 126), ʒiue (S. 129), if (S. 129), ʒougth
(S. 53). Wie wir diese abweichenden Formen erklären sollen, können
wir mit unserer Art Untersuchung nicht entscheiden. Sollen wir

die herrschenden Formen dem uniformierenden Schreiber auf Rechnung setzen, der an gewissen, nahe zusammenstehenden Stellen die Formen der alten Version stehen liefs? Oder sollen wir umgekehrt die wenigen abweichenden Formen dem Schreiber zuweisen? Wundersam genug dann, dafs dessen Formen so oft mit der Hs. »A« zusammenstimmen. Eine dritte Möglichkeit wäre noch, dafs mehrere Texte, von mehreren hergestellt, zu Grunde liegen, welche ein »Schreiber« zusammen zu schweifsen suchte.

Die Hs. »M« schliefst sich nur wenig eng an den zweiten Teile von »K« an. Wir führen auch hier einige bei der Überlieferungsart sprechende Übereinstimmungen an. Beide schreiben: silf (S. 81), heuene, heuenes (S. 42), ony (S. 87), azens (S. 107), come (S. 113), worshipe (S. 126), size (S. 125), hizthe (S. 128), ize, hiz (S. 130); — aber abweichend sind: in der zweiten Hand von »K« waische, in »M« washe, whanne, bzw. whan (S. 103), gadere und gedere, in »M« nur gedere, siche und suche, bzw. allein siche (S. 109), moche, bzw. miche (S. 115), fleisch, bzw. flesch (S. 43), twey, bzw. two (S. 119), deie, bzw. die (S. 120), werk und work, bzw. werk (S. 126), zyue, bzw. ziue und zeue (S. 129).

Diese Gegenüberstellungen, welche leicht noch vermehrt werden könnten, zeigen eine Fülle von Unterschieden, wenngleich dialektische Verschiedenheiten dadurch nicht angezeigt werden. Gehen wir von der Annahme Forshalls und Maddens aus, dafs Wyclif allein den untersuchten Teil der alten Version übersetzt habe, so müssen wir diese Verschiedenheiten durch die oben angeführte »Schreibertheorie« erklären, und es wird im Wesentlichen gegen diese Hypothese auch nichts einzuwenden sein, als dafs man mit recht »geschulten« Schreibern rechnen mufs, ein Einwurf, der übrigens durch ein stärkeres Betonen der kleinen, doch vorkommenden Inkonsequenzen auch an Bedeutung wieder verlieren wird. Hinzukommt als Stütze für diese Hypothese, dafs in der Hs. »K« mit dem Wechsel der schreibenden Hand im V. Kapitel des Markus auch in vielen Worten ein anderes Lautbild überliefert wird, so dafs die erste Hand von »K« in vielen Beziehungen scharf von der zweiten Hand sich scheidet und in den meisten Fällen noch mehr abhebt, als die erste Hand von »K« gegen »A« oder die zweite Hand von »K« gegen »M«.

Trotzdem möchten wir dieser »Schreibertheorie« nicht ohne Bedenken beipflichten. Forshall und Madden, welche durch ihre Hypothese von der Autorschaft Wyclifs uns zu diesem Erklärungsversuche gleichsam drängten, bringen selbst Material bei, welches

Anlafs genug gibt, an ihrer Annahme, Wyclif habe den ganzen untersuchten Teil der Bibel übersetzt, zu zweifeln. Sie sagen nämlich auf Grund von Textbeobachtungen, dafs der Luke und John der Hss. »K« nicht mehr den ursprünglichen Zustand repräsentiere, wie ihn noch andere Hss. zeigen, sondern bereits einen etwas revidierten Text habe, welcher der jüngeren Version sich nähere; und merkwürdig genug ist es, dafs der Luke und John und in Gefolgschaft der weitere Rest des neuen Testamentes nach »K« enge Übereinstimmung im Lautstande mit der jüngeren Version zeigen. Wir verweisen in dieser Beziehung u. a. auf waische, *waische*, aische, *aische* (S. 101), whanne, *whanne* (S. 103), threische, *threische* (S. 106), azens, *azens* (S. 108), siche, suche, *siche*, *suche* (beide Formen gerade in diesem Teile S. 109), ony, *ony* (S. 87), worche, *worche* (S. 116), fleisch, *fleisch* (S. 117), twey, *twey* (S. 119), ller, *fler* (S. 122), wors, *wors* (S. 128), ʒiue, *ʒiue* (S. 129), iʒe, *iʒe* (S. 130), syk, *sijk, syk* (S. 132), silf, *silf* (S. 81), vergl. auch oben S. 94 f. Obwohl Abweichungen zwischen den beiden Teilen nicht ganz mangeln, wie deie, *die* (S. 120), woke, *wouke* (S. 109), moche, *miche* (S. 115) beweisen, so ist die Verwandtschaft zwischen diesen beiden Teilen doch so grofs, dafs man sich fast veranlafst sehen möchte, für diese »zweite Hand von K«, insbesondere vom Lukas ab, und für die jüngere Version einen Verfasser anzunehmen.

Wie dem aber auch sei, das eine bleibt zu bedenken, dafs es höchst verwunderlich wäre, wenn Wyclif einen revidierten Lukas und Johannes und auch paulinische Briefe etc. verfafste, die in einem Lautstande überliefert werden, welcher der jüngeren Version ganz nahe verwandt ist. Unmöglich ist es aber überhaupt für die Hs. »K«, einen einheitlichen Urtext anzunehmen, in dem eine alte Urübersetzung neben einer revidierten stand. Der »Schreibertheorie« ist damit für die Hs. »K« schon die Spitze abgebrochen, denn es wäre mindestens gesucht, wollte man eine Vorrevision im — sagen wir — Wyclifschen Lautstande annehmen und die Vermutung aufstellen, ein Schreiber schriebe gerade sie in die Wortformen Purveys um, der in gleichem Lautstande seine durchgreifende Revision abfafste.

Schliefslich wollen wir noch darauf hinweisen, dafs die lautliche Scheidung zwischen der ersten und der zweiten Hand von »K« auch nicht gerade da einsetzt, wo der neue Schreiber beginnt, sondern bereits der Matthäus und die ersten Kapiteln des Markus zeigen in einer Reihe von Belegen schon die neue im Reste von »K« gültige Wortform. Abgesehen davon hat aber der Matthäus eine ganze Reihe Formen, die sich sonst nirgends finden, als in diesem Evangelium. Es scheint, als habe der Bibelübersetzer hier eingesetzt und als seien ihm im Anfange der Arbeit einige lautliche Formen untergelaufen, welche er später vermied, die sich aber — als Beispiele nicht ungetreuer Überlieferung — noch erhalten hätten. Wir verweisen in dieser Hinsicht auf das nur im Matthäus und in den fünf ersten Kapiteln des Markus begegnende nat (S. 87), auf das ganz vereinzelte hongide, thonkyngis im Matthäus (S. 102). Ungewöhnlich ist auch der Plural wommen und wemmen daselbst (S. 109), selten ist cuyl (S. 114), einzig ist besie, churche und muche daselbst (S. 115) und einmal steht auch dort nur suster (S. 126). Im Matthäus ist es dann wieder, wo seluer (S. 127), sexte (S. 128) und seik (S. 132) u. a. m. begegnen. Das Vorkommen so vieler singulärer Formen, daneben bald Worte im Lautstande der ersten Hand, bald in der zweiten Hand von »K« nebst mannigfachen anderen Selbständigkeiten, lassen dieses Evangelium seinem Ursprunge nach eine völlig selbständige Rolle spielen.

Indem wir so auf Grund unserer Beobachtungen zu der mehr oder weniger gestützten Annahme kamen, dafs die ältere Version, jedenfalls wie sie in »K« überliefert wird, nicht von einem Autor herrühre, erinnern wir nochmals an die oben (S. 3 Anm.) angeführte Tradition aus Caxtons Zeit, welche auch John Trevisa als Bibelübersetzer kennt, ein Fingerzeig, der ja nicht zu verachten ist.

Wenn wir nun auch nicht in der Lage sind, mit dem Rüstzeug, welches uns eine lautliche und flexivische Untersuchung an die Hand gab, diese Frage zu einer weiteren Lösung zu bringen und darzuthun, welche Stücke schliefslich zusammengehören, ebensowenig wie wir nachweisen können, wie viel Schreiber etwa zwischen dem Urtext und diesen untersuchten Bibeltexten stehen, so hoffen wir für den künftigen Untersucher der Wyclifsprache doch noch einiges und für ihn allein völlig nutzbares Material gesammelt zu haben, der wir in der Folge noch eine Übersicht über die Flexions- und Ablautsverhältnisse des Verbs anfügen werden.

Die wissenschaftliche Verwendbarkeit der Sprache der älteren Bibelrevision wird aber dann erst zu gewärtigen sein, wenn dargethan ist, welcher Teil oder welche Hs. am getreusten die Sprache des gröfsten Mitarbeiters an der me. Bibelübersetzung, John Wyclifs, gibt. Es sei denn, dafs man die ältere Version überhaupt ganz aus dem Spiele lassen will, was uns noch nicht als das ungeratenste scheint. Die jüngere Version ist in allen Hss. textlich und daher auch zweifellos lautlich weit einheitlicher, wie es die untersuchte Hs. in sich ist. Zudem ist diese Version in sprachlicher Hinsicht weit formvollendeter und darum auch viel verbreiteter gewesen, als die ältere Version, wie die Mehrzahl der Hss. der revidierten Version genügend beweist. Dafs sie endlich der Wyclifsprache nicht sehr fern steht, beweist hinreichend unsere Untersuchung; selbst in kleinen Zügen hat sie bisweilen das Wortbild der älteren Version bewahrt, wir führen hier, um damit zu schliefsen, einige korrespondierende, ganz auffallende Formen an: sistren, *sistren* Matth. XIX 20, lytil, *lytil* Deeds XII 18, gidre, *gidre* Inf. Rom. XII 20 und siche, suche, *siche*, *suche* in der zweiten Hand von »K« (S. 109).

Vita.

Ich Ernst Gasner wurde am 2. Oktober 1865 zu Stade als der Sohn des weil. Klosterkammerpedellen Wilhelm Gasner und seiner Ehefrau Auguste, geb. Schrader, geboren. Seit meinem 7. Jahre besuchte ich das Realgymnasium zu Hannover, welches ich Ostern 1884 mit dem Zeugnis der Reife verliefs. Vom Herbste 1884 an auf der Göttinger Universität als Studierender der »neueren Sprachen« immatrikuliert, hörte ich bei den Herren Professoren und Docenten Dr. Dr. Baumann, Brandl, Cloetta, † Goedeke, Heyne, Lange, Miller, G. E. Müller, † W. Müller, Napier, Röthe, Schmarsow, Vollmöller, Wagner. Allen diesen Herren, welchen ich viel verdanke, fühle ich mich sehr verpflichtet, aber den Herren Professoren Dr. Dr. Brandl, Heyne und Röthe, welche den nachhaltigsten Einflufs auf mich ausübten und mir auch menschlich näher traten, bin ich in dauernder Dankbarkeit ergeben.